国家社会科学基金项目（青年项目）"党政机构职责体系优化中的体制机制研究"（23CZZ002）的阶段性成果。

中国政府职责体系构建中的权责清单制度研究

赵志远 ◎ 著

天津出版传媒集团

天津人民出版社

图书在版编目（CIP）数据

中国政府职责体系构建中的权责清单制度研究 / 赵
志远著. -- 天津：天津人民出版社，2024.9. --（中
国政府与政治研究系列）. -- ISBN 978-7-201-20824-4

Ⅰ. D63

中国国家版本馆 CIP 数据核字第 20241Q8H66 号

中国政府职责体系构建中的权责清单制度研究
ZHONGGUO ZHENGFU ZHIZE TIXI GOUJIAN ZHONG DE
QUANZE QINGDAN ZHIDU YANJIU

出　　版	天津人民出版社
出 版 人	刘锦泉
地　　址	天津市和平区西康路35号康岳大厦
邮政编码	300051
邮购电话	（022）23332469
电子信箱	reader@tjrmcbs.com

策划编辑	郑　玥
责任编辑	佐　拉
装帧设计	明轩文化·李晶晶

印　　刷	天津新华印务有限公司
经　　销	新华书店
开　　本	710毫米×1000毫米 1/16
印　　张	19.25
插　　页	2
字　　数	260千字
版次印次	2024年9月第1版　2024年9月第1次印刷
定　　价	89.00元

总　序

朱光磊

　　呈现在读者面前的"中国政府与政治研究系列"，是我们教研团从事中国政府与政治研究的一些心得、一些阶段性研究成果。

　　中国正经历着历史上最大规模的制度创新。如何在这样一个历经坎坷、内部差异比较大的大国，通过改革来实现根本性的社会变革，是一个世界级的难题。从某种意义上讲，这也是对人类社会发展新道路的积极探索。政治发展，是这一全面发展、进步中的最基本方面之一。留给中国的机遇并不多，中国必须不断前进，在求解难题中寻求突破，不能再有"闪失"。抓住历史机遇期，实现民族复兴的伟大理想，需要高超的政治智慧、开阔的视野、坚韧不拔的进取精神和高超的策略性行动，但更为重要的是要有一个合理的政治统治和管理模式。

　　100年来、60年来，特别是30年来，一代代仁人志士的艰苦探索，包括成功，也包括失败，已经为中国未来的政治发展提供了坚实的实践和思想平台。但是，国内外社会发展格局的剧变，也对我们所期待的那个"合理的政治统治和管理模式"提出了更高的要求。如何在唯物史观的指导下，本着"实践是检验真理的唯一标准"的原则，将马克思主义国家学说、现代西方政治思想中适宜"为我所用"的部分和中国传统政治文化中的积极成分有机地结合起来，逐步凝练出一个适应时代的现代社会生产方式和社会进步潮流，符合中国实际情况、符合中国大多数人民利益和具有中华文明特点的政治思想，是中国政治学界的任务。完成这一历史使命,首先要做的基础性工作,就是科学地分析中国的国情、社情、民情和政情,分析实现中国政治发展所必需的主观条件和客观条件。

正是基于以上认识,从1990年前后,我开始在中国政府过程与阶层分化两个方向上进行持续、系统的研究工作。20世纪90年代中期,我与一部分从事政治学理论、区域政治、农村政治等研究方向的年轻同事组成了非正式的研究小组。2001年,开始形成团队。团队成员是南开大学政治学、行政学方面的部分年轻教师和我的博士生、硕士生(包括已经毕业的)。除以上成员外,还有部分成员在厦门大学、西南政法大学、云南大学、内蒙古大学等单位从事教学、科研工作。

成功的科学研究,其工作的重要基础是善于选择关键性的研究课题。一个成熟的、有作为的学科,总是能够发现和驾驭自己所处时代、所处社会中的最有代表性、最需要人们去回答的话题。经过多年的读书、学习、积累和体会,我认为,21世纪初中国政治发展有四个方面的课题特别重要和紧迫。①

第一,要强化对一系列重要结构性问题的研究。持续的体制改革和产业调整,必然带来社会成员结构的变化。这些变化构成了中国政治发展的社会基础。"二元社会结构"正在趋于解体,工人阶级一体化和农民阶级分化的过程在继续,"新阶层"已经出现,城市化提速在即。今后,在社会成员构成的分化和重组、收入方式和差距等方面还会继续向着多样化的方向演进。这些发生在社会生活基本层面上的变化,无疑会对整个上层建筑产生巨大影响。对这个问题的科学认识,是正确提炼时代政治生活主题的基础。毛泽东对20世纪前期政治生活主题的正确把握,就是以他对"中国社会各阶级的分析"为基础的。在21世纪初,我们对各种重要政治问题和意识形态问题的把握和处理,同样需要以深入研究各阶级阶层的实际状况及其相互关系为基础。正在

---

① 这一部分是在我的《着力研究实践提出的新课题》一文(《人民日报》,2004年12月21日)的基础上扩展而成的。

进行中的社会阶层分化与组合,是一场"从身份到契约"的进步性社会运动,但是也必然伴生一些"副产品",比如某些掌握权力、金钱和知识的人,就有可能通过形成所谓的"强势集团"攫取非法利益,可能出现有的阶层的人试图利用自己的经济优势获取非正常的政治地位、政治权力,甚至搞"金钱政治"。面对这些问题,我们并没有经验,都需要政治学理论工作者给予理论支持。

第二,要强化对一系列重要的体制性问题的研究。中国的政治体制改革不是另搞一套,而是要正确调整国家各主要政治要素之间的关系,特别是"党政关系",使制度、体制和组织能够最大限度地满足提高工作效率、加快经济发展和扩大公共服务的需要,最大限度地调动各方面的积极性。在这方面,核心是坚持和改善党的领导,是把党的执政工作、人民当家作主、依法治国与"行政主导"等基本因素,以适当的体制和方式结合起来。这是中国政治发展的内在逻辑所决定的,也是进一步加强执政能力建设,积极而稳健地推进政治体制改革和建设社会主义民主和法制的基础。政治学界要重点研究如何处理领导与执政的关系,研究如何进一步完善"两会机制",研究实现"党政关系规范化"的具体途径,研究宪法监督的实现形式等一系列关键性问题,并通过把对这些问题的探讨逐步上升到基本理论的高度,提高中国政治学的学科层次和学术魅力,以及对干部、青年学生的吸引力。

第三,要强化对一系列重要的过程性或者说功能性问题的研究。政治发展不仅包括体制改革,而且应当包括政治过程的改善。相对于体制改革,我们对政治过程的问题以往关注得更少一点。这与我国政治学长期不发达有直接关系。比如,在美国,系统地研究政府过程的问题,从1908年就开始了。从民族特点来说,中国人不缺"大气"、勤劳、勇敢、灵活,但是应当承认,我们办事情不够精细,对过程设计、情报、档案、绩效评估、分工、应急管理等政治与公共管理环节,缺乏足够的注意,历史上积累下来的东西不多,需要"补课"。在经济发展达到一定水平以后,政治与政府管理流程设计安排粗放的问题就会逐步暴露出来,从而制约社会管理和社会服务水平的提高。例如,我国人口多,地方大,政府的纵向间层次不可能太少,对于怎么处理它们之间的关系,研究得就不够,多年困扰我们的以"条块矛盾"为代表的许多深层次问题一直没有得到解决,"每一级都管所有的事情",权力的交叉点过多,责任不清。以何种机制来处理必要的中央集权与适当的行政性分权、政治性分权、地方自治的关系的研究应当提上日程。对这些课题的研究,已超出了通常所说"中央与地方的关系"的范畴,超出了初期体制改革和传统政治学的范围,需要通过施政创新和理论创新来推动,需要开发和建设一批新的政治学分支学科和交叉学科。

第四,要强化对一系列重要的过渡性问题的研究。中国如果不经历改革开放,现在的许多问题,就不存在;中国如果不继续深化改革和扩大开放,这些问题也就解决不了。前面谈到的结构性问题和体制性问题,实际多数也同时是过渡性的问题。现在,三个时间起点不同的"过渡"都在21世纪的前20年进入了"总结期":从1840年开始的由"传统社会"向"现代社会"的过渡,从1921年开始的对社会主义事业的探索所引发的向中国特色社会主义的过渡,从1978年开始的由计划经济体制向市场经济体制的过渡。然而复杂的是,这个历史过渡的"总结期",同时也恰好是中国历史上难得的"战略机遇期"。面对这些重要而复杂的课题,当代中国的政治学,应当成为"过渡政治学""发展政治学",并且在研究这些过渡性问题和发展中问题的过程中,使学科成熟和壮大起来。

每个国家都有自己的问题。在社会转型和政治发展中,不断冒出来问题是正常的。对复杂的政治现象,不能采取简单化的态度和思维方式。不要抓住一点,不及其余;不能让错觉和偏见妨碍了对政治变革的认识;不要动辄就把问题产生的原因归结为体制,也不能笼统和大而化之地批评"政治改革滞后"。其实,很多问题往往出在运作过程和运行机制上。任何实际运行中的政府,都不仅是一种体制,一个体系,更是一个过程。因此,关于政府与政治问题的研究,除了坚持传统的体制研究和要素分析的研究方法外,还需要走向一个重要的领域——过程研究。1997年,在拙著《当代中国政府过程》中,我首次将"政治过程"研究方法应用于分析中国政府活动,力图将对中国政府的研究从"体制"层面较为系统地提高到"过程"层面。

在研究中,我们这个以"政府过程研究"为核心的学术团队,形成了一些对于中国政府与政治研究有特色的理论共识和思维方式。我们把研究重点放在中国政府与政治实际运作情况和工作程序上,旨在从动态的角度考察和研究当代中国政府是如何治理的,在此基础上试图探讨其中的规律性。

中国政府与政治的研究必须能够回应"中国问题"。中国渐进地推进改革,在运作政府等方面,确有自己一套独创性的东西,有自己的发展逻辑,需要系统地挖掘;面对中国社会的急剧变化和快速转型,以及随之而来的新问题、新现象和新矛盾,更要提出自己的解释和指导方案,不能仅仅用欧美的语言系统和评价标准解释中国政治。来源于西方的理论能够启发我们的思维,但不能简单借用在西方经验基础上形成的理论来解释和指导中国的政治发展。中国应该有基于自己实际成长起来的具有中国风格、中国气派的政治学,需要创造和使用自己的核心概念、基本范畴、理论体系和分析框架的学科。中国到了以理论回馈时代的时候了。

在上述思维方式和学术追求的基础上,我对自己及研究团队的定位和要求是:从中国政府与政治运作的实际和经验中提炼有价值的问题和概念,了解现实制度安排和政治现象背后的主要制约因素,进而去揭示中国政治的内在机制,形成自己的理论体系。在研究中尽可能秉持一种平和的心态和建设性的态度,理性而务实地探讨问题,对重大问题进行具体研究。我们的能力有限,这一目标或许很难实现,但我们一直在努力。"当代中国政府与政治研究系列",就是我们向这个方向努力的一个个阶段性产物。

在研究工作中,我们注意发挥团队力量。团队成员之间有分工、有合作,相互配合、相互支持。在中国政府与政治这个大课题下,该系列的每本书都有特定的研究主题和所要回答的基本问题,有自己的"一家之言"。比如,《当代中国政府过程》对中国政府的行为、运作、程序及各构成要素,特别是各社会利益群体之间,以及它们与政府之间的交互关系进行实证性的分析、研究。《当代中国政府间纵向关系研究》以"职责同构"为理论研究的切入点,通过比较研究和历史研究,对当代中国政府间纵向关系发展作了较为深入的分析。在《"以社会制约权力"——民主的一种解析视角》一书中,提出了"以社会制约权力"条件下的民主模式,即参与—治理型民主。该书将"以社会制约权力"与"以权力制约权力""以权利制约权力"联系起来,共同构成一个权力制约理论体系。《当代中国县政改革研究》力图从财政的角度破解县的"长寿密码"。《当代中国政府"条块关系"研究》一书,在对中国政府"条块关系"问题进行较为全面和系统研究的基础上,着重探讨了职责同构的政府管理模式在中国长期存在的原因。该书提出的"轴心辐射模式"的理论分析框架有较强的解释力。

令我感到高兴的是,我们的工作得到了学术界的鼓励和认可。《当代中国政府过程》出版后,承蒙各界关爱,被许多国家和地区的多家大学用作研究生或本科生的教学参考书,多次被国内外的学者和博士论文所引用。早在1999年,《当代中国政府过程》的第一版,就获得了天津市社会科学优秀成果一等奖。2003年,经台湾大学社会科学院李炳南教授推荐,该书的姐妹篇——《中国政府与政治》在中国台湾出版。① 2005年我主讲的"当代中国政府与政治"被评为国家级精品课程,而《当代中国政府过程》就是该课程的教材。1998年以来,我和团队成员已经有十余篇论文相继被《新华文摘》转载或摘登,涉及中国阶层分化、当代中国政治的主题、中国公务员规模、中国政治学发展战略、中国纵向间政府关系、服务型政府建设、中国"条块关系"、大部门体制等多个领域。这给了我们很大的信心,也给予了我们前进的动力。

这是一个开放的学术著作系列,成熟一本,推出一本。随着研究的逐渐

---

① 朱光磊:《中国政府与政治》,台湾扬智公司出版,2003年。

深化,还会在服务型政府建设、城市管理、"两会"机制、政府机构改革与编制管理、行政区划改革等领域,不断有新的作品加入系列中来。

改版之际,我们衷心感谢各位前辈、同人对团队工作的宝贵帮助和支持!作为团队负责人,感谢我的伙伴们!我深知,在我们之间的合作中,我是最大的受益者。感谢天津人民出版社对我们工作的关注和支持,感谢出版社各个工作环节上的朋友们的合作,特别要感谢盛家林、刘晓津、张献忠、王康、唐静等老师创造性的工作!真诚欢迎读者的批评与指正!

2008年7月28日

前　言

权责清单制度是中国行政体制改革过程中的一项创新性制度安排,是政府职责体系优化的重要手段之一。它以权力清单为起点,在中央政府的推动下迅速扩散,形成了以权力清单和责任清单为核心、具有一整套制定程序的制度化体系。中国政府在职责体系的构建和优化中,一方面同世界其他各国一样,需要处理行政权的扩张及其带来的规范问题;另一方面,由于处在加快推进政府职能转变的特殊阶段,它在如何缓解制度构建与改革实践之间的张力这一问题上,又面临着更大的压力和挑战。在实现有序、高效推动政府发展的目标下,充分发挥体制机制创新的作用,已经成为重要的改革策略并受到越来越多的重视。为了更好地发挥权责清单制度在构建和优化具有中国特色的政府职责体系,乃至在行政体制改革过程中的制度性功能,应当首先在理论层面明确为何它是重要的,以及它是如何发挥作用的,进而在实践中对其进行有针对性的完善和优化。

权责清单制度研究集中于政治学、法学和公共管理学,研究内容基于法律属性与制度功能两个主要维度展开。在法律属性方面,主流观点倾向于将权责清单定性为行政规范性文件,同时又认为其具有"准立法"或软法性质。基于此,研究呈现出两个主要趋势:一是开始关注权责清单制度与法律制度之间的关系,二是开始区分清单文本的法律属性与清单制度的合法性。这为进一步探索其制度性功能提供了空间。在制度性功能方面,随着各领域改革的推进,研究呈现出"一主多元"的特征,即在总体上围绕改革这一主线,以多元化的视角展开。国外没有严格意义上的清单制度,但一些具有典型比较意义的国家在其政府职责体系(广义)形成过程中的策略选择,也能够提供启发性思路。总体来看,它们的共性是在职责体系的形成与优化过程中兼顾制度建设与体制机制创新,其中前者主要形成改革的基础和保障,而后者则重在增强制度体系的稳定性与灵活性。

政府过程理论中的"偏离"假设指出,政府在实际运行过程中由于其自身和外在条件的作用,会出现种种与制度性规定有所差别的现象。新近研究强调其中性特征,将突破"适度"范围情况下的"偏离"行为区分为消极的偏离行为与积极的偏离行为,其中经过实践检验和得到普遍认可的积极"偏离"会作为新的规定补充进原有的法律和制度。但是基于理论与实践经验,不难得到这样的结论:现实中的政府,往往是在适度偏离、过度偏离及多重偏离所形成的合力中实现发展和完成制度性变迁的。法律和制度并不具有使那种正向"偏离"合法化的积极性和主动性,要想将其——至少是高效地将其纳入现有的法律和制度,需要有目的性的干预。对于当前的中国政府,体制机制创新是最为典型的干预手段。正是对这一理论的回应与延伸,形成了权责清单制度必要性的理论基础。

权责清单制度必要性的现实基础、干预对象,以及作用发挥方式,应当从权力结构与运行过程的互动中寻找答案。中国的纵向政府间权力关系总体上正经历着从"集分权"向"确权"的框架转换,授权体制下的"职责同构"模式在这一过程中也发生了适应性变化。对此,使用"共生理论"能够从政府结构与过程的互动中归纳出三对重要的共生关系加以解释:缺乏法律程序保障的权力"收放"与组织机构间简单的"上下对口"、授权立法的规范性与"条块分割"的结构关系,以及行政权的无序扩张与政府职责的模糊划分。它们背后是旧的结构中各要素间形成的固有机制。要打破这些旧的共生关系,形成"确权"框架下各要素间新的稳定关系,就要通过制度创新,从而以新的机制替代旧的机制。权责清单制度正是以其为制度性功能发挥的现实基础，通过核心机制作用的发挥，尝试消除现阶段中国政府在运行过程中所面临的结构性和过程性阻碍，实现政府发展。

"结构—过程—机制"的框架为分析政府职责体系优化问题提供了方便，"机制—过程—结构"的对策思路也由此形成。事实上，权力框架转换下的"职责同构"实现自我调适的过程，也恰恰是为其自身的瓦解创造条件的过程，同时也是为权责清单制度核心机制有效发挥作用创造条件的过程。在构建和优化政府职责体系上，权责清单制度促成了三个核心机制，包括针对改革对象体系化的反馈机制、针对改革进程稳态化的巩固机制和针对职责层次动态化的调配机制。对其进行完善和优化的策略选择，应当以为其核心机制有效发挥作用创造条件为落脚点，把握好长期性与阶段性、一般性与特殊性，以及自上而下与自下而上分工的三对重要关系，从而真正实现以机制调整带动政府结构性优化和政府发展。

目　录

导　论

选题论证与研究框架

第一节　问题的提出与选题的意义

中国的纵向政府间关系是贯穿改革的核心问题之一，而纵向政府间职责配置的优化则是推动政府职能转变的关键。权责清单制度是中国行政体制改革过程中的一项创新性制度安排，也是中国纵向政府职责配置演进过程在现阶段的具体表现。它以权力清单为起点，在中央政府的推动下迅速扩散，形成了以权力清单和责任清单为核心、具有一整套制定程序的制度化体系。随着改革的综合性越来越强，改革对象和改革要素之间的联系也日益紧密。要围绕权责清单制度构建具有中国特色的政府职责体系，就要在政府职能转变、机构编制法定化、体制机制创新，以及政务服务体系优化等一系列改革所面临的问题中寻找联系和接点，在纵向政府间关系和"条块关系"的视角下对其进行整合。这对于认识和把握中国政府发展规律具有重要的实践价值与理论意义。

一、选题缘起

改革开放四十多年的实践促成了政府职能、机构、体制的重大转变。当前,在政府职能转变和机构改革不断深化的背景下,清单制度的制度性功能正在理论研究和实践工作的双重推动力下逐步形成并得以发挥。党的十九届五中全会强调,要"加快转变政府职能,深化'放管服'改革,全面实行政府权责清单制度"①。在此之前,中央也多次在重要文件中提出过"全面推行权责清单制度"这一要求。在政府职责体系构建的背景下对权责清单制度进行深化和细化研究,基于以下理论和现实背景。

(一)行政权的扩张及其规范是各国普遍面临的问题

行政权是个不稳定的概念,②在各个时代都存在差异。传统行政权可以被界定为"国家行政机关执行法律管理行政事务的权力"③,而经历了扩张后的现代行政权则在内容、范围等方面均发生了变化。④行政权扩张的过程,可以被总结为部门权力最大限度地进入公私法领域。⑤事实上,行政权不仅会在范围上同时向社会和国家权力体系内部扩张,在行使程度上也会产生自由裁量权持续扩大和不断突破行政程序的现象。⑥因此,行政权力的扩张绝非仅仅是界定边界的问题。除了行政权力本身的属性变化,⑦它还影响着权

---

① 《中共中央关于制定国民经济和社会发展第十四个五年规划和二〇三五年远景目标的建议》,《人民日报》,2020 年 11 月 4 日。

② 季涛:《行政权的扩张与控制——行政法核心理念的新阐释》,《中国法学》,1997 年第 2 期,第 78~88 页。

③ 朱新力:《行政法基本原理》,杭州:浙江大学出版社,1995 年,第 8 页。

④ 谢晖:《行政权探索》,昆明:云南人民出版社,1995 年,第 32 页。

⑤ 邓晖:《论行政权的扩张与控制》,《法学杂志》,2008 年第 2 期,第 140~142 页。

⑥ 刘素梅:《论行政权力的扩张》,《苏州大学学报》(哲学社会科学版),2006 年第 2 期,第 9~12 页。

⑦ 例如对立法权和司法权的吸纳。

力之间的结构和权力的运行。一方面,行政权的扩张是社会发展所必需的,[①]
行政机关具有的主动性、灵活性、低成本和高效率能够"廉价地实现正义"[②];
但另一方面,西方社会 20 世纪六七十年代出现的经济滞胀等一系列现象,
也表明行政权力的扩张必须被限制在合理的范围内。控权是规范行政权无
序扩张的重要手段。

　　控权不仅意味着权力在结构上的制约,还意味着权力在范围设定上的
合理性及行使上的正当性。要将行政权的扩张控制在合理范围并对其进行
规制,就要遵循依法行政的原则,它是现代法治国家政府行使权力时所普遍
奉行的基本准则。[③]对扩张的行政权施以司法权控制[④]就是依法行政原则下
进行控权的一种方式。随着"风险社会"的到来,中国在法治政府建设中的行
政权的规范上面临着相当大的困难和挑战。首先,单一制国家自上而下的授
权体制中,模糊的行政规则与执行者扩大化的自由裁量权之间形成更为稳
定的互补结构,这是行政权规范化路上的结构性阻碍。其次,中国各地在区
位条件和发展阶段上的差异性导致的发展需求差异与中央相对集中统一治
理之间形成张力,加剧了行政权在运行过程中的复杂性。最后,行政程序规
范的缺乏,也成为行政权规范所要解决的重要问题。总体来看,中国行政体
制改革中行政权问题的解决还要通过体制机制的创新,从而真正实现依法
行政。

---

① 袁曙宏、赵永伟:《西方国家依法行政比较研究——兼论对我国依法行政的启示》,《中国法学》,2000 年第 5 期,第 113~126 页。

② Edward L. Metzler, The Growth and Development of Administrative Law, *Marquette Law Review*, 1935,19(4):209~227.

③ 应松年主编:《行政法学新论》,北京:中国方正出版社,1999 年,第 53 页。

④ 王明远:《论我国环境公益诉讼的发展方向:基于行政权与司法权关系理论的分析》,《中国法学》,2016 年第 1 期,第 49~67 页。

(二)加快推进政府职能转变时期中国的改革实践与制度构建间存在张力

"权力法定与改革合法性之间存在张力"①,这是由于改革的不确定性对法律制度的稳定性提出了挑战。同样,中国政府的改革实践与制度构建之间也存在这种张力。中国处于"两化叠加"的发展阶段,要同时面对现代化和后现代化的诸多问题。②为此,学界提出"规制–服务型政府"③这一分析过渡期政府模式的概念,为政府同步加强管理和服务职能的需要提供了相应的理论支撑。同时,这也表明,转型阶段的政府在职责配置上更具复杂性和不确定性。

首先,政府职责配置要适应现实需求,即在满足刚性的管理需求和人性化的服务需求的同时,采取合理、科学的手段对相对稳定的职责进行制度化固定,以保证改革成果得以巩固。其次,在遵循法定程序的基础上,改革往往会进行突破,必须在职责配置的体系化、制度化与灵活性之间寻找平衡。这就需要在体制机制创新中寻找规范二者关系的具体途径。最后,制度的构建并非一劳永逸。在制度构建与优化的过程中,既要保证将改革中经过检验的、相对稳定的部分保留下来,形成制度的一部分;也应当具有对社会发展的前瞻性,在制度设计时保证其动态调整的能力和改革持续推进的动力。事实上,"两化叠加"背景对于发展理念和社会共识的影响,进一步加剧了改革与制度构建间的张力。一方面,政府转型的思路不够清晰,改革的整体性和系统性被削弱;另一方面,公众对政府职能转变的过高期望与现实改革实践的相对滞后,也为转型期政府改革和制度构建带来了更多挑战。转型阶段如何平衡改革与制度构建间的关系?如何在灵活性与稳定性、可调整性与

---

① 胡税根、徐靖芮:《我国政府权力清单制度的建设与完善》,《中共天津市委党校学报》,2015年第1期,第72页。

② 朱光磊:《"两化叠加":中国治理面临的最大难题》,《中国社会科学报》,2014年11月17日,第B02版。

③ 朱光磊、孙涛:《"规制–服务型"地方政府:定位、内涵与建设》,《中国人民大学学报》,2005年第1期,第103~111页。

权威性之间找到平衡点？这些问题的解决，还需要在体制机制的创新中寻找突破口。

(三)政府职责体系研究需要进一步细化和系统化

构建政府职责体系既是学界的重大研究课题，同时也是处于初探阶段的提法和研究思路。党的十九届四中全会通过的《中共中央关于坚持和完善中国特色社会主义制度 推进国家治理体系和治理能力现代化若干重大问题的研究》明确提出，要优化政府职责体系，构建职责明确、依法行政的政府治理体系；①同时，它也对这一改革目标下所涉及的相关领域改革提出了原则性的要求、做出了相应的部署。在学界，对政府职责体系的研究集中于宏观性描述，代表性研究是对职责体系中六个重要关系的概括。②就其意义来说，清晰的政府职责配置表有助于推动政府职能转变、③深化机构改革；④就其内容来说，它可以被归纳为中央与地方职责关系、部门间职责关系，以及垂直部门与地方政府间职责关系，⑤也可以根据"一级政权、一级事权"⑥的原则在公共财政框架下探讨其结构；就职责的配置方式来说，可以围绕"十六字"职能探讨职责配置，⑦也可以通过"以事性定权属、以事项配事权"⑧进行事权划

---

① 《中共中央关于坚持和完善中国特色社会主义制度 推进国家治理体系和治理能力现代化若干重大问题的决定》，《人民日报》，2019 年 11 月 6 日。

② 朱光磊：《政府职责体系构建中的六个重要关系》，《中国机构改革与管理》，2013 年第 6 期，第 32~33 页。

③ 朱光磊：《中国政府职能转变问题研究论纲》，《中国高校社会科学》，2013 年第 1 期，第 145~155 页。

④ 黄文平：《加强政府职责体系研究具有重要意义》，《中国机构改革与管理》，2013 年第 6 期，第 31~32 页。

⑤ 张伟：《构建政府职责体系应把握的基本框架》，《中国党政干部论坛》，2009 年第 12 期，第 50~51 页。

⑥ 贾康、白景明：《县乡财政困难与财政体制创新》，《经济研究》，2002 年第 2 期，第 3~9 页。

⑦ 沈荣华：《纵向行政体制改革的思考》，《中国行政管理》，2008 年第 9 期，第 14~17 页。

⑧ 王浦劬：《中央与地方事权划分的国别经验及其启示——基于六个国家经验的分析》，《政治学研究》，2016 年第 5 期，第 44~58 页。

分或借鉴国外的"分权模式"对职责在层次上进行分配。①

政府职责体系构建这一课题涉及的领域广泛、内容复杂,相关研究在一定程度上呈现出碎片化的特征。因此,首先需要对相关研究进行整合。碎片化的研究无助于研究成果之间的交流与相互推动,为了使已有研究成果之间形成有机联动,需要通过整合性的研究框架促进研究体系的形成。其次,各领域研究还需要在注重整体性的前提下,进一步细化和具体化。权责清单制度的产生与发展,既是历年来政府创新与体制机制改革经验的集中,也是新时期继续推进行政体制改革的一个契机。以权责清单制度研究为抓手,为政府职责体系研究创造能够联动职能、机构、体制、过程这四维关键要素的条件,也是本书的核心任务之一。

二、理论价值

现代政府理论中的四维分析框架以职能、机构、体制和过程这四个概念为基础,形成了一整套分析工具。这四个要素之间相互联系:作为逻辑起点的职能由机构承担,体制是机构间确定下来的关系,而政府一旦运转起来便成为政府过程。②其中,"政府过程"作为四维分析框架的延伸,大大提高了该理论的开放性与包容性。特别是"偏离"这一核心概念,为理解和把握现实运行的政府提供了可能性。权责清单制度研究能够连接职能、机构、体制和过程这四个基本要素,对"偏离"现象进行分解式研究,这可以为中国政府职责体系构建和纵向政府间关系研究做出一定的理论贡献。

(一)对以政府职能为核心的相关理论研究做连接与整合

政府职能的"两层次说",提出将现代政府职能具体划分为"政府功能"

---

① 曹桂全:《多级政府分工模式与我国行政管理体制改革》,《理论与现代化》,2013 年第 3 期,第 122~128 页。

② 朱光磊主编:《现代政府理论》,北京:高等教育出版社,2006 年,第 11~15 页。

与"政府职责"。前者是理论界关于政府职能相对原则性的界说,被定义为"依托国家权力,为履行其社会角色而对各种重要社会关系进行调控的活动";后者是相对具体的界说,被定义为"政府作为国家当局应当完成的任务,是政府对社会必须履行的基本义务"。①权责清单制度的构建正是以政府职责为基础的。首先,其关注对象是政府职责的配置与调整,尤其是政府职责在纵向层次上的配置与调整。更进一步,权责清单制度研究聚焦三方面内容。其一,转型阶段的政府职责配置;其二,与西方国家"职责异构"不同的中国特色的政府职责配置;其三,职责在各层级政府——特别是省及省以下各级政府的配置。其次,它的研究目的不是对权力制约、国家整体与部分关系等政府功能内容提出笼统、原则性的建议,而是尝试从职责入手,通过职责调整带动政府功能优化。这就明确了权责清单制度研究的基本内容与逻辑。

既有研究指出,政府机构改革与职能转变割裂,是机构改革陷入循环的主要原因。尽管 1988 年机构改革就提出"政府职能转变是机构改革的关键"②,历次改革也取得了一定的效果,但长期以行政手段推动政府改革的习惯,③使得改革成果往往缺乏制度化的固定;特别是在政府纵向的职责配置方面,改革还没有实现结构性的突破。在这一过程中,"三定"规定临时性地充当了机构改革法定化的依据,但这显然是不够的。

近年来,学界和政界都不断尝试在机构改革过程中加入更多职责要素。④但授权体制中以"行政命令+模糊性政策"为基础而形成的稳定结构,为改革带来了很大的挑战。参与者和利益相关者越多,中央政策制定往往越倾向于

---

① 朱光磊主编:《现代政府理论》,北京:高等教育出版社,2006 年,第 67~89 页。
② 《1988——"转变政府职能是机构改革的关键"》,2009 年 1 月 16 日,http://www.gov.cn/test/2009-01/16/content_1206984.htm,访问时间:2020 年 6 月 3 日。
③ 朱光磊、李利平:《回顾与建议:政府机构改革三十年》,《北京行政学院学报》,2009 年第 1 期,第 18~22 页。
④ 刘启川:《共通性:权责清单与机构编制法定化关系解读》,《内蒙古社会科学》(汉文版),2019 年第 5 期,第 99~104 页。

模糊和笼统，①这种治理手段的合理性，②在于为次级政府和政策执行者提供了将政策与现实结合的空间。中国具有典型的多层级政府结构，一方面，法律对各层级政府的职责没有明确和系统性的规定，主要依靠政策手段确定各级政府的职责；另一方面，自上而下的行政命令在机构和职责的"同构"中发挥了重要作用。诸多改革正是囿于这种稳定结构而无法取得实质性的进展。权责清单制度研究尝试以职责为抓手，在与"三定"规定有机衔接的过程中逐步寻求打破这一稳定结构的出路。

（二）完善政府过程理论中"偏离"问题的研究

"任何运行中的政府，都既是一种体制，又是一个过程。"③体制研究是静态的、应然的，而过程研究是动态的、实然的。所谓"偏离"，是指"政府在实际运行过程中由于政府自身和外在条件的作用所出现的种种与制度性规定有所差别的现象"④，这正是在对现实政府的考察中提出的。之所以说政府过程研究是权责清单制度研究的重要基础，是因为在权责清单制度的研究中面临着多重、复杂的"偏离"现象。"偏离"及其相关概念，构成了权责清单制度这一创新性安排产生、作用等环节最为核心的解释框架。

第一，法律法规向部门规章的转化过程中出现第一重"偏离"。行政权扩张的过程，也是行政立法权成长的过程。部门规章是行政立法的产物，2000年《中华人民共和国立法法》正式将规章列于法律法规后，其法律属性得到确认。⑤中国的地方立法根据其目的可以分为执行性立法、自主性立法与先

---

① 陈玲、赵静、薛澜：《择优还是折衷——转型期中国政策过程的一个解释框架和共识决策模型》，《管理世界》，2010年第8期，第59~72页。
② 庞明礼、薛金刚：《政策模糊与治理绩效：基于对政府间分权化改革的观察》，《中国行政管理》，2017年第10期，第120~125页。
③ 朱光磊：《政府过程的学说与方法及其在中国的适用问题》，《南开学报》，1994年第4期，第44~52页。
④ 于丹：《政府行为"偏离"假设的探讨》，《云南行政学院学报》，2007年第6期，第65页。
⑤ 章剑生：《行政诉讼中规章的"不予适用"——基于最高人民法院第5号指导案例所作的分析》，《浙江社会科学》，2013年第2期，第73~79页。

行性立法,对弥补中央法律政策的相对模糊性、原则性起到了重要的作用。但同时,在这一过程中,地方政府假借执行性立法的名义进行创设性立法的现象屡见不鲜。[①]

因此,无论是从正向对法律的细化、弥补,还是负向上出现各类行政立法过于庞杂、质量良莠不齐的情况,都可以从这第一重"偏离"中得到一定的解释。

第二,由行政职权向行政行为转化的过程中,产生了第二重"偏离"现象。行政职权向行政行为转化时,不可避免地要面对自由裁量权所带来的问题。自由裁量权是法律法规在行政管理活动中赋予行政机关的一种权力,其前提是依据立法目的和公正合理原则。[②]因此,自由裁量权本身是属于适度范围内的"偏离"。但自由裁量权的"滥用",则会产生过度"偏离",从而产生突破法律法规边界的负面"偏离"。二战以来,对行政自由裁量权的控制问题成为行政法学研究的重要对象,从行政程序和司法审查两方面对其进行法律控制,是研究的重要成果。

第三,权责清单制度执行过程本身也出现了政策执行层面的"偏离"。一方面,中央在制度设计中并未制定和公布详细的标准;[③]另一方面,地方政府在制度执行过程中要面对不同既得利益者的种种抵触和阻碍。因此,无论是自上而下的强制推行,还是横向地方政府间的学习扩散,"偏离"甚至过度"偏离"的现象都时有发生。

上述三重"偏离"现象,不同程度地发生在法律的细化与法律的执行等环节,通过适度与过度、正向与负向这两个维度区分。需要说明的是,"偏离"现象本身是客观存在的,具有其合理性。在"适当"范围之外的"偏离",是研

---

① 王太高:《权力清单中的地方政府规章——以〈立法法〉第82条为中心的分析和展开》,《江苏社会科学》,2016年第3期,第138~147页。

② 姜明安:《论行政自由裁量权及其法律控制》,《法学研究》,1993年第1期,第44~50页。

③ 中央政府在推行清单制度方面目前只发布过三份正式文件,分别为2015年3月中办国办印发的《关于推行地方各级政府工作部门权力清单制度的指导意见》、2016年1月国办印发的《国务院办公厅关于印发国务院部门权力和责任清单编制试点方案的通知》及2016年2月中办国办印发的《关于全面推进政务公开工作的意见》。

究所要关注的重点。与常态化的适度偏离相比,过度偏离往往是阶段性和局部性的,这是研究得以展开的关键。多重偏离和过度偏离的出现,决定了权责清单制度研究应当具有连接发力政府和现实政府的特性。它既关注制度研究对政府职责、机构、体制上的规定,即关注结构的那一方面;同时又关注现实运行着的政府和每个自主理性主体的行为,以及它们之间的互动情况,即过程的那一方面。在对动态与静态、法律与现实、实然与应然的持续关注和分析中,权责清单制度研究方能展现中国政府职责配置和运转的全景图。

(三)丰富中国纵向政府间关系的理论研究

所谓"职责同构",是指"不同层级的政府在纵向间职能、职责和机构设置上的高度统一、一致"①。长期以来,"职责同构"这一理论概括不仅反映着中国纵向政府间关系的总体特征、解释着法律制度和经济社会管理体制等方面出现的种种问题,同时也为政府职能转变和各领域改革的推进提供了理论基础和现实指导。新时期,"职责同构"得以长期存在,除了制度惯性与改革阻力,它本身也逐步呈现出一定的制度性优势。当然,随着政府职责体系的构建,职责已经由"同构"转向"重构",需要对"'职责同构'批判"进行理论上的"再批判",②从而实现理论发展的螺旋上升,进一步加强其现实指导意义。

第一,需要对相关理论进行细化。如区分不同发展阶段、不同区位条件下政府在职责配置和运行上的差异,并进一步分析这种差异的特征及其对于纵向政府间关系特征的影响。

第二,需要对相关理论进行修正。随着改革的深入推进,"职责同构"得以维持的条件和动力是否发生变化?作为长期以来需要打破的体制弊端,它是否已经或正在发生变化?当"同构"的结构与动态的过程相结合,权力的履行方式等要素被引入时,"职责同构"是否还足以概括纵向政府间关系?这都

---

① 朱光磊、张志红:《"职责同构"批判》,《北京大学学报》(哲学社会科学版),2005年第1期,第101~112页。

② 张志红:《中国政府职责体系建设路径探析》,《南开学报》(哲学社会科学版),2020年第3期,第10~18页。

是需要进一步研究的问题。

第三,需要对相关理论进行补充。现有研究已经基于政治进路、行政进路、财政进路等多重维度对纵向政府间关系相关理论进行了丰富。围绕政府职责体系的构建,如何从"职责同构"走向职责的"层次化和体系化",需要理论上进一步的突破和创新。

构建政府职责体系,其核心是事权、职责和利益的合理"归位",以"确权"的思维来解决中国纵向政府间关系的问题。①权责清单制度研究是在"确权"思路下,对纵向政府间关系理论的丰富。它最大的特点是打破了对职责进行"同构"和"异构"的划分、权力在"集中"和"分散"上的二元权衡,强调职责、机构、体制和过程作为一个整体的有机性和动态性。这为纵向政府间关系的理论研究提供了新的思路。

三、实践价值

权力清单的产生源自现代政府对权力运行规范化的要求。在制度化的过程中,它的制度性功能呈现出一定的路径依赖特征,同时也受到现实需要和改革目标变化的影响。一方面,社会发展伴随着社会异质化程度的提高,政府管理面对的现实情况愈加复杂化;另一方面,随着改革的纵深推进,局部改革领域的联系愈加紧密,改革的整体性和综合性都极大地提高了。权责清单制度的功能变化,恰恰是这种现实情况的反映。遵循"破而后立"的原则,实现依法行政的目标,构建科学、合理的政府职责体系,是本书的现实意义所在。

(一)为处理地方立法与执法乱象提供解决思路

行政权是权责清单的起点,是其所要规范的最基本对象,也是它借以发挥作用、推动政府职责体系构建和实现政府转型的关键。最初,研究只关注

---

① 朱光磊:《政府职责体系建构中的六个重要关系》,《中国机构改革与管理》,2013 年第 6 期,第 33 页。

权责清单是否遵循"依法梳理"的原则,未能注意到清单梳理和清理过程对法律法规规章的反向形塑。近年来,行政法学领域兴起了对清单梳理依据的研究,其关注点在于如何使清单制度构建依据更具科学性与合理性,这是对清单制度与法律制度之间关系研究的进步。但是,如果不能转变"以法律法规规章作为清单梳理唯一依据"的思维,就无法在清单制度与法律制度的相互作用上实现突破。权责清单制度不应当替代法律制度,也不应直接作用于行政权。简单提"依清单行政"是不恰当的,无论是在学理还是实践中都还有较大的探讨空间。只有通过细化、整合、梳理等环节与法律制度相互衔接,才能进一步实现其规范功能。遵循新的思路,权责清单制度研究对于规范地方立法权与执法权的现实意义就比较明确了。一方面,它有助于真实反映行政权的全貌。如果能够通过合法程序将行政职权的现实过程与法律制度相互衔接,就能进一步对地方性立法权和现行法律体系进行调整和优化;另一方面,通过制定政务服务类清单、制定相关的办事流程图、向社会公众公布权责事项等方式,权责清单便能够在一定程度上起到控制和规范行政执法权和自由裁量权的作用。这对于探究行政权内部衍生的种种乱象,探索其解决途径和具体办法,有着重要的现实意义。

(二)有助于剖析政府职责体系构建的基础性条件

政府职责体系的构建是一个长期且复杂的过程,基础性条件的创造不可或缺,具有重要意义。纵向上,政府职责体系的构建,就是要明确各级政府应当承担的职责,并形成职责在纵向结构上最优化的配置和联动。现实中,中央政府作为职责体系构建的主要推动者,并没有在法律层面给出各层级政府职责的相关文本。原因之一,在于政府职责层次的划分涉及的领域多、地域范围广、利益相关者数量庞大。因此,改革遇到的挑战多、受到的阻力大,进程相对缓慢。原因之二,在于中国区域间和区域发展阶段差异大,关于政府职责层次的划分,经验和数据的积累还不足以支持中央政府对此进行立法。在这种情况下,权责清单制度一方面从横向和纵向两个维度覆盖全国各级政府,另一方面与"三定"规定、各类法律法规规章相互联动,如何为政府职责体系的构建创造基础性条件就成为研究的重要内容。

除了作为核心部分的权责清单,清单制度中的其他相关政务和服务清单也发挥着重要作用。这与相关机制体制创新的结合是密不可分的。例如,政务服务大厅的建设及运转,与各类清单的作用发挥有着紧密的联系。在这一过程中对相关清单内容的调整,都是职责配置与调整的经验积累。再例如,"放管服"改革的推进与清单制度的诸多环节(例如权责的下放、清理等)都紧密相关,改革的进程也体现在清单的内容当中。可见,清单制度本身作为一项创新性的制度安排,在政府职责体系构建的初期发挥着重要的基础性功能;而对它的研究,尤其是将它与相关体制机制相互联系、相互整合的研究,有助于把握和深入剖析政府职责体系构建的基础性条件。

(三)探索推动政府职能转变和纵向政府间关系调整的制度性动力

权责清单制度研究不仅要应对当下权力规范和基础条件创造的需要,更要进一步探索其制度性功能,从而实现以持续性的改革带动权力结构的优化与制度的变迁。根据制度变迁的产生原因,林毅夫曾将其划分为源自某种在原有制度安排下无法获得的获利机会而引起的诱致性变迁和由政府强制引入命令和法律而执行的强制性变迁。[①]一方面,权责清单制度引发的制度变迁呈现出"由政府主导的强制性变迁向市场主导的诱致性变迁转型"[②]这一趋势;另一方面,短期内它也还无法抗拒中国政治领域"不同于哈耶克式自发秩序演进的、由关键行为者自上而下强力推动"[③]的制度变迁模式。探究这种复杂环境下的制度变迁,对于中国当下推动政府职能转变和纵向政府

---

① 林毅夫:《关于制度变迁的经济学理论:致诱性变迁与强制性变迁》,R.科斯、A.阿尔钦、D.诺斯等:《财产权利与制度变迁——产权学派与新制度学派译文集》,刘守英等译,上海:上海三联书店,1994 年,第 371~418 页。

② 杨瑞龙:《我国制度变迁方式转换的三阶段论:兼论地方政府的制度创新行为》,《经济研究》,1998 年第 1 期,第 3~10 页。

③ 马得勇、张志原:《观念、权力与制度变迁:铁道部体制的社会演化论分析》,《政治学研究》,2015 年第 5 期,第 96 页。

间关系调整实现进一步突破，有着重要的现实意义。将清单制度研究嵌入多层级政府的"结构-过程"框架，是挖掘其对于改革发挥制度性推动力的最好方式。多层级政府结构中存在的众多利益主体恰好满足了结构的基本定义，即自主行动主体在权力和资源的分配下形成的强弱、大小不等的关系；[①]而它们之间的互动和博弈，又形成了动态、现实的过程。结构和过程在概念层次上的一致性，[②]对于真实地反映制度变迁有所助益。

　　如上文所述，政府职责体系构建视角下的权责清单制度研究，具有重要的理论和实践意义。它联结着结构与过程、静态与动态、法理与现实、当下与未来，试图在诸多维度中探索政府发展的全新思路。

第二节　文献综述

　　权责清单制度是一项行政实践先于理论研究的制度安排，网上可检索到最早出现"权力清单"一词的文献，是 2005 年 8 月 25 日《南方周末》上发表的《国内首份市长"权力清单"》[③]一文。随后，借助地方政府间相互学习、模仿、竞争的扩散机制，"权力清单"一词逐渐被广泛使用，并在得到中央政府的认可和使用后具有权威性。由"权力清单"向"权责清单制度"的演化，是在学界和政界持续地研讨和互相推动中实现的。尽管在行政法学、政治学、管理学等不同学科视角下现有研究偏重有所不同，但也形成了一定的研究基础与脉络，这为研究的推进奠定了扎实的基础。

---

　　①　吴晓林：《结构依然有效：迈向政治社会研究的"结构-过程"分析范式》，《政治学研究》，2017年第 2 期，第 105 页。

　　②　T. Parsons,The present status of structural-functional theory in sociology, in L. A. Coser,ed, *The Idea of Social Structure:Papers in Honor of Robert K. Merton.*,New York:Harcourt Brace Jovanovich,1975:69.

　　③　徐彬：《国内首份市长"权力清单"》，《南方周末》，2005 年 8 月 25 日，第 A04 版。

一、权责清单制度的研究脉络与属性定位

实践中,权责清单制度已经历了近二十年的发展。一方面,其目标不断调整、功能逐步完善,经历了以信息公开为目标的权力清单形成阶段、以落实问责追责为焦点的责任清单补充阶段,以及以优化政府职责配置和规范权力运行过程为核心的权力和责任清单制度化阶段;另一方面,其内容逐渐丰富,形成了以权力和责任清单为核心、以其他各类管理与服务清单为辅助性治理工具的清单体系。为了把握权责清单制度研究的概况,进而形成相对全面的评述,本书借助 CiteSpace4.0 软件对文献数据进行剖析和可视化呈现。综合中华人民共和国国务院网站上发布的 140 余篇相关政策文件与新闻稿件,使用"'权力清单'或含'责任清单'或含'权责清单'"①作为关键词进行"主题""精确"搜索(2021 年 12 月 31 日),剔除短讯、期刊重点选题、各类清单等无效文献,共搜集期刊论文 2937 篇。

(一)权责清单制度研究的基本脉络

在 CiteSpace4.0 软件的参数设置中,将时间跨度定为 2005 年到 2021 年,并以 1 年为"时区分割"进行时间切片;将"提取节点阈值"设置为每个时间片区(1 年)提取前 30 篇文献;其余参数默认软件设置。运行软件得出的知识图谱和各节点信息(频次、中心中介度、突显率等),有助于探寻领域内具有开创性与代表性的文献、热点主题、演变趋势及研究领域之间的关联。②剔除频次在 10 以下的标签,并将节点按照保留词的频次进行降序排列,可得出表导.1 的节点信息表(包含频次、中心度、首现年份和标签属性)。

---

① 根据政府网站发布的相关文件和稿件,这三个词能够相对全面地涵盖和反映本文的基本研究对象,相关的"权力清单制度""权责清单制度"等词也能够包含其中,相对具有科学性和合理性;以政府网站文件和稿件作为参考提炼文献搜索的关键词,则相对具有权威性。

② Chen C,CiteSpaceII:Detecting and visualizing emerging trends and transient patterns in scientific literature,*Journal of the American Society for Information Science and Technology*,2006(3):359–377.

表导.1 清单制度研究知识图谱(2005—2021 年)节点信息表

频次	中心性	首现年份	标签属性	频次	中心性	首现年份	标签属性	频次	中心性	首现年份	标签属性
778	0.30	2005	权力清单	28	0.00	2011	明确	18	0.00	2014	行政审批项目
562	0.14	2006	责任清单	27	0.00	2015	行政体制改革	18	0.00	2018	安全生产工作
302	0.05	2013	权力清单制度	27	0.04	2011	创新	18	0.01	2006	反腐败工作
173	0.02	2014	简政放权	27	0.01	2006	国务院	18	0.00	2015	法治思维
117	0.04	2007	行政审批	27	0.00	2014	行政机关	17	0.00	2018	司法责任制
116	0.01	2014	行政审批制度改革	26	0.04	2013	问责	17	0.00	2013	法律制裁
102	0.05	2016	全面从严治党	26	0.00	2019	法治化	17	0.00	2015	新常态
100	0.16	2012	行政权力	26	0.01	2014	政府自身改革	17	0.00	2019	基层党建
90	0.07	2015	党风廉政建设	26	0.00	2018	政府职能	16	0.04	2010	人大代表
82	0.00	2014	负面清单	25	0.00	2017	政府	16	0.00	2012	权力监督
79	0.18	2005	监督	25	0.00	2016	党员	16	0.00	2014	李克强
78	0.02	2008	清单	24	0.01	2005	行政职权	15	0.00	2012	信息公开
78	0.14	2006	权力运行	24	0.01	2005	政务公开	15	0.00	2018	基层党组织书记
59	0.02	2014	法治政府	23	0.00	2019	机构编制	14	0.03	2019	小微权力
54	0.00	2018	权责清单	22	0.00	2018	基层党建工作	14	0.00	2006	党员领导干部
52	0.00	2016	政务服务	21	0.01	2014	笼子	14	0.00	2018	党支部
50	0.00	2015	依法行政	21	0.00	2013	党风廉政建设责任制	13	0.00	2014	小微
48	0.02	2016	党组织	21	0.01	2011	群众	13	0.00	2010	市纪委
44	0.05	2017	党建工作	21	0.00	2020	习近平总书记	13	0.00	2013	十八届三中全会
42	0.02	2008	村干部	21	0.00	2013	行政处罚	13	0.00	2019	属地管理
41	0.00	2013	企业管理	20	0.00	2014	浙江省	12	0.02	2018	组织生活
41	0.00	2013	企业	20	0.07	2006	书记	12	0.01	2018	支部书记
35	0.01	2015	地方政府	20	0.00	2017	检察官	11	0.03	2006	县委书记
35	0.02	2017	领导班子	19	0.00	2010	会议	11	0.00	2018	机关党建
35	0.02	2007	行政	19	0.00	2018	基层治理	11	0.00	2018	党内监督
35	0.00	2015	权责	19	0.00	2016	党的组织	11	0.00	2013	反腐败

续表

频次	中心性	首现年份	标签属性	频次	中心性	首现年份	标签属性	频次	中心性	首现年份	标签属性
34	0.00	2014	浙江	19	0.00	2015	非行政许可审批	11	0.02	2010	县委权力
32	0.00	2017	主体责任	19	0.00	2020	机构编制管理	10	0.00	2019	三定"
29	0.02	2013	党委	19	0.00	2016	党建工作责任制	10	0.01	2016	档案
28	0.03	2006	执法	19	0.00	2014	农村	10	0.00	2019	权责清单制度
28	0.00	2017	改革	19	0.00	2018	"放管服"改革	10	0.09	2006	公开透明

　　以时区视图(time zone)方式对信息进行可视化,[①]可得如图导.1 所示的时区图。时区图中不同时区关键词连线的丰富程度,能够体现不同时区节点间传承关系的紧密度,[②]有助于把握研究的演变趋势,对相关研究形成总体认知。

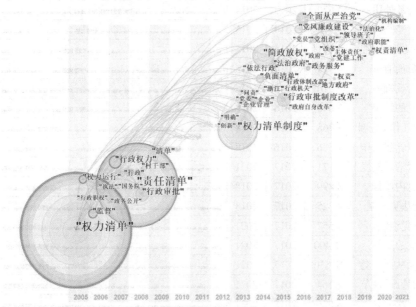

图导.1　清单制度研究知识图谱(2005—2021 年)

---

　　① 具体操作参照:李杰、陈超美:《CiteSpace:科技文本挖掘及可视化》,北京:首都经济贸易大学出版社,2016 年,第 103~104 页。

　　② 赵岩、孙涛:《国内社区治理研究知识图谱分析:基于 CSSCI 论文(2005—2015)》,《中国行政管理》,2016 年第 5 期,第 32~37 页。

自 2005 年邯郸市对外公布首份市长权力清单以来,对"以清单形式列举各级政府和各个部门所掌握的各项公共权力"①的研究逐步展开。对清单制度的理论研究与行政实践相互推动,不断呈现出新的内涵与特点,这些内容可以在一定程度上由突现词反映出来。突现词分析是从研究热点层面把握相关理论研究在时间上的分布特点。根据起始年份进行排序,能够大致得出研究的推进方向。

表导.2　清单制度研究演进过程中的突现词(2005—2021 年)

突现词	突现强度	起始年	结束年	2005—2021 年
邯郸市	3.283	2005	2010	▬▬▬▬▬▬▬▬▬▬▬▬——————————
县委书记	3.408	2006	2013	—▬▬▬▬▬▬▬▬▬▬▬▬▬▬————————
公开透明	6.256	2006	2013	—▬▬▬▬▬▬▬▬▬▬▬▬▬▬————————
县委权力	6.456	2010	2013	——————————▬▬▬▬▬▬————————
权力运行	7.741	2010	2013	——————————▬▬▬▬▬▬————————
行政处罚	3.670	2013	2014	————————————————▬▬▬——————
笼子	3.973	2014	2015	——————————————————▬▬▬————
非行政许可审批	4.091	2014	2015	——————————————————▬▬▬————
负面清单	4.919	2014	2015	——————————————————▬▬▬————
行政机关	5.016	2014	2015	——————————————————▬▬▬————
党的组织	3.048	2016	2017	——————————————————————▬▬▬—
党建工作责任制	3.768	2016	2018	————————————————————————▬▬▬
基层党建工作	4.586	2016	2018	————————————————————————▬▬▬
权责清单制度	3.171	2017	2021	——————————————————————————▬▬▬
党内监督	3.899	2017	2018	————————————————————————▬▬▬
司法责任制	4.325	2017	2018	————————————————————————▬▬▬
党组织	8.557	2017	2021	——————————————————————————▬▬▬
党建工作	11.400	2017	2021	——————————————————————————▬▬▬
全面从严治党	21.530	2017	2021	——————————————————————————▬▬▬
"放管服"改革	7.164	2017	2021	——————————————————————————▬▬▬
一次办好	3.026	2018	2021	——————————————————————————▬▬▬
机关党建	3.470	2018	2021	——————————————————————————▬▬▬
营商环境	3.957	2018	2021	——————————————————————————▬▬▬

① 沈小平:《新华网评:"权力清单"将权力关入透明的制度之笼》,2014 年 2 月 21 日,http://www.gov.cn/jrzg/2014-02/21/content_2617156.htm,访问时间:2020 年 4 月 20 日。

综合"知识图谱的时间视图"与"突现词表",可以看到清单制度的研究以"权力清单"作为起点,在起初三年围绕权力信息"公开透明"这一话题迅速成为研究热点。随着时间的推移,其研究范围发生了变化,逐步产生了"责任清单""权力清单制度""权责清单""权责清单制度"等不同研究对象。清单制度研究在理论研究与实践探索相互推动、相互影响这一特征上特别突出。2008 年到 2013 年,从中央到地方各级政府围绕"两张清单"①展开了积极的实践与探索,此阶段文献以报刊报道为主。2013 年 11 月,党的十八届三中全会召开,其中《中共中央关于全面深化改革若干重大问题的决定》中明确提出"推行地方各级政府及其工作部门权力清单制度",再次引发了学界对清单制度及其相关领域工作的关注。

近五年来,伴随着经济发展和行政管理体制改革的深化与细化,清单制度研究呈现出了"一主多元"的特征。所谓"一主",即研究在总体上围绕改革这一条主线;所谓"多元",即研究以多元化的视角展开。从图导.1 的知识图谱中可以看到,尽管清单制度的研究领域涉及"行政审批制度改革""简政放权""政务服务""全面从严治党""政府职能""机构编制"等方面,在领域分布上呈现出一定的分散性;但也不难发现,重点研究课题之间又有着千丝万缕的联系,集中体现为改革中各部分的联系与顶层的整体设计两个方面。纵观突现词表,"非行政许可审批"(2014)、"全面从严治党"(2017)、"'放管服'改革"(2017)、"一次办好"(2018)和"营商环境"(2018)这一排列也与近年来改革的脉络具有显著的一致性。与此同时,对权力与责任清单自身的研究,也试图摆脱"就清单谈清单"的狭隘视角,开始在"清单与法律""立法权与行政权""授权与分权",以及"党政关系"等理论问题中,探寻清单制度存在的必然性与促使其制度功能有效发挥的途径。

① "两张清单"指"权力清单"与"责任清单"。"责任清单"首次正式在学术期刊出现,参见万全:《比"权力清单"更重要的是"责任清单"》,《人大建设》,2006 年第 10 期,第 53 页。

（二）权责清单制度的基本属性与定位

对清单制度性质的研究，既是清单制度研究的起点，也是研究中的基本问题。它影响着"人们对其效力的看法，从而影响了其在实践中的运用"①。清单制度的行政实践发展得很早，而后又在理论与实践的相互作用下不断调整和推进。2013 年以前，清单制度的相关文献以新闻报道为主，内容主要是各地政府对于权力清单和责任清单的实践和探索；党的十八届三中全会正式提出"推行地方各级政府及其工作部门权力清单制度"②后，围绕此课题产生了大量的学术性研究。对清单制度基本性质的研究，几乎贯穿实践发展的全过程。基于功能与基于法律属性对清单制度进行定性研究，可以说是清单制度基本性质研究的两个主要维度。

1.基于功能对权责清单制度定性的研究评述

基于功能对清单制度定性，是一种目标导向的研究，也即以清单制度应当发挥何种功能为依据对其定性。在现有文献中，这类研究可以从信息公开说、行政改革说与权力制衡说三方面展开。

早期研究将信息公开作为权力清单的核心目标，指出权力清单作为政府信息公开的一种手段，③应当保障公民的知情权，④确保权力运行的透明化。这体现出信息公开作为现代法治政府价值取向的基本趋势。⑤为了确保权力清单这一功能的实现，与之相对应的责任清单应运而生。它基于"'权力'在本质上是行政机关在授权范围内应当履行的责任"⑥这一理念，强调了问责机制对于权力清单发挥实效的重要作用。随着权力清单实践的推进，两项要

---

① 喻少如、张运昊：《权力清单宜定性为行政自制规范》，《法学》，2016 年第 7 期，第 112~121 页。

② 《中共中央关于全面深化改革若干重大问题的决定》，《人民日报》，2013 年 11 月 16 日。

③ 汪俊英：《公开"权力清单"是政务公开的必要步骤》，《中国改革报》，2006 年 4 月 5 日，第 006 版。

④ 奚旭初：《公布"权力清单"有利于依法行政》，《光明日报》，2009 年 11 月 3 日，第 006 版。

⑤ 段尧清、汪银霞：《政府信息公开机制研究》，北京：高等教育出版社，2014 年，第 5 页。

⑥ 范仲兴：《"权力清单"制度更应是"责任清单"制度》，《上海人大》，2014 年第 1 期，第 49 页。

素的发展为其制度性功能的进一步挖掘创造了条件,使得"信息公开"转而成为它的一项附属功能。其一,清单制定程序的基本形成,引发了其作用"不应局限于对行政权力简单的梳理和公布"①的观点。清单制定程序中的梳理、清理等环节,已经不简单限于为行政职权寻找法律依据;其二,围绕权力清单和责任清单形成的清单体系,使得清单的制度性功能得以产生并更好地显现出来。随着各级政府的参与,清单工作已经涉及权力与责任的调配。由此,对清单制度的定性基本转向了行政改革说。

在政府的自我改革方面,清单制度被视作"政府内部自上而下的一次行政自觉"②。作为行政审批制度改革的主要抓手,③它关注政府的权责结构与运行过程。行政改革中的清单制度构建是以行政审批制度改革作为切入点,因而这一视角下的研究首要关注政府面向市场、社会时如何做到有效放权,④通过廓清政府机关行使公权力、干预私权利的边界,⑤将公权力关进制度的笼子。⑥从"法无授权不可为"⑦的精神来讲,政府权力清单试图将公权力可以作为的范围清晰化,可以概括为将政府"隐性权力显性化、显性权力规范化"⑧的过程。近年来,行政审批制度改革与机构改革、政府职能转变的结合愈加紧密,政府内部,尤其是纵向层级间的权责关系成为研究选题的重要方向。

---

① 任进:《推行政府及部门权力清单制度》,《行政管理改革》,2014 年第 12 期,第 49 页。

② 罗亚苍:《权力清单制度的理论与实践——张力、本质、局限及其克服》,《中国行政管理》,2015 年第 6 期,第 29~33 页。

③ 赵含栋:《从权力清单制度入手深入推进地方行政审批制度改革》,《中国机构改革与管理》,2014 年第 12 期,第 17~20 页。

④ 张茂月:《权力清单制度认识的几个误区与纠正——兼谈制度完善的几点思路》,《云南行政学院学报》,2015 年第 3 期,第 61~64 页。

⑤ 莫于川:《推行权力清单,不等于"依清单行政"》,《人民日报》,2014 年 4 月 23 日,第 017 版。

⑥ 瞿芃:《权力清单,改革新起点》,《中国纪律监察报》,2014 年 2 月 28 日,第 004 版。

⑦ 赵勇、马佳铮:《大城市推行权力清单制度的路径选择——以上海市 Y 区为例》,《上海行政学院学报》,2015 年第 2 期,第 12~19 页。

⑧ 胡娟:《县级政府权力清单的政治学思考》,《中国浦东干部学院学报》,2015 年第 5 期,第 127~131 页。

作为行政体制改革不断深化的必然结果,①清单制度被视作科学化简政放权的保障;②它能够破除制约市场主体活力和要素优化配置的障碍,③同时为政府职能转变提供了内生性动力。④可以说,清单制度在职权边界界定、职权配置、职权运行和职权监管⑤四个方面发挥着推进政府行政改革的作用。

　　权力制衡说是在行政改革说的基础上衍生出的另一视角。相较于行政改革说,它更加强调清单制度对于体制与权力制衡结构重构的作用。"权力具有扩张性、支配性和腐蚀性的一面"⑥,权力清单通过锁定政府的职权边界,在一定程度上强化了行政问责与监督。⑦但是权力清单并不直接等同于权力制约,⑧除了在规范权力运行时起到一定的辅助性作用,它更为重要的作用在于对政府内部结构的重塑。⑨权力制衡说正是试图从权力的本质出发,探索清单制度得以实现其权力制衡功能的途径。因此,作为直接面向权力改革的清单制度,就"不能只做政府功能性权力的范围和职责的调整,更要在基本政治框架内和权力结构上做出制度性调整和结构性的调试"⑩;不仅要对现有权力体系进行技术性处理,更要改革权力运行的制度性结构。⑪

---

①　张志红:《权力清单制度助推政府职能转变》,《中国机构改革与管理》,2014 年第 5 期,第 1 页。

②　陈坤、仲帅:《权力清单制度对简政放权的价值》,《行政论坛》,2014 年第 6 期,第 23~26 页。

③　樊晓磊:《从"权力清单制度"看政府行为的进与退》,《中国党政干部论坛》,2014 年第 6 期,第 65~66 页。

④　马君昭:《基于权力清单制度的地方政府职能转变研究》,《云南行政学院学报》,2017 年第 3 期,第 108~113 页。

⑤　王国峰:《勇于自我开刀推行权力清单制度》,《浙江日报》,2014 年 1 月 22 日,第 001 版。

⑥　沈荣华:《怎样把权力关进制度的笼子里》,《光明日报》,2013 年 4 月 12 日,第 011 版。

⑦　张力、任晓春:《论我国权力清单制度的运行逻辑与现实考量》,《东南学术》,2016 年第 5 期,第 48~54 页。

⑧　秦德君:《"权力清单"上的误区》,《决策》,2014 年第 7 期,第 13 页。

⑨　蒋德海:《"权力清单"应慎行——我国政务管理之法治原则反思》,《同济大学学报》(社会科学版),2015 年第 5 期,第 67~74 页。

⑩　周庆智:《控制权力:一个功利主义视角——县政"权力清单"辨析》,《哈尔滨工业大学学报》(社会科学版),2014 年第 3 期,第 1~11 页。

⑪　沈志荣、沈荣华:《行政权力清单改革的法治思考》,《中国行政管理》,2017 年第 7 期,第 111~116 页。

由此,唐亚林提出"以功能性权力制约带动结构性权力制约"①的思路。他强调建构权力分工制度和权力清单制度这两个中国权力运行机制中的内核,以运行机制的构建推动功能性权力制约模式的再造,进而带动结构性权力制约模式的再造,最终实现权力制约模式的中国式创新。②

总体来看,基于功能对清单制度定性的研究,具有以下两个特征。首先,研究视角丰富,这是由清单制度的功能处于理论与实践双重探索的阶段这一事实所决定的。因此,随着各领域改革的不断推进与相互之间联系的加强,基于功能的清单制度研究也呈现出鲜明的阶段性特征。例如在早期以信息公开为核心,现阶段则越来越侧重其制度性功能的发挥等。正是由于这一原因,基于功能的定性研究也呈现出第二个特点,即研究受到清单制度实践和改革环境的束缚,大多缺乏一个长期的、相对具象的改革目标的依托。随着改革的整体性和顶层设计的不断加强,以及清单制度在整个制度体系中的作用越来越得到重视,政府职责体系构建这一重大课题提供的依托将会极大助益清单制度的进一步研究。

2.基于法律属性对权责清单制度定性的研究评述

基于法律属性对清单制度定性,是一种问题导向的研究。清单自产生以来,围绕它与法律的关系及其自身法律属性就产生了一系列争论,以法律属性作为清单制度定性的依据,正是出于解决这一基本问题的诉求。现有文献呈现的研究结果大多是以对清单文本进行法律属性的定性,常见的将其定性为政府信息公开、行政自制文件、行政规范性文件及规范性法律文件等。事实上,具体分析中又涉及梳理、清理、公布等活动本身的法律效力,这就造成了文本呈现的法律属性与制度环节的法律效力相互混淆的现象。

本书以清单制度构建过程中行为的法律属性作为对现有文献分类评述

---

① 唐亚林:《权力分工制度与权力清单制度:当代中国特色权力运行机制的构建》,《理论探讨》,2015年第3期,第5~10页。

② 唐亚林:《构建新型权力运行机制》,《联合时报》,2015年5月15日,第004版。

的依据。首先,以文本作为依据,必然要面对其与法律制度之间的替代性问题。实际上大可转换解决思路,从程序性要素出发,避免因过于纠结实体属性而产生不必要的麻烦。其次,本书要在政府职责体系构建的过程中阐释清单制度的运行性功能,以行为本身的法律效力作为文献整理的依据有助于为进一步分析做铺垫。因此,对基于法律属性为清单制度定性的研究,本书将从信息公开行为、行政规范行为、准立法与立法行为三方面展开。

将清单的梳理公布视作一种政府主动公开信息的行为,源自对清单法律属性的反思。申海平从形式标准、可能的风险与问题等角度,首先认定清单不应当僭越法律;在此基础上,他排除了其作为行政规范性文件的可能。他认为,权力清单与《中华人民共和国政府信息公开条例》中的部分内容[1]相契合,因而将其定性为一种政府公开信息行为。[2]就目前清单制度的发展状况,将其定性为政府公开信息行为显然已经不再符合基本事实。随着对行政职权梳理、清理等环节的展开,它已经具备了信息公开行为所不具备的法律属性和功能。但由于这一观点的提出,是出于对清单与法律在实体关系上的反思,因此对于清单制度的研究具有一定的启发意义。

为了保证实现依法行政的基本目标,同时避免将权力清单凌驾于法律之上,[3]将清单制度定性为行政规范行为的观点应运而生。现有文献中,这类定性的研究通常将清单视作行政自制规范[4]或行政规范性文件[5]。在否定将其定性为公开信息行为的同时,它也否定"依清单行政"造成的夸大清单法

---

[1]   例如,《中华人民共和国政府信息公开条例》的第9条、第10条内容主要提出公民、法人和其他组织有权对行政机关的政府信息公开工作进行监督,并提出批评和建议,而相关行政机关也有责任对其制作的相关政府信息进行公开。

[2]   申海平:《权力清单的定位不能僭越法律》,《学术界》,2015年第1期,第128页。

[3]   陈春燕:《权力清单制度:法治政府建设必要内容》,《人民论坛》,2016年第35期,第96~97页。

[4]   喻少如、张运昊:《权力清单宜定性为行政自制规范》,《法学》,2016年第7期,第112~121页。

[5]   王彦明、王业辉:《旅游业规制视域下政府权力清单制度的完善》,《江汉论坛》,2016年第9期,第130~134页。

律属性的做法。①王春业认为,权力清单尽管对行政权能进行了细化、整合与集中,②但由于它并不产生新的权力,因此还应当将其与法律制度中的废改行为相结合以发挥作用。③在区分清单内、外部效力的基础上,这类观点强调清单制定过程和清单文本对于公权力和相对人权利义务的直接或间接影响;在清单实体的法律属性方面,有学者提出,将其定性为行政规范性文件更符合灵活性和动态管理的要求。④因此,在基于法律属性界定清单实体的研究中,行政规范行为说具有一定的说服力。

将清单制度的构建视作准立法或立法行为的观点多是从行为角度出发,认为清单制度的构建"不仅仅是一项行政活动,更是一项法律活动"⑤。林孝文提出具有代表性的观点,认为清单的清理环节可以定性为执法或具体行政行为,而涉及权力重新配置、以列表形式固定化的编制行为则是一项立法活动。⑥此外,相关研究还关注清单制度而非清单内容的合法性,强调其对于改革成果的固化和法定化过程。⑦邱曼丽认为,随着政府机构、职能的法定化,构建清单制度作为政府确权的过程也在一定程度上具备了合法性;⑧关保英也提出,清单制度是明确了行政权概念的工具,⑨需要制定专门法典将其固定,⑩要将以行政权为核心的政府职责体系固定下来。可以看到,这一观

① 喻少如:《权力清单制度中的公众参与研究——兼论权力清单之制度定位》,《南京社会科学》,2016 年第 1 期,第 100~106 页。

② 王春业:《论地方行政权力清单制度及其合法化》,《政法论丛》,2014 年第 6 期,第 26 页。

③ 王春业:《权力清单制度及其顶层设计》,《天津行政学院学报》,2016 年第 1 期,59~66 页。

④ 黄学贤、刘益浒:《权力清单法律属性探究——基于 437 分裁判文书的实证分析》,《法治研究》,2019 年第 1 期,第 139~151 页。

⑤ 王克稳:《行政审批(许可)权力清单构建中的法律问题》,《中国法学》,2017 年第 1 期,第 89~108 页。

⑥ 林孝文:《地方政府权力清单法律效力研究》,《政治与法律》,2015 年第 7 期,第 64~70 页。

⑦ 倪超英:《政府职责和机构编制法定化刍议》,《行政与法》,2007 年第 5 期,第 20~22 页。

⑧ 邱超丽:《职责法定化是制定权力清单的前提》,《中国党政干部论坛》,2015 年第 4 期,第 75 页。

⑨ 关保英:《权力清单的行政法价值研究》,《江汉论坛》,2015 年第 1 期,第 114~121 页。

⑩ 关保英:《权力清单的行政法构造》,《郑州大学学报》(哲学社会科学版),2014 年第 6 期,第 64~69 页。

点并非对"依清单行政""清单之外无权力"的重复。通过相对区分制度构建、行为活动与清单文本三者的法律属性关系，这一观点为解决清单及清单制度的合法性问题提供了新的思路。

总体来说，基于法律属性对清单制度进行定性的研究，呈现出以下两个特征。其一，从关注清单的法律属性向关注清单制度与法律制度之间的关系转变。清单制度构建初期，依法梳理清单的观念根深蒂固；随着中央文件首次提到"法律法规的修改"问题，清单制度与法律制度的关系再一次得到关注。其二，清单文本的法律属性与清单制度的合法性在一定程度上有区分的趋势。长期以来，由于对二者并未进行区分，对它们之间的关系也没有明确界定，这使得清单制度法律属性的研究难以摆脱相对混乱的状态。随着程序性要素逐步纳入研究体系，对清单制度构建合法性问题的研究将有可能得到进一步发展。

清单制度的基本性质是研究的起点，也深刻影响着清单制度在实践探索和理论研究中的演进和发展。以中国政府职责体系构建作为清单制度研究的基本视角，也正是基于对清单制度基本性质的研究所归纳总结的一般规律。下一步，本书将从清单制度与纵向政府间关系、清单制度与机构编制改革及清单制度中的行政权三方面展开，对政府职责体系构建视角下清单制度的相关研究进行总结与评述，为进一步研究奠定基础。

(三)权责清单制度研究的关联议题

修改"提取节点阈值"为每个时间片区(1年)提取前50篇文献，选择"寻径网络算法"(pathfinder)和"修剪每个网络"(pruning sliced networks)作为图谱修剪方式和修剪策略。对关键词进行最优聚类后，提取聚类概述(summarization of clusters)。综合 TFIDF 加权算法、对数似然率(log-likelihood rate)和互信息算法(mutual information)三种算法提取的聚类标签，给出最终的聚类标签词。

表导.3 聚类概述表

聚类号	聚类规模	平均轮廓值	平均年份	聚类标签词
#0	41	0.795	2013	行政审批制度改革
#1	36	0.879	2009	社会监督与有效履职
#2	33	0.87	2015	全面从严治党
#3	26	0.889	2013	政府职能与政府间关系
#4	24	0.96	2019	政府职责体系与机构编制改革
#5	19	0.904	2009	综合执法与法定程序
#6	17	0.892	2010	权力运行与简政放权
#7	16	0.931	2011	责任清单与问责制
#8	16	0.93	2009	信息公开与权力透明运行
#9	13	0.864	2007	小微权力与防腐
#10	12	0.94	2008	电子政务与权力公开
#11	10	0.961	2012	领导体制与制度建设
#12	9	0.927	2014	行政权与优化权力运行

（Mean Silhouette=0.7101 Modularity Q=0.8072[①]）

如前文所述，在文献搜索时根据中华人民共和国国务院网站发布的政策文件和新闻稿件搜索的基本关键词得以确定。回看节点信息表(表导.1)中与清单相关联的标签，能够进一步补充和厘清研究的基本对象。可以看到，这些研究对象包括"权力清单"(频次 778，首现年份 2005)、"责任清单"(频次 562，首现年份 2006)、"权力清单制度"(频次 302，首现年份 2013)、"负面清单"(频次 82，首现年份 2014)、"权责清单"(频次 54，首现年份 2018)和"权责清单制度"(频次 10，首现年份 2019)。总体来说，这些名称基本上涵盖了政府职责体系构建过程中的清单制度最为核心和基本的部分。近年来，各地地方政府坚持以创新驱动发展，围绕"清单"这一基本形态衍生出诸多涉及

---

① 平均轮廓值 S 是各样本点轮廓值的平均数。一般当轮廓值大于或等于 0.7 时，聚类是高效率令人信服的，大于或等于 0.5 时，聚类被认为是合理的；Q>0.3(经验值)，意味着聚类的效果较好。参见:陈悦、陈超美等:《引文空间分析原理与应用:CiteSpace 实用指南》，北京:科学出版社，2014 年，第 43 页。

方方面面事项的"清单"。①与权力和责任清单相比,这些"清单"的内容更为细化、更具针对性,构成了清单制度与政务服务关系研究的重要部分。②

综合的聚类概述表基本涵盖了从权力清单诞生至今的主流研究议题。从时间上来看,早期的研究议题更加关注清单对于规范权力行使的作用,包括"小微权力与防腐"(2007)、"电子政务与权力公开"(2008)、"社会监督与有效履职"(2009)等。随着改革的不断推进,研究议题开始更多地关注清单在整个制度设计和改革过程中的作用,包括"行政审批制度改革"(2013)、"政府职能与政府间关系"(2013)、"行政权与优化权力运行"(2014)、"全面从严治党"(2015)、"政府职责体系与机构编制改革"(2019)等。

总体来看,citespace4.0软件形成的知识图谱分析能够在一定程度上展现出清单制度研究在时间和议题上的分布特征,对于把握已有研究的脉络有所助益;对于权责清单制度基本定位和属性的把握,也有助于进一步探究其制度性内涵。但是清单制度发展的时间还不足二十年,实践积累和功能完善尚且不足。要想把握其背后的发展规律,从结构、过程、机制的层面对其进行深入剖析,还须从整体脉络和局部发展两条线同步展开研究。一方面,需要将其嵌入制度变迁的历史背景中,在由相关主体及其行为构成的静态结构与动态过程的框架中进行深入分析;另一方面,需要从其关联性议题入手,对相关领域的研究体系进行整合,厘清权责清单制度与中国政府职责体系构建的关系。

---

① 较为典型的是,浙江省于2015年推出"四张清单一张网"后,不断丰富内容。目前浙江政务服务网上列举了5类("政务服务清单"9张、"公共服务清单"7张、"收费清单"6张、"中介清单"5张、"其他清单"39张)共66张"清单"(其中"政府权责清单"被归为"政务服务清单"系列);而广东政务服务网则在其"政府信息公开"栏目中公开了包含各类目录、清单、办事指南、名单等共318项。

② 朱光磊、赵志远:《政府职责体系视角下的权责清单制度构建逻辑》,《南开学报》(哲学社会科学版),2020年第3期,第1~9页。

二、权责清单制度相关议题的研究回顾

(一)清单制度与纵向政府间关系

纵向政府间关系的处理,是持续推进政府职能转变、深化行政体制改革所必须长期关注的重要问题。自新中国成立以来,围绕纵向政府间关系的改革就一直在进行中;而中央与地方政府之间的"集权"或"分权"问题是纵向政府间关系的主要内容。围绕"集权"与"分权",改革在经历了长时间的调整和摸索后也取得了一些成果。例如1994年分税制改革后,"政府间纵向财政关系开始走向规范化,地方财政的完整框架初步确立"①。但是,由于多层级政府结构被简单化处理为"央地关系"结构,改革也因此陷入了"一放就乱、一收就死"的循环往复。随后出现的"集分平衡"②、"选择性(分)集权"③等观点尽管在理念上有所创新,但是未能跳出集与分的范畴、有效解决现实的管理问题。

21世纪以来,"政府间关系"(intergovernmental relations)的概念开始在国内学界流行并逐步得到认可。这一术语首次出现于美国学者克莱德·F.斯奈德(clyde F. Snider)撰写的《1935—1936的县与镇区政府》(*County and Township government in 1935—1936*)④一文;1960年,美国学者安德森(William Anderson)在其著作《府际关系评论》(*Intergovernmental Relations Review*)中明确将其定义为"美国联邦政府系统内各类型与各层级政府机构间的一系

---

① 张志红:《当代中国政府间纵向关系研究》,天津:天津人民出版社,2005年,第285页。

② 王沪宁:《集分平衡:中央与地方关系的协同关系》,《复旦学报》(社会科学版),1991年第2期,第27~36页。

③ 李振、鲁宇:《中国的选择性分(集)权模式——以部门垂直管理化和行政审批权限改革为案例的研究》,《公共管理学报》,2015年第3期,第13~22页。

④ Snider, Clyde F., County and Township Government in 1935-1936, *The American Political Science Review*, 1937, 31(5):884–913.

列重要活动与互动作用"①。政府间关系包含政府间在垂直和水平上纵横交错的关系,也包括不同地区政府间的关系。②其中,"垂直或纵向政府间关系"概念的应用,逐渐替代了简单的"央地关系"概念,揭开了纵向各级政府实际运行过程的"神秘面纱"。尽管纵向政府间关系问题在中国的授权体制下更为特殊,国外研究也始终在关注纵向政府间的关系平衡、冲突合作等问题。例如,研究发现美国特殊联邦制下政治的两极分化,往往使人们偏好纵向权力的平衡;③而纵向权力的平衡过程中,有效的冲突解决机制④、各级政府自由裁量权的参与⑤、上级政府的干预模式⑥及官僚权力网络的影响⑦都成为研究关注的对象。

随着公共卫生、环境治理、重大灾害防御等问题越来越受到世界各国的关注,美国等联邦制国家也开始关注到纵向各级政府的职能分配问题。例如,有研究指出,美国纵向各级政府间存在着一种治理的断层线(fault lines of governance)。各级政府既期盼共同的努力,又希望作为独立的自治实体来提供普遍福利,当治理和服务的提供需要两级或两级以上政府的集体行动

① Anderson William, *Intergovernmental Relations in Review*, Minneapolis: University of Minnesota Press, 1960:1–8.

② 谢庆奎:《中国政府的府际关系研究》,《北京大学学报》(哲学社会科学版),2000 年第 1 期,第 26~34 页。

③ Goelzhauser, Greg; Konisky, David M., The State of American Federalism 2019–2020: Polarized and Punitive Intergovernmental Relations, *Publius–The Journal of Federalism*, 2020, 50(3), 311–343.

④ 윤정우; Byoung–Jun, Kang, A Study on the Effect of Intergovernmental Relation on Conflict Management –Focused on the Relation Between Intergovernmental Relation and Alternative Dispute Resolution, *Journal of Policy Development*, 2020, 19(2):175–201.

⑤ Puppim de Oliveira, Jose A., Intergovernmental Relations for Environmental Governance: Cases of Solid Waste Management and Climate Change in Two Malaysian States, *Journal of Environmental Management*, 2020, 233:481–488.

⑥ Schwartz, Elizabeth, Autonomous Local Climate Change Policy: An Analysis of the Effect of Intergovernmental Relations Among Subnational Governments, *Review of Policy Research*, 2019, 36(1):50–74.

⑦ Hegele, Yvonne, Explaining Bureaucratic Power in Intergovernmental Relations: A Network Approach, *Public Administration*, 2018, 96(4):753–768.

时,合作和冲突都会成为互动的潜在结果。①也有研究对联邦制国家单一制国家进行了对比,认为尽管理论上联邦制国家具有允许区域多样性和适应政策试验的固有优势,但其发生冲突和产生僵局的可能性也高于单一体制国家,因此需要更为有效的政府间协同。②相比之下,有效的问责制和透明度③、充分的双向沟通④等,则是单一制国家关注的问题。研究指出,从中央与地方政府的职能配置来看,控制与服从的关系应当向竞争与合作的关系转变,应当建立职能分工与共同生产的合作关系。⑤

总体上,中国改革过程中出现权责清单制度符合各国纵向政府间关系调整的趋势;但其又具有一定的特殊性,即中国的权责清单制度是在"确权"思路的指导下展开的。⑥所谓"确权",旨在强调事权、职责和利益的合理"归位"。⑦要想在纵向上形成"分工合作"的体系,清单的内容就要保持上下联

① JE Benton,Challenges to Federalism and Intergovernmental Relations and Takeaways Amid the COVID-19 Experience,*American Review of Public Administration*,2020,50(6-7):536-542.

② Austin,Stephanie E.;Ford,James D.,etc.,Intergovernmental Relations for Public Health Adaptation to Climate Change in the Federalist States of Canada and Germany,*Global Environmental Change-Human and Policy Dimensions*,2018,52:226-237.

③ Birrell,Derek;Heenan,Deirdre,The Confidence and Supply Agreement between the Conservative Party and the Democratic Unionist Party:Implications for the Barnett Formula and Intergovernmental Relations in the UK,*Parliamentary Affairs*,2020,73(3):586-602.

④ Park,Sun-Jong;Hyun-Doo,Shin,Relationship between the Central Government and the Local Governments of South Korea from an Intergovernmental Relations Perspective:Focused on the Cases of Seoul Youth Allowance and Seongnam City Youth Dividend,*Korean Public Administration Review*,2019,53(2):61-90.

⑤ Yook,Dong-ll,A Study on Improving Cooperation Between Central and Local Governments,*Social Science Research*,2019,30(3):243-264.

⑥ 朱光磊、赵志远:《政府职责体系视角下的权责清单制度构建逻辑》,《南开学报》(哲学社会科学版),2020年第3期,第1~9页。

⑦ 朱光磊:《政府职责体系构建中的六个重要关系》,《中国机构改革与管理》,2013年第6期,第32~33页。

动、清单制度也要实现动态管理。在内容上,以目前普遍流行的"9+X"①权力分类方式进行列举,其标准只是"一种学术抽象,并非绝对的分类标准"②。一方面它在划分标准和依据上并不清晰,③另一方面它也无益于清单纵向上的联动,因此学者们就"以事权划分为基础的清单体系"提出了一系列观点。王浦劬认为,只有"以事性为依据,才能准确划分公共事务的层级归属,并且随之在不同层级政府之间配置相应权力"④。类似的,赵勇提出可将公共权力划分为"行政服务、项目运作和政策管制"三类;楼继伟则提出了外部性、信息处理的复杂性及激励相容这三条原则,以此作为"依据事性划分纵向权责"⑤的标准。也有学者直接根据责任事项执行特性,提出"对直接面向基层和群众、量大面广、由地方管理和执法更方便有效的经济社会事项,一律下放给市县政府管理"⑥。

除了纵向政府职责的划分,清单制度在纵向政府间关系方面还涉及分权模式与代理模式的问题。在分权模式与代理模式之间,存在着分权、授权等诸多概念。其中,分权(decentralization)被界定为"将决定公共功能的权力和职责从中央政府转移至中层和低层级政府、准政府组织和私营部门的过程"⑦,偏重法律关系。授权(delegation)被界定为将一定的权力或职权授予下

---

① 所谓"9+X",是指各省(自治区、直辖市)政府可参照行政许可、行政处罚、行政强制、行政征收、行政给付、行政检查、行政确认、行政奖励、行政裁决和其他类别的分类方式,结合本地实际,制定统一规范的分类标准。《中办、国办印发〈关于推行地方各级政府工作部门权力清单制度的指导意见〉》,《人民日报》,2015 年 3 月 25 日。

② 张力、任晓春:《论我国权力清单制度的运行逻辑与现实考量》,《东南学术》,2016 年第 5 期,第 48~54 页。

③ 赵勇、马佳铮:《大城市推行权力清单制度的路径选择——以上海市 Y 区为例》,《上海行政学院学报》,2015 年第 2 期,第 12~19 页。

④ 王浦劬:《中央与地方事权划分的国别经验及其启示——基于六个国家经验的分析》,《政治学研究》,2016 年第 5 期,第 44~58 页。所谓"事性",即公共事务的政治、经济、社会、自然和战略等属性。

⑤ 楼继伟:《中国政府间财政关系再思考》,北京:中国财政经济出版社,2013 年,第 1~58 页。

⑥ 罗昌平、郭本纯:《把权力关进制度的笼子,套上责任的紧箍咒——安徽省推行权力清单和责任清单制度的实践探索》,《中国机构改革与管理》,2014 年第 10 期,第 20~23 页。

⑦ World Bank(2011),http://go.worldbank.org/WM37RM8600,访问时间:2020 年 5 月 21 日。

级机关及其部门以及其他组织,①在单一制国家尤其表现为一种自上而下的行政关系。而所谓放权,结合"放管服"改革中的"简政放权"概念,既可以将其视作政府逐步退出市场和社会领域的一个过程,也可以将其与事权转移这一概念相联系,视作政府职责在遵循一定原则的情况下重新划分、配置的过程。不难发现,现有的清单制度研究,是以实现"政府职责配置"和"简政放权"为清单制度的目标、以"以行政命令为核心的授权体制"作为制度背景而逐步展开的。在由"授权体制"②向"职权法定"的体制转变过程中,清单制度在政府职能转变下职责配置的灵活性与法律制度的权威性和严肃性之间,为"如何平衡纵向政府间关系中的分权与代理的关系"③提供了一个权威、合法的平台。

(二)清单制度与机构编制改革

机构是职能的载体。在履行职能的过程中,它们相互作用从而形成国家治理中的权力体系。④在西方发达国家,公共机构改革研究被视作公共行政改革(public administrative reform)或公共管理改革(reform of public management)研究的一部分。围绕公共职能这一核心,公共机构改革在"精简—重组—不断改进"⑤的过程中持续推进。近年来,行政改革理论研究主要关注提高官僚体系内部效率与提供公共服务之间的平衡⑥、改革中的价值体系⑦、跨

①　[英]伊丽莎白·A.马丁:《牛津法律字典》,上海:上海翻译出版社,1991年,第145页。

②　薛立强:《授权体制——当代中国中央地方关系的一种阐释》,《云南社会科学》,2007年第5期,第18~22页。

③　梁远:《让权责清单在落地运用中结出制度果实》,《中国行政管理》,2018年第8期,第13~17页。

④　宋世明:《深化党和国家机构改革 推进国家治理体系和治理能力现代化》,《行政管理改革》,2018年第5期,第4~12页。

⑤　[美]詹姆斯·W.费斯勒、唐纳德·F.凯特尔:《行政过程的政治》(第二版),陈振明等译,北京:中国人民大学出版社,2002年,第88页。

⑥　Asatryan,Zareh;Heinemann,Friedrich;Pitlik,Hans,Reforming the Public Administration:The Role of Crisis and the Power of Bureaucracy,*European Journal of Political Economy*,2017,48:128-143.

⑦　Badano,Gabriele,The Principle of Restraint:Public Reason and the Reform of Public Administration,*Political Studies*,2020,68(1):110-127.

部门的整合与协调①及公共价值治理运动②等问题。可以看到,依托行政职能的公共机构改革遵循着一个从"公共行政价值体系变化"到"技术流程优化"的逻辑。与之相比,在体制惯性下,中国的机构改革在很长一段时间内陷入了"就机构改机构"的误区。为了使机构改革跳出"数字循环",理论研究也在如何推进和保障机构改革成果上进行了大量探索。

在中国,对政府机构职责的规定主要是通过法律法规和"三定"规定两种方式,但一方面,中国的地方各级人大和地方各级人民政府组织法对政府职责的相关规定内容不多,且概括性比较强,缺乏对政府职责边界的明确界定;另一方面,相对具体的内容主要见于各级政府的"三定"规定。由于它只是非法律性质的规范性文件,③因此稳定性和权威性次于法律法规,其内容的标准性和统一性还达不到法律法规的标准。当然,也有部分规定散见于各个领域的法律法规中,这些内容就更加碎片化,难以起到系统性的指导作用。随着权责清单制度研究的发展,将其与"三定"规定进行衔接已经成为研究的主要分支之一。例如,佛山市编办提出,清单制度与机构编制的关联促进了机构、编制与职能的整体化管理。④济南市委编办认为,在清单与"三定"规定的互动方面,清单为部门"三定"规定提供了依据,而"三定"规定则是用以巩固清单成果的方式。⑤安徽省委编办也提出,要在机构改革中充分利用权责清单制度的成果,同"三定"规定衔接,推进机构设置和职能关系的优化

① Philipp Trein,Christopher K. Ansell. Countering Fragmentation,Taking Back the State,or Partisan Agenda–setting? Explaining Policy Integration and Administrative Coordination Reforms,*Governance–An International Journal of Policy,Administration,and Institutions*,2020,10(30):1143–1166.

② Boyd,Neil M.,The Continued Call and Future of Administrative Reform in the United States,*Public Management Review*,2021,23(1):2–9.

③ 芦一峰:《行政组织法视域下的国务院"三定"规定研究》,《行政与法》,2011 年第 12 期,第 85~87 页。

④ 佛山市编办:《佛山创新推行权责清单制度》,《中国机构改革与管理》,2017 年第 11 期,第 41~43 页。

⑤ 济南市委编办:《以权力清单为抓手持续深化简政放权改革》,《中国机构改革与管理》,2019 年第 9 期,第 18~20 页。

顺。随着新一轮机构改革的进行,政府职能、机构关系及法律法规等各方面的变化也为清单制度提出了新的要求。①探寻清单制度与机构改革和编制法定化进程的一致性,推进行政组织法定化成为理论研究的重要方向。

　　诸多研究将关注点放在清单制度与"三定"规定的衔接问题上,在将清单定性为行政规范性文件的基础上, 认为它是推进机构编制法定化的重要环节。②赵勇认为,在清单制度的体系中,权力清单的梳理主要是依据法律法规和行政规章,而责任清单梳理则是依据一般性规范文件、"三定"规定及有权机关批准的文件,这是目前的现实情况。③而针对权力清单与责任清单在内涵、价值等诸多方面存在的根本性差别,刘启川提出应当对权力和责任清单二维同步推进,以权力清单展现权力结构的全貌,以责任清单对接"三定"规定,从而达成机构编制法定化的使命。④与此同时,他还进一步提出,清单制度在"三定"方案的基础上增加了程序性要素,这为将政府职责配置引入偏重人员和机构设置的"三定"规定提供了思路。⑤刘桂芝等学者也认为,在政府部门职责划分方面,无论是法律规章、各类规范性文件还是"三定"规定,都存在着一定程度的刚性僵化、宏观概括和粗浅处理的问题,清单制度则相对具有灵活、可调整的特征。⑥因此,也有学者提出,随着体制改革、机构

---

　　①　陶立业:《地方政府工作部门权责清单制度效用的提升路向》,《江淮论坛》,2019 年第 5 期,第 107~112 页。

　　②　黄学贤、刘益浒:《权力清单法律属性探究——基于 437 分裁判文书的实证分析》,《法治研究》,2019 年第 1 期,第 139~151 页。

　　③　赵勇:《地方政府权力清单制度的构建——以浦东新区为例的分析》,《上海行政学院学报》,2016 年第 6 期,第 54~63 页。

　　④　刘启川:《权力清单推进机构编制法定化的制度建构——兼论与责任清单协同推进》,《政治与法律》,2019 年第 6 期,第 13~25 页。

　　⑤　刘启川:《共通性:权责清单与机构编制法定化关系解读》,《内蒙古社会科学》(汉文版),2019 年第 5 期,第 99~104 页。

　　⑥　刘桂芝、崔子傲:《地方政府权责清单中的交叉职责及其边界勘定》,《理论探讨》,2019 年第 5 期,第 168~176 页。

设置和职责配置的逐步到位,清单会上升为部门组织法。①

中国传统上习惯用政治和行政手段推进政府机构改革,②清单制度的构建及其与"三定"规定的衔接,既是改革从政治和行政手段向法治手段过渡的一次尝试,也是改革制度化的一次尝试。总体来看,机构改革和编制法定化,越来越倾向于将机构调整与职责调配和体制改革相结合。前者在一定程度上避免了单纯调整机构可能导致的反复现象;后者则能够将机构调整置于宏观制度背景下,形成更为高效、整体的有机组织。

除此之外,在机构编制改革领域,清单制度还面临着新一轮机构改革中党政机构融合所带来的新问题。"党政合并设立、合署办公的机构改革对中国行政法理论和制度造成了冲击"③,与此同时也对还未纳入行政组织法律体系的清单制度和"三定"规定提出了新的挑战。中央与地方机构改革的协同、党政机构改革的规范化、机构改革与优化政府过程的互动等,这一系列问题都还需要在清单制度的研究中寻求解决思路。

(三)清单制度中的复合行政权

行政权的配置及其优化是权责清单制度的基本任务和目标之一。"非权力行政的增大"④这一过程,即从强制性权力到报偿性权力,再到说服性权力的过程。⑤在行政权的日常实践中,行政合法性与行政权力限制是两个基本问题,也是行政思维的核心问题。⑥有学者认为,寻求行政行为合法性的保障

---

① 梁远:《让权责清单在落地运用中结出制度硕果》,《中国行政管理》,2018 年第 8 期,第 13~17 页。

② 朱光磊、李利平:《回顾与建议:政府机构改革三十年》,《北京行政学院学报》,2009 年第 1 期,第 18~22 页。

③ 林鸿潮:《党政机构融合与行政法的回应》,《当代法学》,2019 年第 4 期,第 50~59 页。

④ [日]室井力主编:《日本现代行政法》,吴微译,北京:中国政法大学出版社,1995 年,第 13 页。

⑤ 赵肖筠、张建康:《行政权的定位与政府机构改革》,《中国法学》,1999 年第 2 期,第 75~81 页。

⑥ Mavrot,Celine,Limiting the executive power after the Second World War:the invention of administrative science,*International Review of Administrative Science*,https://doi.org/10.1177/00208523209 85591d.d(Jan 27,2021).

性措施并非对其进行攻击，而是使其符合效率合法性和合法合法性的重要手段。①"政府的义务是保证服务提供得以实现"②，所谓准行政权就是为服务的提供创设应有的条件。中国处于"两化叠加"③的背景下，机构改革的症结也正是行政权和准行政权这两个发展阶段的相互叠加。可以说，围绕作为复合体的行政权，清单制度研究形成了又一个相对稳定的集群。因此，关于政府行政权的方面，对相关研究的梳理可以从复合行政权的内涵、行政立法乱象及政府过程中的"偏离"三方面展开。

行政权具有复杂的内涵，它是"立法权、执法权与司法权的复合体"④。因此，罗亚苍对权力清单制度在理论和实践层面的分析中指出，权力清单不应只调整行政执法权，集行政执法、立法、司法于一身的行政权更是其要调整的对象。⑤刘启川也提出，清单制度要同时关注行政权的上游（行政组织行为）、中游（抽象行政行为）和下游（具体行政行为）。⑥基于政治集权与组织分权的基本要义，陈国权以功能为核心，认为中国形成了具有自身特色的决策权、执行权和监督权分离的功能性分权体系。⑦这从另一个角度清晰地展现出行政权作为一个复合体的内部结构。因此，也有学者提出，"权力清单的权力范

---

①　Rosser C, Mavrot C, Questioning the Constitutional Order: A Comparison of the French and the U.S. Politics-Administration Dichotomy Controversies after World War II, *American Review of Public Administration*, 2017, 47(7): 737-751.

②　[美]戴维·奥斯本、特德·盖布勒:《改革政府——企业精神如何改革着公营部门》,上海市政协编译组、东方编译所译,上海:上海译文出版社,1996 年,第 7 页。

③　朱光磊:《"两化叠加":中国治理面临的最大难题》,《中国社会科学报》,2014 年 11 月 17 日,第 B02 版。

④　唐亚林、刘伟:《权责清单制度:建构现代政府的中国方案》,《学术界》,2016 年第 12 期,第 32~44 页。

⑤　罗亚苍:《权力清单制度的理论与实践——张力、本质、局限及其克服》,《中国行政管理》,2015 年第 6 期,第 29~33 页。

⑥　刘启川:《权力清单推进机构编制法定化的制度建构——兼论与责任清单协同推进》,《政治与法律》,2019 年第 6 期,第 13~25 页。

⑦　陈国权、皇甫鑫:《功能性分权体系的制约与协调机制——基于"结构-过程"的分析》,《浙江社会科学》,2020 年第 1 期,第 4~12 页。

围应包括执行权、决策权和监督权"①。赵勇就提出,在列举清单时,可以对其首先做行政决策权、行政执行权和行政监督权的分类,而后再依据具体行政行为对其细分。②可以得出的结论是,将行政执法权与行政立法权同时纳入清单的规范范围,已经成为清单制度研究的共识。其中,行政立法乱象尤其得到关注。

传统观点认为,行政立法是一个不得不容忍的祸害,但实际上问题的关键在于行政立法在实践中是不可或缺的。③在中国,政治上的集权与组织上的分权达成了相互平衡的状态;与此相同,由于对地方各级政府职责在法律上的规定是相对模糊和概括性的,大量的行政立法就不得不来填充相应的空缺。这种相对稳定的互补结构,长期以来发挥着重要的功能。但是大量的行政立法,也自然而然催生了行政立法乱象,因此成为改革的对象。相关研究一方面是从清单梳理依据的角度出发,提出在清理不同性质的行政权时要对其依据做法律位阶上的区分。例如对负担性行政权就必须严格按照法律法规进行清理,而对符合条件的受益性行政权则可以在依据上适当放宽。④除此之外,也有研究从清单在梳理过程对行政立法的作用出发,提出清单不仅要对法律法规进行梳理,同样要对地方规章进行梳理,⑤以此来规范行政立法的乱象。

可以看到,从制度安排到实际的运行过程,存在着多方面出现"偏离"⑥的可能性,包括从立法权到行政立法权、从行政立法权到行政执法权、从行

---

① 史莉莉:《准确认识权力清单制度》,《探索与争鸣》,2016 年第 7 期,第 131~133 页。

② 赵勇:《规范化与精细化:大城市政府权力清单升级和优化的重要方向》,《上海行政学院学报》,2018 年第 1 期,第 81~88 页。

③ [英]威廉·韦德:《行政法》,徐炳译,北京:中国大百科全书出版社,1997 年,第 558 页。

④ 张松、马龙君:《法律保留原则在制定权力清单过程中的适用》,《内蒙古社会科学》(汉文版),2017 第 2 期,第 122~128 页。

⑤ 王太高:《权力清单中的地方政府规章——以〈立法法〉第 82 条为中心的分析和展开》,《江苏社会科学》,2016 年第 3 期,第 138~147 页。

⑥ 朱光磊:《当代中国政府过程》(第三版),天津:天津人民出版社,2008 年,第 12 页。

政执法权到行政执法行为等环节。在这一过程中,由于清单的动态管理涉及权责事项的新增、取消、合并、拆分、下放与承接、废置、划转、内容变更等一系列操作,既涉及因法律法规规章变化而产生的调整,也涉及因机构变化等因素而产生的调整。①因此,可以说清单制度能够在一定程度上展现出权力结构和权力运行的全景图,产生了一定的"纠偏"作用。

综观清单制度定性及其重点领域的研究综述可以发现,在现代政府理论四维分析框架中,清单制度研究在职能、机构、体制与政府过程这四个基本要素之间搭起了一座"桥梁"。它以梳理和配置政府权责为基本内容,以政府机构和编制改革为依托,以整合"条块关系"(尤其是纵向政府间关系)为抓手,以优化权力运行过程为动力,力图在构建具有中国特色的政府职责体系中最大化地发挥其制度性功能。

三、进一步研究的空间

尽管清单制度出现的时间并不长,但在中央政府的推动下扩散迅速。到2013 年,已经基本覆盖从省级政府到乡(镇、街道)级政府的纵向五级政府,部分省份甚至公布了社区和村的自治事务清单。政务服务网站的建设,进一步为清单制度的整合与公布提供了平台条件。在持续的研究和实践探索中,清单制度在实践和理论方面都已经积累了相当丰富的成果。通过对清单制度研究进行综述,可以看到现有研究视角的丰富。尽管清单制度本身产生和发展的时间较短,但是它的属性与功能决定其与长期以来的行政体制改革具有紧密的联系。因此,在相关研究的脉络中,既可以看到一以贯之的改革主线,又可以看到以"条块关系"调整、政府职能转变、行政立法规范化及机构编制改革等为主题形成的专项研究。随着改革的持续推进,清单制度相关

① 徐军:《权责清单动态管理机制研究》,《管理观察》,2018 年第 27 期,第 70~72 页。

研究可从以下方面进一步深入和细化,这也是本书所要努力的方向。

第一,学界和政界对于清单制度在政府职责体系构建过程中制度性功能的发挥还未形成清晰的思路,对其重视程度也还有待提高。党的十九届三中全会通过《中共中央关于深化党和国家机构改革的决定》,首次提出权责清单制度对于合理配置各层级政府机构及其职能的作用;党的十九届四中全会进一步提出"实行权责清单制,优化政府职责体系"。然而单独就权责清单制度发布的文件只有 2015 年 3 月中办、国办印发的《关于推行地方各级政府工作部门权力清单制度的指导意见》和 2015 年 12 月的《国务院办公厅关于印发国务院部门权力和责任清单编制试点方案的通知》。事实上,一方面由于权责清单制度在地方政府的实践过程中不像政务服务改革那样能够迅速提升政府行政效能、提高办事群众和企业的满意度和获得感;另一方面它还需要在一定程度上打破原有的利益格局,因而在这个过程中或多或少会在各个环节受到各方主体的阻碍或变相的抵抗,时常面临着推进动力不足的窘境。实践过程中,权责清单制度的制度性功能并未得到有效的发挥。由于政府职责体系的研究在中国处于起步阶段,学界将清单制度置于政府职责体系构建背景下的研究还很缺乏,对其重视程度也还远远不够。

第二,还需将清单制度内嵌于政府的多层级结构及政府运行过程中予以考察。在经历央地关系及其所对应的"集权–分权"研究阶段后,中国的纵向政府间关系研究进入了新的阶段。要摆脱"集权–分权"循环不断的困扰,就应当对多层级政府结构及其运行过程做分解式的研究。清单制度以政府的整体性为基础,其制度性功能得以发挥的前提是各级政府间形成的上下联动与分工合作。现有研究或是以某一层级政府的清单为研究对象,进行跨区域的比较研究;或是综合性地考察典型地区的清单体系,试图总结一般性规律。总体来看,从各级政府的结构关系和现实运行情况出发,在各级政府的角色和定位对于清单制度构建和推进的影响方面,还鲜有深入而具体的研究。政府具有整体性,但是现实运行中的各层级政府又具有相对独立的自主性。在研究过程中,恰恰是由于未能关照到清单制度构建的这一结构和过程性背景,导致其理论研究对实践的指导性还不强。

第三,研究还需更加重视清单制度与法律制度之间的互动关系。"依法行政"作为行政法学中的核心原则,在清单编制过程中自然而然以"依法编制清单"的形态出现。在对依法梳理清单的过程中,不乏具有启发性的观点。例如清单是对法律法规的细化与整合;再如不仅法律法规要通过清单进行梳理,部门规章也应当纳入清单梳理和清理的过程。这些研究都是对清单与法律关系的细化研究。在中办、国办印发的《关于推行地方各级政府工作部门权力清单制度的指导意见》中涉及法律修改的,也是以"先修法再调整行政职权"的要求出现的。2015年底,天津市在建立权责清单动态管理机制的过程中提出"将9件规章列入立法修改计划";这之后,国办印发的《国务院办公厅关于印发国务院部门权力和责任清单编制试点方案的通知》中再次提出"清单梳理过程中需要对有关法律、行政法规进行立改废的,提出建议"。清单制度应当如何在法律法规及部门规章的修改和规范上发挥作用? 依法梳理清单与法律滞后性之间的矛盾应当如何解决? 如何通过清单制度的执行,为职责的配置和调整积累经验并将其上升为组织法? 这都是需要进一步解决的问题。

第四,对清单制度中的各类清单还要做进一步的类型化研究。清单制度发展过程中,不断涌现出形形色色的各类清单。特别是经济发达地区,企业和个人对政务营商环境和政务服务电子化提出了更高的要求;地方政府借此机会大力发展各类政务服务类清单,以提升政府的办事效率和相对人对于政府的满意度。同时,权力和责任清单也逐渐隐匿于各类清单中,被置于"隐藏"的角落。从学术角度出发,对清单制度中的各类清单进行细致的类型化研究,不仅有助于对各类清单进行整合,促使其发挥应有的作用,而且能够把握清单制度构建的核心,使其制度性价值不至于在多方利益主体的博弈和"运动式"改革的过程中损耗殆尽。清单制度的构建,要以权力和责任清单为核心,这样才能抓住政府职责和纵向政府间关系的改革主线;同时,要以其他各类服务和专项清单作为精细化治理工具，满足不同地域和不同发展阶段的需要，以此形成真正意义上的"清单式治理"。正是由于各类清单在实践和理论研究中的定位不清，导致权力和责任清单的核心地位并不明确，同时整个清单体系也显得较为混乱。因此，要对清单制度中的各类清单做进一步的类型化研究，以确保清单制度功能的发挥。

第三节　理论框架与研究方法

一、理论基础

(一)政府过程理论

政府过程理论(governmental process)是政府理论的重要组成部分，也是本文最基础和最核心的理论基础。与传统政府理论相比，它强调对现实的、运行着的、动态的政府做研究。随着政府理论的不断发展，过程研究与体制研究的结合得到了更多关注。通过 1994 年发表于《南开学报》上的《政府过程的学说与方法及其在中国的适用问题》一文，[①]朱光磊教授将政府过程学说引入中国并基于中国的具体情况做出修正，力图将对中国政府的研究从"体制"层面较为系统地提高到"过程"层面。这也成为本书展开了最为核心的理论基础。从政府理论研究对政府运行中结构与过程的角度来看，结构分析方法的核心是"结构对行为决定性、持续性、控制性的影响"[②]；其中结构是指主体之间基于权力配置和资源禀赋而形成的对等或非对等关系，包含正

---

① 朱光磊：《政府过程的学说与方法及其在中国的适用问题》，《南开学报》，1994 年第 4 期，第 44~52 页。

② Piotr Sztompka, Robert K. Merton, *An Intellectual Profile*, London：MacMillan，1986：145.

式制度与非正式制度。但与此同时,基于大小、强弱属性,自主行动主体之间的行为又构成了动态的、现实的过程。它试图遵循制度,却在一定程度上"偏离"于制度,[1]因而与制度间的张力又反过来形塑制度。结构与过程形成了一对联系紧密的概念。"偏离"假设是政府过程理论中的一个重要理论基础。一旦政府从法理回到现实,"偏离"就不可避免地产生了。在结构与过程的互动分析中,偏离也是作为一种基本和重要的力量影响着互动关系的发展。

与法律制度相比,权责清单制度是灵活的、动态的、力图反映权力运行实景图的一种制度安排。其内在机制的作用发挥,恰恰是在各级政府和政府各部门之间结构与过程的互动关系中体现出来的。基于结构与过程在概念层次上的一致性,[2]在现实中的互赖性,"结构-过程"的理论框架又能够很好地将权责清单制度嵌入政府整体结构和运行过程中进行分析。

(二)整体政府理论

整体政府(holistic government)理论[3]的提出,基于对传统官僚制和新公共管理理论及其实践的反思与批判。作为整体政府理论的提出者,佩里·希克斯指出,整体政府的核心是强调政府机构组织间通过充分沟通与合作,达成有效协调与整合。[4]有学者将其定义为"一种通过横向和纵向协调的思想与行动以实现预期利益的政府治理模式"[5]。总体来看,整体政府理论包含以下两个基本概念。一是整合(integration)。新公共管理理论在组织结构方面强

---

① 朱光磊:《当代中国政府过程》(第三版),天津:天津人民出版社,2008年,第12页。

② T. Parsons,The present status of structural-functional theory in sociology,in L. A. Coser,ed.,*The Idea of Social Structure:Papers in Honor of Robert K. Merton.*,New York:Harcourt Brace Jovanovich,1975:69.

③ 整体政府理论也称为整体性政府理论,在佩里·希克斯的第三本著作《整体性治理:新的改革议程》(*Towards Holistic Governance:The New Reform Agenda*)中将这一概念发展为整体性治理。本文选择使用整体政府理论,主要是为了强调政府内部结构上的分工、协调与合作。这不仅符合清单制度研究的要求,也符合中国现阶段政府发展的现状。

④ Perri6,Diana Leat,Kimberly Seltzer,Gerry Stoker,*Towards Holistic Governance:The New Reform Agenda*,Houndmills,Basingstoke,Hampshire:PALGRAVE,2002:265-272.

⑤ POLLITT C,Joined-up Government:A Survey,*Political Studies Review*,2003,1(1):34-49.

调的分散化,在一定程度上导致了政府职责的碎片化和部门中心主义。所谓整合,就是从结构和功能两个层面进行体系化。二是协同(Joiner-up)。整体政府是由分散的部分通过有机联结构成的。协同就是强调各部分在履职过程中达到联动和协调一致的状态,从而为有机整合创造条件。①

从结构上来说,中国政府复杂的"条块模式"中"条条"的集权与权威缺乏并存、"块块"的全能与无能现象并存、中央与地方权力异化、政府横向与纵向权力阻隔②等一系列问题,都为整体性政府建设带来了挑战。其中,纵向上政府职责配置所面临的困难尤其显著。"历史上任何国家都必定存在某种形式的纵向分权,即在不同层级的政府之间配置不同的治理权力。"③要构建整体政府,纵向上政府职责间的整合与联动是必须的条件。然而"职责同构"下的政府一方面难以摆脱以"隶属关系"为纽带的纵向集中,另一方面其职责也并未形成分工合作的体系。整体政府理论有助于理解清单制度研究所提出的各类机制,④并为其提供理想化的试运行空间。

(三)行政主体理论

行政主体及其行政权是清单制度研究的起点。行政主体理论是行政法学中的重要理论,发挥着基础性的作用。中国对行政主体理论的研究开始于20世纪80年代初,主要是在《中华人民共和国行政诉讼法》颁布前后,为应对行政诉讼理论和行政组织理论研究的变化而逐步发展起来的。行政主体理论与行政组织法研究的密切关系,对中国行政体制改革和纵向政府间关系的调整有着重大影响。

第一,部分学者认为,中国传统行政组织法的研究是以行政学、组织学

---

① 曾维和:《西方"整体政府"改革:理论、实践及启示》,《公共管理学报》,2008 年第 4 期,第 62~69 页。

② 周振超:《当代中国政府"条块关系"研究》,天津:天津人民出版社,2009 年,第 81~116 页。

③ 朱苏力:《当代中国的中央与地方分权——重读毛泽东〈论十大关系〉第五节》,《中国社会科学》,2004 年第 2 期,第 42~55 页。

④ 如本节后文提出的,权责清单制度构建和执行过程中产生的巩固、反馈和调配等机制。

为起点,在之后的发展中并未从主体角度进行行政组织研究,始终未能摆脱行政学和组织学的束缚。[①]因此,从主体出发对行政法中的行政组织进行研究,意味着行政法学理论和实践的重大进步。

第二,有学者提出,行政主体变革并未成为纵向政府间关系调整与推进地方分权改革的关键,行政主体理论并未在行政分权原则的指导下得到发展。由于行政主体定位的差异,中国主要依靠政策手段推进的纵向政府间关系调整的弊端,在于人治色彩重、随意性大、稳定性低、非均衡化等;[②]而与此相比,同为单一制国家的法国为实现地方分权改革目标,在十年间先后颁布 71 项法律及 748 条予以补充完善的法令,[③]保证了分权改革的稳定性与科学性。

第三,中国的行政主体理论研究强调行政主体与行政相对人之间的关系,而忽视了行政主体之间的关系及其内部构造。相比之下,德国、法国、日本等国家则注重行政主体理论在行政权力的配置、协调,以及机构设置、人员控制等行政组织问题上的研究,[④]实现了行政主体理论与行政组织法的紧密结合。

本书以行政主体理论作为支撑性理论,出发点在于:在对中国行政主体理论的反思与批判及对先进经验的借鉴中,寻求中国政府职责体系构建的合法性依据。清单制度本身的法律属性问题,关乎行政组织法;其基本内容更是离不开对行政主体相关性质的分析。行政主体理论在这一层面对清单制度研究有所助益。

二、研究方法

"不仅探讨的结果应当是合乎真理的,而且引向结果的途径也应当是合

---

① 张尚鹭、张树义:《走出低谷的中国行政法学》,北京:中国政法大学出版社,1991 年,第 77 页。

② 余凌云:《行政主体理论之变革》,《法学杂志》,2010 年第 8 期,第 14~18 页。

③ 潘小娟:《中法中央与地方关系改革比较研究》,《国家行政学院学报》,2005 年第 4 期,第 79~82 页。

④ 李昕:《中外行政主体理论之比较分析》,《行政法学研究》,1999 年第 1 期,第 28~34 页。

乎真理的。"①本书竭力区分研究过程中的"事实"与"价值"、"主观"与"客观",严格遵守历史唯物论的方法论。研究在政府结构和过程的互动关系下展开,具体采用文献研究法、比较研究法、历史研究法与案例研究法。

(一)文献研究法

相较于直接研究对象,文献作为记录知识和信息的载体,在社会科学研究中具有重要的地位。文献研究法包括对历史文献的考据、对统计资料文献的整理和分析、对理论文献的综述及对文字资料中信息内容的量化分析等。借助于文献资料的研究,不仅能够形成对研究的基本认识、掌握大致研究脉络,为进一步研究的展开提供扎实的基础,同时也能够为做探索性研究和形成创新性观点提供论据和支撑。本书对文献研究法的运用,主要体现在以下三个方面。

第一,本书以 CNKI 数据库为权责清单制度研究的数据来源,借助 CiteSpace 这一文献分析工具,对 2005 年以来的所有相关期刊文献数据进行了收集和处理,据此形成了国内学术界对清单制度和清单制度相关改革领域研究的发展脉络和趋势图,在一定程度上决定了本书的研究起点与逻辑框架,为部分基本判断的形成提供了依据。

第二,各级、各地方政府将相关清单内容公布于地方政务服务网站。其中所涵盖的大量数据、图表,为本书的展开提供了一手文本资料。例如,本书通过梳理、比较各级政府、各地方政府,以及各类型的"清单",对研究对象的内容、形式等基本要素、清单制度的发展趋向等问题得出了一些初步的判断和结论。研究也因此能够在积累大量一手文本资料的基础上顺利展开。

第三,借助中央政府网站的文件政策库、中国统计年鉴等资料库,本书收集的法律法规、相关政府文件、统计资料等,也为本书提供了大量基础性的分析资料,形成了对权责清单制度研究的重要支持。其中,党和政府在不

---

① 《马克思恩格斯全集》(第 1 卷),北京:人民出版社,1956 年,第 8 页。

同阶段颁布的重要政治性和政策性文件，不仅为纵向历史研究提供了阶段划分的依据，同时也为本书在研究过程中形成一些重要的提法提供了理论和实践上的支撑。

（二）比较研究法

比较研究方法的核心是考察相似性与相异程度，以此来探求普遍规律与特殊规律。在政治学研究中，它能够"引导我们去设问、检验、分析、解释和说明，以利于更好地理解各种政治体系的异同之处"①。以时空为标准，可以将比较分析方法划分为纵向和横向两个分析维度。横向比较也即对空间上同时并存的事物的既定形态进行比较。在本书中，首先体现为对国内各地区之间清单制度的构建情况、各地区位要素、各地政府职责差异等研究内容进行横向对比；其次是以国家为单位，对行政权的扩张及其规制、地方组织法的形成过程，以及纵向政府间职责的配置及其方式等一系列问题进行对比；从而进一步进行归纳研究，得出有助于中国政府职责体系构建的经验和一般性规律。纵向的比较即时间上的比较，也可以将其视作历史比较。它通过运用历史资料，按照历史发展顺序对过去时间进行研究。作为人类的发展过程，历史的任务"就在于发现这个过程的运动规律"②。

比较研究方法在本书的一个集中体现，在于第二章对典型国家政府职责体系的形成与优化过程的研究。从基本内涵来看，尽管西方发达国家并不存在狭义上政府职责体系的概念，但广义上政府纵向间职责配置模式的形成与优化却是各国政府在发展过程中都要处理的基本问题之一，具有一般性；但就不同国家的国家结构形式、社会经济发展状况、地方政府发展差异等来看，这一问题又有其特殊性。权责清单制度是中国政府职责体系构建过程中所出现的特有的创新性制度安排，反映着中国政府职责体系的形成与优化过程。就这一内核进行国别比较研究，基于以下两点原因。

---

① Bernard. E. Brown, *Comparative Politics：Notes and Reading*, New York：Harcourt, 2000：3.
② 《马克思恩格斯选集》（第三卷），北京：人民出版社，1995 年，第 64 页。

其一,无论是联邦制国家还是单一制国家,它们都曾经历过政府职责体系的形成过程;在不同发展阶段还要不断对其进行优化调整。这为中国纵向政府间关系的调整和政府职责体系的构建提供了借鉴经验。

其二,长期以来,中国政府职责体系在纵向上面临着职责同构的问题,在职责、机构上都呈现出"上下一般粗"的状态。但同时,构建具有中国特色的政府职责体系,也并不意味着要走向职责异构的状态。理想状态是在保留现有体制优势的同时解决突出问题。因此,要探索同构与异构之间的第三条道路,就有必要了解更多的职责体系及其形成过程,从而实现新的探索,形成启发性的思路和可推广的经验。

(三)历史研究法

由于历史研究法是本书对理论回应及框架形成部分进行论证时所采用的重要方法之一,在此单独提出。历史分析法强调将具体政治现象和实践嵌入特定历史背景中进行研究与考察,从而得到相对客观的归纳分析与经验总结。在本书中,历史研究法特别体现在两方面。

首先,在第二章对典型国家政府职责体系形成的研究中,对所选国家形成和优化政府职责体系(广义)的历史背景进行了充分的分析。特别是对改革的历史动因进行了较为系统的归纳与总结。这是由于,不同的历史制度背景深刻影响了不同国家职责体系(广义)的形成和改革的路径。这部分的分析对于从基本逻辑和基础要素方面与中国改革进程进行比较是有所帮助的。

其次,本书在提出关于政府过程中的"偏离"假设的理论回应时提到,这样的判断是基于一种理论与实践的经验;而其中的实践部分,在很大程度上就是在梳理中国政府职责体系(广义)[①]发展的历史进程这部分内容中进行具体的展开与分析的,特别是对于历史阶段的划分,能够体现出本书与相关研

---

① 这里的"广义",旨在从历史视角下与现阶段提出的政府职责体系概念相区别;和上文中其他国家横向比较视角下的"广义"也在内涵上稍有不同。但总体来说,"广义"的标注都是为了在横向地区比较和纵向历史比较中区分政府职责体系概念使用的不同语境。

究在逻辑和思路上的具体区别。而正是通过历史性的分析,文章理论研究与现实研究之间的紧密关系也得以较为清晰地展现出来。总体来看,历史研究法从横向和纵向两个维度为本书的研究创造了条件。

(四)案例研究法

相较于其他研究方法,案例研究法能够"对案例进行厚实的描述和系统的理解,并且对动态的互动历程和所处的情境脉络能够掌握,可以获得一个较全面与整体的观点"[1]。案例研究方法的目的并非分析案例或塑造因果关系,[2]而是通过实证研究、提出假设、收集和分析资料,对案例进行界定,得出一般性、普遍性的规律。与比较分析方法相比,案例分析法更加注重对个案的选择。研究以案例选择为起点,收集对象的直接和间接资料,系统对其进行分类并逐项研究,最终依据分析结果对分析对象形成规律性认识。[3]本书对案例分析方法的使用主要集中于对权责清单本身及其制度化过程的分析。权责清单制度的特性,一方面体现在由各层级各地方政府清单所组成的清单体系上,因此必须在多样化的案例中把握共性的规律和清单制度发展的趋势;另一方面,作为地方政府制度创新的典型代表,它在个别案例上的个性和差异又是不可忽视的。因此也需要对不同区位、不同条件下的个案做分析,从而得到更为全面和系统的认知。这对于类型化地分析中国政府的职责配置,指导实践工作中避免改革的"一刀切"是有所助益的。

三、研究框架

(一)基本预设

预设一:"依法梳理"的清单在实体和程序两方面对法律制度进行形塑。

---

[1]　陆雄文主编:《管理学大辞典》,上海:上海辞书出版社,2013年,第15页。

[2]　Gerring J, What is a case study and what is it good for?, *American political science review*, 2004, 98 (02):341–354.

[3]　李庆臻主编:《科学技术方法大辞典》,北京:科学出版社,1999年,第78页。

清单制度构建前期,各地方政府都是以"依法梳理""清单之外无权力"等原则作为清单梳理标准的。这类原则实质是将法律制度视作清单梳理的唯一标准,单方面强调了法律制度对清单制度的作用。这样的做法一方面难以避免清单制度的法律属性问题,即产生清单与法律的替代性问题;另一方面忽视了清单制度的动态性,强化了二者之间关系中的滞后性问题。事实上,清单制度与法律制度之间的关系是双向影响、相互作用的。法律制度对清单制度的作用,在于通过立法程序将其巩固的改革成果进一步法定化;清单制度对法律制度的反向形塑,则体现在对行政执法权和行政立法权的规范上。清单制度对法律文件的梳理、细化,以及对公权力行使流程的公开,是对行政执法权的规范;对各类法律文件的清理与整合,则是对行政立法的规范。正是在实体和程序两个层面发挥的作用,使得清单制度为进一步实现其制度性功能打下了基础。

预设二:清单制度作为构建具有中国特色的政府职责体系过程中的制度创新,正尝试在"职责同构"与"职责异构"之间寻求职责调配的新路径。

科学合理的政府职责配置是推动政府职能转变、提高政府效能、降低行政成本的前提条件。"职责同构"作为中国纵向政府间关系的总体特征,长期以来对各领域改革有着重要的影响,历次机构改革都未能实现实质性的转变。"职责同构"的诸多方面都体现着计划经济体制遗留下的种种弊端;工作机制上的"层层加码"①,更是加深了其在政府结构和运行过程中的影响,使其主导了分级授权下"条块关系"模式中的运作机制。②相比之下,"职责异构"则是指"纵向上不同层级党政部门的核心任务以及管理服务对象有较大差异,横向上不同地区的经济社会发展水平、产业结构千差万别,地方应当

---

① 周振超、张金城:《职责同构下的层层加码——形式主义长期存在的一个解释框架》,《理论探讨》,2018 年第 4 期,第 28~33 页。

② 周振超:《条块关系的变迁及影响机制——基于政府职责的视角》,《学术界》,2020 年第 5 期,第 24~31 页。

③ 张克:《合理设置地方机构的路径选择》,《行政管理改革》,2018 年 11 期,第 59~62 页。

根据自身情况因地制宜地进行机构设置和职能配置"①。随着社会环境异质化程度加剧对政府管理水平要求的提高,"同构"职责配置中的种种弊端已经亟待消除;与此同时,完全的"异构"也并非理想的职责配置状态。在"确权"思路的指导下,清单制度应当在"同构"与"异构"之间寻找新的职责调配路径,这也是本书试图得出的结论之一。

预设三:清单制度具有规范行政权和职责调配两层功能,二者之间具有"先破后立"的紧密联系。

中国政府运行过程中,部分机制的运作使得"职责同构"得以长期维持并不断得到加强。例如,中国各层级政府的职权职责长期以来并未形成明确的分层,法律层面也缺乏专门、系统的地方组织法对其进行详细的规定和保障。目前的状况是,《中华人民共和国宪法》与相关法律法规、规范性文件对此仅有原则性的规定,大部分细化和具体的权力交由地方行政立法权。一方面,中国地方政府间发展差异大,要通过法律和政策的模糊性给予它们一定的弹性与发展空间;另一方面,改革开放至今,政府长期处于改革和转型的阶段,还没有普遍性的经验得以形成职责在具体层级上的固定配置。由此,纷繁的地方行政立法、以行政手段推进改革的普遍性在维持统一性与秩序性上就是必不可少的。正是由于这些特征,使得政府运行各要素之间形成了相互促进的关系,要消除其中结构性的阻碍,需要遵循"先破后立"的原则,在"打破"原有运行机制的同时,"构建"新的替代性机制。

把握展现行政权的全貌是实现规范的前提,而通过立法、监督等手段对其进行实质性规范便是打破上文中稳定结构的第一步。一方面,逐步改变以行政手段推进改革的传统;另一方面,将改革的成果与职责在各层次上配置的经验巩固和积累下来,为《中华人民共和国地方各级人民代表大会和地方各级人民政府组织法》的形成奠定基础。清单制度则为这一改变创造了契机

---

① 张克:《合理设置地方机构的路径选择》,《行政管理改革》,2018年11期,第59~62页。

和条件。当然,如何促进这一功能的发挥,还需要对其内在机制和构建逻辑进行深入剖析。

(二)技术路线

本书从问题的一般性与特殊性出发,提出政府职责体系构建过程中的清单制度研究这一基本问题。基于一定的实地调研与充分的文献阅读,研究确定将现代政府理论中的四维要素,即职能、机构、体制与过程与"结构-过程"理论相结合。在这个研究框架中,针对清单制度所涉及的职能问题(行政权、职责配置)、机构问题("三定"规定、机构改革)、体制问题(授权体制、条块关系)及过程问题(偏离现象、政务服务大厅)等,分别将其嵌入现实政府的运行过程与清单制度的优化过程中进行分析,从而进一步讨论其中的核心机制。借助案例分析方法和比较分析方法,本书尝试依据"破旧立新"的原则,阐释清单制度在中国政府改革过程中发挥制度性功能的基本逻辑。研究最终的归宿是连接清单制度的理论研究与实践探索,为中国现阶段的改革之路贡献思路与对策。

本书的技术路线遵循一般社会科学研究的基本分析路径。首先在确定大致方向的前提下通过阅读文献、实地调研观察,确定选题。然后在相关理论研究的梳理过程中,提出本书的分析框架,包括核心概念、主要支撑理论及基本假定等内容。在具体的研究过程中,通过比较研究和案例研究的方法,进一步对研究内容、框架和结论进行调整和修正。基于以上部分,最后提出政府职责体系构建背景下清单制度构建和发展的逻辑与思路,尝试性地提出对实践具有指导性的建议。

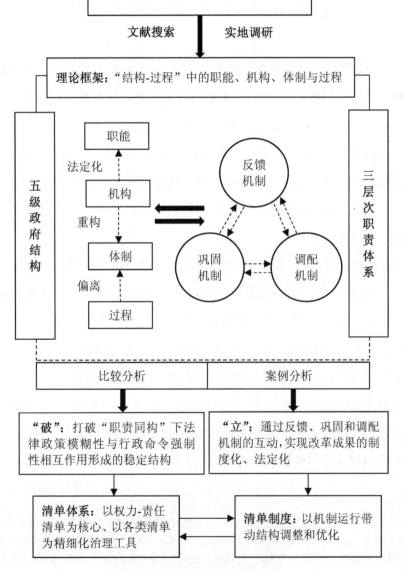

图导.2　清单制度研究的技术路线

第四节   创新点与研究限度

一、本书的创新点

第一,在提出"过度偏离"和"多重偏离"的基础上,指出现存法律和制度不具有使正向偏离行为合法化的主动性,需要通过体制机制创新以推动政府发展。"偏离"假设是政府过程理论中的一个重要构成,它强调政府在实际运行过程中会产生种种与制度性规定有所差别的现象。偏离假设的内涵中包含两个基本要点。其一,与"违法"这一概念不同,"偏离"是一个中性概念;其二,"幅度"是理解"偏离"概念的一个重要因素,这在一定程度上拓展了"偏离"假设的研究空间。

基于以上两点,本书结合权责清单制度实践与现实政府运行状况,尝试提出了"过度偏离"和"多重偏离"的概念。所谓"过度偏离",是对"幅度"要素的进一步解释。首先,它强调偏离的幅度超出了制度框架所规定的界限,已经或正在形成影响制度结构发生变化的力量;其次,从中性和合理性的角度理解"过度偏离"的概念,可以将过度偏离分为两种情况,即正向的过度偏离与负向的过度偏离。其中,不合理的"违法"[①]行为可以被归于负向过度偏离的部分;而合理的"违法"行为则成为推动制度改革的重要力量。这样的界定尽管依旧存在边界模糊的问题,但是试图将"偏离"的界限放在历史过程中

①   这里所说的"违法"主要是违背现行的法律制度,但本书更强调的是"违法"前的"不合理"这一限定概念。也即"偏离"概念的正向或负向区分,是以实际对于改革的作用为划分标准而非以是否违背现行法律制度为标准的。当然,一项"偏离"可能同时具备正向和负向的特征,这里就需要考虑到其对于改革问题的针对性,以及负向和正向效果的衡量问题。

进行研究,具有一定的可行性。所谓"多重偏离",是从另一个角度将"偏离行为"具体化。例如,在权责清单制度的构建过程中,既存在地方政府立法环节的偏离,又存在法律法规向行政职权转化时的偏离,同时还存在行政职权向行政行为转化时的偏离。现实政府运行过程中存在多重偏离现象,它们共同形成的合力,引发了政府的制度变迁、结构与过程的变化。

事实上,有学者在对"偏离"假设的研究中曾提出过一个"双向激励"的概念,指出法律和制度会对违法乱纪现象进行纠正,而对经过长期检验、得到普遍认可的规则进行吸收。①这其中已经显示出对过度偏离现象进行正向与负向的区分。②但本书在研究过程中发现,任何现存的法律和制度,都不具有提供这种"激励"的意愿,即它们并不具有使正向偏离行为合法化的主动性。这主要是基于制度惯性、利益格局导向的外部环境等多种因素,这是客观事实与普遍规律。对此,历史制度主义中的"路径依赖"理论提供了比较充分的说明。因此,必须要通过体制机制创新来实现这一功能,从而推动政府发展。权责清单制度功能的发挥及其带来的机制转换,是连接现实政府运行与法律和制度的重要桥梁。这一观点的意义在于,它一方面拓展了"偏离"假设的研究空间,进一步丰富了其内容;另一方面为权责清单制度这一体制机制创新的合理性提供了理论基础。

第二,将"共生效应"引入"结构-过程"的分析范式,形成"结构—过程—机制"的分析范式。对历史进程中相对稳定的结构进行较大幅度的调整是比较困难的,需要有合理而科学的路径和过渡性的制度安排。"职责同构"是中国纵向政府间关系的一个总特征。随着构建政府职责体系这一重大课题的提出,是否要对"上下一般粗"的职责配置结构进行改革已经不再是所要回答的问题;挖掘其背后的规律、改革的掣肘因素,以及如何在兼顾稳定性和

①　于丹:《政府行为"偏离"假设的探讨》,《云南行政学院学报》,2007年第6期,第67页。

②　本书更为注重的是对一项"偏离"行为中正向部分的吸纳,因此对于其性质的划分部分,并没有给予过多的论述,但是前文对此已经有简要解释,这已经能够基本满足本书继续分析的目标。

秩序的前提下实现结构性重构,才是当前研究面临的关键。要剖析中国政府复杂的"条块关系"与"职责同构"特征,"结构—过程"的分析框架无疑是合适的选择。"结构—过程"分析框架一方面指出了结构对于秩序的维持作用,另一方面指出了过程对结构的适应与打破功能。这对于将权责清单制度嵌入中国的纵向五级政府结构及其运行过程中进行分析是有所帮助的。但"结构—过程"分析框架在理解为何在职责体系构建的转换期"职责同构"依旧保持生命力、权责清单制度发挥了何种作用上,还有所欠缺。本书尝试将"共生效应"引入"结构—过程"的分析框架,提出当过程的"适应"与结构的"维持"高度一致时,就会产生结构与过程的"共生效应",并通过这一理论的引入,本书将机制这一重要因素引入"结构—过程"的分析框架,从而形成新的"结构—过程—机制"分析框架。

　　第三,基于以上分析,本书提出了权责清单制度的巩固机制、反馈机制与调配机制,也即权责清单制度针对改革对象、改革进程及职责层次发挥相应功能的三项核心机制。如上文所述,权责清单制度作为一项创新性的制度安排,它所产生的新机制会引发结构性的变化:通过改变与替代旧的机制,打破共生效应,从而引发结构与过程间互动关系的变化,带动制度的变迁。本书将权责清单制度发挥作用的基本机制归纳总结为巩固机制、反馈机制和调配机制。所谓巩固机制,是指在改革过程中将改革成果以一定的形式反映和固定下来,这种形式要能够平衡灵活性与权威性。它所对应的问题是以行政手段推动改革所带来的不稳定性和反复性。所谓反馈机制,主要是强调要素之间的双向互动关系,包括:其一,将从政务服务中心等一线行政实践中所积累的行政职权的执行、职责配置等经验反馈到上级政府和立法部门,与巩固机制、调配机制相配合,为形成地方组织法等提供依据;其二,将行政权的运行全貌反馈于社会,接受监督,从而对行政执法权和行政立法权形成影响的控制与约束。所谓调配机制,主要是针对职责在各层次间及层次内部的配置与调整,与清单的动态管理有着紧密的联系。三项核心机制各自有所侧重,同时又相互作用、相互配合,共同服务于权责清单制度功能的发挥。在不断改变和调整旧机制的过程中,构建和优化具有中国特色的政府职责体系。

二、研究工作的限度与不足

由于个人能力、资源可及性等因素的限制,研究工作中存在一定的局限性,具体表现为如下三个方面。

第一,由于笔者的研究主要是以文献为基础的,尽管在研究过程中进行了若干实地调研,但是未能长期在相关领域中工作,还是为作者对清单制度整个构建过程的把握和理解带来一定的困难和偏差。也正是出于这个原因,研究对改革过程和政府现实运行中的部分具体问题关注还不够深入,还需要长时间的积累和深入,方能得出更具指导性的政策建议。

第二,清单制度本身产生的时间并不长,但是却赶上了集中改革的阶段,因而变化又特别迅速。要想把握清单制度的背景、基础,还需要将其与其他各领域改革(如政府机构改革、纵向政府间关系调整等)相互衔接,在一个相对宏大的历史背景下去考察清单制度。如何将清单制度与各领域改革相互衔接,甚至是利用清单制度对相关领域进行整合,也成为研究的一个难点。

第三,地方政府的创新能力是无限的,实践探索的进程也是迅速的,这为研究提供丰富素材的同时,也带来了一定的困难。随着政务服务网站的建立,各地政府依托网站公布了各类形形色色的清单。有的地方政府公布的清单多达上百种。但是清单并非法律文件,在稳定性、标准性、统一性等方面相对较差。因而一方面它的数量和种类庞杂,处理起来相对费时;另一方面,它又是易变的,且各地情况并不相同。总体来说,这构成了研究的另一个难点。研究尝试从中观层面对其进行分析,使用抽象、类型化的手段,对其特殊性和一般性进行归纳总结,但其局限性还是显而易见的。如何在实践的"变"中把握"不变",在时间和空间的"特殊"中找到"一般",也是本书所努力的方向。

第一章

权责清单制度分析的
"结构—过程—机制"框架

概念即方法。对权责清单制度研究涉及的基本概念进行辨析与内涵分析,既是研究的逻辑起点,也是研究的重要内容和基本条件。权责清单制度是一项改革进程中的创新性制度安排,它不单单是将职权和职责列举形成清单的一种形式,更反映出长期以来中国在政府职责配置和纵向政府间权力关系方面所进行的调适与改革。因此,权责清单制度的构建,是权力主体、权力关系、权力运行等要素的综合体现。本章旨在从权责清单制度研究的核心概念出发,尝试在对政府过程理论的细化过程中找到一个适用于解释和剖析权责清单制度的切口,并初步提出一个以"结构—过程—机制"为分析逻辑的理论性框架,从而形成研究的基础。

第一节　基本概念辨析

权责清单制度研究涉及一些基本的概念。本书选取了五个核心概念作为分析的基础,包括权责清单制度、复合行政权、偏离、机制和职责层次。之所以选择这五个核心概念,主要基于以下三点考虑。其一,它们是本书的基本研究对象。例如,权责清单制度这一概念,一方面需要对其进行清晰的界定,从而明确其内涵;另一方面,需要对它及其相关概念——例如清单体系——进行辨析。这有助于把握问题的本质,避免研究中同类型问题之间产生混淆。其二,它们代表着研究的最核心内容。例如偏离、机制等概念,其背后恰是所要讨论的政府过程与政府发展问题。其三,这些核心概念之间具有联系性。正是通过对这些概念之间关系的整合,形成了本书"结构—过程—机制"的理论分析框架和分析方法。

一、权责清单制度

"如果一个对象的特征形成了我们看待事物的一个角度一种方式,这个名称就有了概念用法;如果这种概念用法固定在语义里了,这个名称就同时是一个概念。"[1]很明显,所谓"权力清单""责任清单"抑或"权责清单",都是"权力""责任"与"清单"这几个现有概念复合在一起而形成的。它们之所以能够形成一类概念,首先是有具象化的实体来承载这种意义,具有内容的清单被梳理出来时,这种意义便不可否认;其次是这些具象化的实体具有目标性,"清单"与"权责""责任"概念的结合就是指向其现实中作为一种手段的事实;最后,围绕这类名称,已经形成了一种固定化的语境,将权力清单与责任清单用于中国政治与行政制度改革的过程已经成为一种固定的用法。因此,这类名称作为概念的事实并不存在争议。从产生的时间来看,"权力清单"的出现早于"责任清单"早于"权责清单";这个先后顺序并非没有逻辑支撑。

"权力清单"的产生,源自河北省邯郸市政府整治"公权力腐败"的行政实践。2014 年 2 月,李克强在省部级主要领导干部学习贯彻党的十八届三中

---

① 陈嘉映:《从感觉开始》,北京:华夏出版社,2016 年,第 68 页。

全会精神全面深化改革专题研讨班上作报告,指出权力清单工作就是"要把各级政府和各个政府部门所掌握的各项公共权力进行全面统计,并将权力的列表清单公之于众,主动接受社会监督"①。对于这一名称中的"权力"概念,可以从三方面进行解读。从"公与私"的角度来说,权力清单规范的是对私权利进行干预的政府公权力,②也即"国家机关及其公务人员,基于公共利益而享有或行使的职务上的权力"③。从立法权、行政权和司法权三权的角度讲,行政权是清单研究的核心,它是包括行政立法权、行政执法权和行政司法权的广义行政权概念;相比之下,立法权(人大重大事项决定清单④)、司法权(检察官权力清单⑤与审判监督管理权力清单⑥)及监察权(监察权责清单⑦)方面的清单实践,或是还处于概念阶段,或是与本书关注点相关性不强,因而不过多进行讨论。从政府职能的内涵来说,权力清单关注的是政府职责,因而这里的权力也可以大致等同于职权。2014 年 9 月第八届夏季达沃斯论坛上,李克强在"三张清单"的要求中,明确提到要拿出"责任清单",明确责任主体、理清责任事项。⑧相比于权力清单,责任清单面向政府部门的"分内事",以责任主体、职责边界、事中事后监管及相关问责机制为核心;除此之外,其梳理依据也从法律法规规章扩展至"三定"规定等各类规范性文件。

---

① 沈小平:《新华网评:"权力清单"将权力关于透明的制度之笼》,2014 年 2 月 12 日,http://www.gov.cn/jrzg/2014-02/21/content_2617156.htm,访问时间:2020 年 6 月 5 日。

② 莫于川:《推行权力清单,不等于"依清单行政"》,《人民日报》,2014 年 4 月 23 日,第 017 版。

③ 包玉秋:《论公权力与私权利的平衡》,《社会科学辑刊》,2006 年第 6 期,第 127~129 页。

④ 任正东:《建立人大讨论决定重大事项"权力清单"的立法路径探究》,《人大研究》,2015 年第 9 期,第 32~35 页。

⑤ 《关于印发〈关于完善检察官权力清单的指导意见〉的通知》,2017 年 3 月 28 日,http://www.sanmenxia.jcy.gov.cn/llyj/201706/t20170627_2016671.shtml,访问时间 2020 年 6 月 5 日。

⑥ 《最高人民法院关于落实司法责任制完善审判监督管理机制的意见(试行)》,《人民法院报》,2017 年 4 月 18 日。

⑦ 石亚军、卜令全、陈自立:《国家监察体制:全域立体监察模式的构建》,《中国行政管理》,2017 年第 10 期,第 6~9 页。

⑧ 《责任清单:营造公平发展环境》,2014 年 9 月 23 日,http://www.gov.cn/xinwen/2014-09/23/content_2754703.htm,访问时间:2020 年 6 月 5 日。

权责清单成为目前主流的使用概念，一方面是对权力清单和责任清单的简称；另一方面，是由于一些省份以"权责匹配、权责一致"为原则尝试进行了权力与责任清单的两单合并，形成了一体化清单。2015 年 12 月的《国务院办公厅关于印发国务院部门权力和责任清单编制试点方案的通知》中也提到"各部门可将权力和责任事项结合起来"[①]。事实上，学界与实务界对这一做法还并未形成一致性的认可，中央对此也给予地方政府充分的选择空间。除此之外，政府政务服务网站上公布了种类繁多的各类服务性清单与目录。相较于权力和责任清单，这类清单的指向性比较强，可以视作从权力和责任清单中衍生出来的政务和服务类清单。

权责清单制度是以上各类清单制度化的结果，但其内涵却不仅限于此。总体来说，它具有以下三个特征。第一，它是清单在中国政府的全覆盖，横向覆盖政府各个部门、纵向覆盖五级政府；第二，它不单单是清单构成的静态体系，更是包含梳理、清理、公布等一系列环节以及反映各级政府权力互动的动态过程；第三，以权力清单和责任清单为制度核心要素，以各类政务和服务清单为其衍生的精细化治理工具，当前中国政府职责体系构建探索的过程中正在形成具有中国特色的清单治理模式。

二、复合行政权

现代权力分立论中所讲的三权适度交叉、相互渗入和融合，特别地表现在行政权的发展上。[②]除了向全国人大及其常委会提出的法律草案这一立法程序性权力外，制定行政法规、部门和地方性规章这样实质性的立法权，也都在形式上属于行政权的范围；在司法领域，行政机关也具有某些裁决性质

---

① 《国务院办公厅关于印发国务院部门权力和责任清单编制试点方案的通知》，《中华人民共和国国务院公报》，2016 年第 2 期，第 39~41 页。

② 郭道晖：《法治行政与行政权的发展》，《现代法学》，1999 年第 1 期，第 11~13 页。

的权力。这无不体现出行政权在三权结构中作为一个复合体的特性。

对于行政权的定义,总体上认为其作为国家权力的组成部分,[①]是国家行政机关执行法律、管理内政外交事务、[②]实施管理活动的权力,[③]以此来区别于立法权与司法权。但是也有学者基于现代行政权所发生的变化,提出一方面行政权行使主体是多元化的,另一方面还要对行政权直接、主动、连续、具体管理行政事务这一特性予以关照。[④]与此同时,还要特别注意与行政权相关联的两个概念,即行政职权与行政行为。行政职权是对行政权的具体化,特别指某个行政机关所承担的管理事务与相关权限。[⑤]因此,行政权发展过程中的扩张性、不稳定性等一系列相关特性,都会具体体现为行政职权的变化。行政行为则是行政权向现实的更进一步转化。当行政职权向行政行为的转变过程中,过度"偏离"这一现象频繁产生,有学者将其分为无权力依据和不正当行使两种情况。[⑥]当然,这也使得在政策过程研究中形成了政策执行偏离研究这一重要方向。[⑦]这又体现出行政权在运行过程中的复合性特征。

行政权的复合特性为其控制带来了挑战。行政权的外部控制大都被归于制度范畴,[⑧]例如司法、立法的控制;而所谓行政权的自我控制,则是指"运行过程中通过内部机制进行调节,使内部关系得到合理搭配、和谐共处,并在发生阻滞的情况下通过内部的救济机制排除运行障碍的控制形式"[⑨],因而

---

① 张树义主编:《行政法学》,北京:中国政法大学出版社,1995年,第8页。

② 姜明安主编:《行政法与诉讼法》,北京:北京大学出版社,1999年,第3页。

③ 罗豪才主编:《行政法学》,北京:中国政法大学出版社,1996年,第13页。

④ 应松年、薛刚凌:《论行政权》,《政法论坛》,2001年第4期,第54~65页。

⑤ 高家伟:《论行政职权》,《行政法学研究》,1996年第3期,第11~17页。

⑥ 罗亚苍:《权力清单制度的理论与实践——张力、本质、局限及其克服》,《中国行政管理》,2015年第6期,第29~33页。

⑦ 需要再次强调的是,本书所探讨的"偏离"现象与政策过程领域研究的执行"偏离",在概念界定、价值设定等诸多方面都有所差异,读者在阅读时或许对此有所体会。

⑧ [美]伍德罗·威尔逊:《国会政体——美国政治研究》,熊希龄、吕德本译,北京:商务印书馆,1986年,第133~163页。

⑨ 关保英:《论行政权的自我控制》,《华东师范大学学报》(哲学社会科学版),2003年的1期,第64~71页。

具有主动性和低成本的特征。清单制度的制度性功能,恰好为将行政权的外部控制和内部自我控制有机结合提供了契机。

三、偏离

政府过程(governmental process)与"偏离"是一对共存的概念。所谓政府过程,既可以从实体的角度将其解释为广义政府的"政策制定与执行等功能活动及其权力结构"①,也可以将其视作一种以现实、动态运行着的政府为研究对象的研究方法,这取决于运用"政府过程"这一概念的具体语境。朱光磊教授在将政府过程这一概念和学说引入中国政府与政治的分析中时,介绍了瓦尔特·白哥合特、托马斯·威尔逊和詹姆斯·布莱斯三位学者为政府过程学说奠定基础,以及亚瑟·F.本特利最终正式提出这一概念的过程。②他提出,"政府过程就是指政府的实际运作活动和工作程序"③。可见"政府过程"这一概念的特性从根本上来说是在与体制研究方法的对比中显现其特征的。与此同时,一旦政府在现实中运作起来,就必然面临着种种不确定性的影响,自然而然地产生与法理上的政府有所不同的现象。正是这些偏离现象的存在,为各国政府与政治的研究开辟了一片新天地。

偏离,也即"政府过程中存在理想层面与实际操作层面及运行效果层面之间相关联的误差或错位"④。之所以存在研究空间,是因为与"偏离"相对应地存在一个"适度"的概念,它们之间形成了政府运行中的一对基本矛盾。⑤正是由于不同情况下的"偏离"在程度、方式上都有所不同,才使得探寻"偏

---

① 胡伟:《政府过程》,浙江:浙江人民出版社,1998年,第4~5页。

② 朱光磊:《当代中国政府过程》(第三版),天津:天津人民出版社,2008年,第2~11页。

③ 朱光磊主编:《现代政府理论》,北京:高等教育出版社,2006年,第14页。

④ 张志红:《转型期政府决策过程中的偏离现象问题刍议》,《天津行政学院学报》,1999年第3期,第42页。

⑤ 朱光磊:《当代中国政府过程》(第三版),天津:天津人民出版社,2008年,第19页。

离"原因、规律,以及如何对待不同程度和不同性质的"偏离"成为政府研究的重要目标。

事实上,在"偏离"对于政府发展的影响力上,研究还有进一步探索的空间,这也是本书的核心观点之一。权责清单制度的特性之一,就在于它尝试去考察现实运行中的政府过程,最大程度上展示涉及立法、行政、司法等各方面的权力运行的"全景图"。正是在这一过程中,以"偏离"概念为基础,能够衍生出"过度偏离"与"多重偏离"等概念,以此来概括权责清单制度研究中的一些重要现象。前文已经对此有所介绍,即所谓"过度偏离",即超出适当范围的"偏离"。它是一个程度上的概念,与适度范围内的"偏离"是相对应的。在权责清单制度研究中,这体现在行政权的规范及围绕清单进行权力调整等过程中。所谓"多重偏离",即政府活动在不同环节、以不同方式出现了偏离于制度规范的现象,它们相互叠加、相互组合,为整个政府运行过程的研究带来了更大的困难和挑战。更为重要的是,本书对于"偏离"概念的把握始终是基于它作为"中性"概念这一基础和前提的。从研究视角来看,本书更加关注"偏离"中更为"正向"的那一部分。相较于制度设计的初衷,"偏离"的提出使得政府发展研究得以被置于一个充满偶然性和复杂性的现实环境中。这充分体现了过程研究的特点,也使得研究所得出的结论更加贴近现实政府的运行状态。

四、机制

对于"机制"的研究,源自机械科学对机械系统中各部件之间联结方式和原理的阐述。随着其在社会科学领域应用的广泛展开,关于"机制"这一概念的内涵也形成了不同角度的认识。有学者将其概括为"社会有机体各部分相互联系、相互作用的方式"①;也有学者更加强调其主动性,将其概括为"遵循和利用某些客观规律,使相关主体间关系得以维系或调整,实现预期的作用过程",认为机制是制度作用的表现形式,是它而不是制度直接作用于主体。②"机制"这一概念在本书中至少具有以下三点特征。

其一,机制与客观规律之间有着紧密的联系,或者说其本质上就是一种客观规律。尤其是在制度创新的过程当中,要特别注意遵循、把握和利用相应的客观规律,从而为创新制度的机制作用的发挥创造条件。

其二,机制具有显著的动态性和过程性的特征,相较于制度研究,要进行机制研究必须将其置于政府运行的具体过程中加以分析,考虑机制位于体制和秩序中间地带的功能地位。③

其三,在社会科学的研究领域,机制与体制、制度之间有着不可分割的关系。当政府运转起来时,制度所构成的准则和标准,以及体制所构成的体系与结构关系才在机制发挥作用的过程当中实现了其目标。可以看到,机制既有客观性的一面,同时也有主动性的一面;前者反映在机制作为一种规律发挥作用时的稳定性,后者则说明机制也有可建设性的一面,只是这种建设与改变是通过体制创新(或是改变旧的结构,或是引入新的要素)间接实现的。与体制相比,机制是一个动态概念。权责清单制度要在政府改革过程中发挥其制度性功能,有赖于一系列机制的完善。书中出现的具体机制包括反馈机制、巩固机制及调配机制,在此初步做简要介绍。

反馈机制主要作用于两个部分。首先,它与政务服务相连接。政务服务大厅于近年来在全国各地迅速扩散开来,在推进政府职能转变、深化简政放

---

①　赵理文:《制度、体制、机制的区分及其对改革开放的方法论意义》,《中共中央党校学报》,2009 年第 5 期,第 18 页。

②　李松林:《体制与机制:概念、比较及其对改革的意义——兼论与制度的关系》,《领导科学》,2019 年第 6 期,第 19~22 页。

③　金东日:《论机制》,《广东社会科学》,2014 年第 5 期,第 72 页。

权等方面发挥了重要作用。①反馈机制在政务服务部分发挥作用,主要是将政务服务实践过程中积累的政府职责在各层级政府合理配置的经验进行反馈,并反映在清单对职责的动态调整上。其次,它与法律制度相连接。通过将相对具有稳定性和普遍性的经验反馈至立法机关,这些经验就能够通过立法程序逐步上升为组织法,从而带动权力配置的结构,推动政府职责体系的构建。

所谓巩固机制,即清单的文本实体,承载着改革的部分实质性成果,有助于避免改革的反复。尽管清单不是法律文本,但中央政策文件的不断推动,使得其在制定程序上具有一定的权威性,其部分环节也具备准立法活动的性质。即便清单在实体上以规范性文件的形式存在,也能够对改革成果起到一定的巩固作用。要完善巩固机制,主要依赖于其与"三定"规定、立法程序的衔接等问题。

调配机制的作用对象主要是政府职责与职责层次。学界和政界对权力在纵向政府间配置的认识跳出了"集权"与"分权"的循环后,逐步认识到"确权"思维的科学性与合理性;清单制度的研究,进一步指出权力配置是动态而非静态的,清单的动态管理研究就可以对这一点做出说明。尽管政府职责(主要指向纵向上某一层级政府)具有一定的稳定性,但这种稳定性是随着不同阶段而变化的。尤其是,中国目前面临着改革的纵深推进和社会的迅速转型,政府与市场、社会的关系不断发生变化,政府职责的配置也要相应地满足这种变化的需求。因而,这种情况下调配机制也就特别重要。

总体来看,清单制度具有偏向制度结构,即相对静态的一面,以此反映权力结构和制度关系;同时它又更加倾向于政府过程,揭示权力运作的实际情况,并在巩固、调配和反馈机制的相互配合下发挥其功能。具体分析过程将尝试把清单制度研究嵌入一个政府结构与过程相互作用的中观框架下加以探讨,从而对这三个核心机制进行修正与更为深入的分析。

---

① 国务院办公厅政府信息与政务公开办公室:《全国综合性实体大厅普查报告》,《中国行政管理》,2017 年第 12 期,第 6~10 页。

五、职责层次

"政府的基本职能作为一个整体是存在的,但它是某种结构,包含着若干个方面、若干个层次。"[①]政府职责这一概念,正是源自对政府职能概念的解构。为了拓宽政府职能概念在分析现代政府时的理论和实践意义,朱光磊教授将政府职责这一概念界定为"政府职能的一部分,是政府作为国家当局应当完成的主要工作任务,是政府对社会必须履行的基本义务""是政府职能中比较'实'的部分"。[②] 2013 年 11 月,党的十八届三中全会通过《中共中央关于全面深化改革若干重大问题的决定》,在"加快转变政府职能"[③]一部分首次以政府职责的概念区分了中央与地方政府的不同职责,在政府职能转变的课题上迈出了重要的一步。之所以选择政府职责概念作为权责清单制度研究的核心概念,主要基于以下三个原因。

其一,清单所列举的内容是具体的行政职权,政府职责概念作为对政府职能概念的补充,恰巧满足了确切解释具体工作任务的需求。[④]在这个过程中,政府事权、政府职责、具体事项等概念也在一定程度上得到了明确。

其二,清单制度通过对政府职责的配置、调整及整合,能够反映出政府职能转变的总体情况。政府职责既是行政实践的具体对象,也是研究中可把握的切口。

其三,职能概念是一个整体,尤其是其功能部分,在各层级政府间没有区分度。选用职责概念作为权责清单制度的核心概念,是为形成"职责层次"的概念做铺垫、打基础。

---

① 朱光磊主编:《现代政府理论》,北京:高等教育出版社,2006 年,第 72 页。

② 朱光磊主编:《现代政府理论》,北京:高等教育出版社,2006 年,第 89 页。

③ 《中共中央关于全面深化改革若干重大问题的决定》,《人民日报》,2013 年 11 月 16 日。

④ 朱光磊:《全面深化改革进程中的中国新治理观》,《中国社会科学》,2017 年第 4 期, 第 27~39 页。

作为一个具有多层级政府结构的单一制国家，行政层级是中国政府改革过程中一个重要的体制性束缚，同时也增加了政府职责体系构建的难度。不少学者提出可以推行扁平化的公共行政体制，①例如将乡镇改为派出机构（准行政层级），从而将地方行政层级缩减为三级制。②但是缩减行政层级也并非解决纵向政府间关系的唯一出路。如何在现阶段发挥多层级政府的结构优势，还需要进一步拓展思路。职责层次概念的提出就是这样一种尝试。将五级政府的职责细分为三个层次，③层次间与层次内的有机互动，是权责清单制度构建的重要目标之一。

不难发现，以上五个核心概念都围绕着一个现实中的、运行着的政府，这必然使得政府过程理论成为本书得以展开的核心理论。

第二节　政府过程理论中的"偏离"假设

政府过程理论是对传统政府研究中体制研究的补充与丰富。其中，政府发展的意义被进一步强调。本节首先对政府过程理论进行了梳理，旨在明确其内涵，把握其发展脉络；在此基础上，将着重关注政府过程理论中的"偏离"假设，尝试性地提出"过度偏离"与"多重偏离"的概念，并在与历史制度主义视角下"路径依赖"等概念的比较中，得出用以阐释政府发展和改革路径的全新的理论基础。

---

① 孙学玉、伍开昌：《构建省直接管理县市的公共行政体制》，《政治学研究》，2004 年第 1 期，第 35 页。

② 谢庆奎、杨宏山：《对我国地方行政层级设置的思考》，《红旗文稿》，2004 年第 4 期，第 13 页。

③ 参见《联合早报》刊登的《朱光磊教授：政府职能须深化细化具体化》一文，朱光磊教授提出，"如果将职责的层次进一步划分为三个层次，将更理想"。蔡永伟：《朱光磊教授：政府职能须深化细化具体化》，2015 年 11 月 19 日，http://www.zaobao.com/special/report/politic/cnpol/story20151119-550378/page/0/1，访问时间：2020 年 6 月 6 日。

一、政府过程:一种理论视角

"任何运行中的政府,都既是一种体制,又是一个过程。"[1]对政府过程的研究,根本上来自现实政府发展的需求。因此,相较于以目标和规范为导向的传统制度研究,过程研究总体上是以解释和解决问题[2]为导向的。事实上,二者之间并不是彼此对立和相互矛盾的。《政治学分析辞典》中就明确指出,政府过程研究是作为传统的体制研究的一种"反动"而出现的,[3]并非对后者的否定。对于体制和过程之间关系的把握,是研究得以展开的基础。

体制与过程是政治学或政府学中两个重要的研究领域。相对应地,它们都具有各自的现实基础。传统制度研究是一种抽象的、法理性的研究。它关注政府的定义、起源、性质、分类,以及政体的类型、国家的结构形式等内容。作为政治学学科的基本内容,它极大地推动了政治学学科及人类社会发展中政治文明的进步。但是,由于其具有高度的抽象性和理想性,它所描绘的政治景象往往是"脱离"现实的、与政府发展和政治实践具有较大偏差的。因此,这也就必然削弱了它在政府发展实践过程中的指导性与针对性。

19世纪中期,英、美、法等西方国家逐步建立并完善了现代政府体系,政党制度也日趋成熟。这就要求政治学学科研究进一步关注现实和动态的政府过程中出现的新现象,政府过程研究领域得以形成并拓展。过程研究的现实基础,在于政治实践趋于复杂,且对它与理论之间的互动关系提出了更高的要求。前者的典型表现是新的政治要素的出现。例如政党制度通过"能量

---

① 朱光磊:《政府过程的学说与方法及其在中国的适用问题》,《南开学报》,1994年第4期,第44页。

② 许超:《政府过程理论研究评述》,《湖北社会科学》,2010年第1期,第38页。

③ [美]杰克·普拉诺等:《政治学分析辞典》,胡杰译,北京:中国社会科学出版社,1986年,第131页。

交换"①,建立了政府与社会之间相互影响的直接联系;而美国利益集团的出现与其在政治决策中影响力的不断提升,则直接促进了利益集团理论等过程性理论的形成。后者也显著地表现在理论研究的过程中。例如,沃尔特·白哲特(Walter. Bagehot)就在其《英国宪制》中分析了英国政府不同于制度规定的现实运作过程,以"行政权力和立法权力的紧密结合和几乎完全的融合"②来说明英国立法机构与行政机构之间的关系;伍德罗·威尔逊(Woodrow Wilson)也在其《国会政体》中指出:"观察现实的人,对现实与宪法条文的差别会感到惊异"③,从而指出宪法所提供的书面理论与现实发展间存在的巨大偏差。

可以看到的是,过程研究和体制研究之间的发展关系并非简单的替代关系,结构研究与过程研究是相辅相成的。戴维·伊斯顿(David Easton)试图超越个别政治形态的束缚,通过分析行为与环境的相互作用,揭示政治系统的一般性过程,因此形成了政治系统分析理论;④加布里埃尔·A. 阿尔蒙德(Gabriel Abraham Almond)则在其《发展中地区的政治》中首次将社会学家塔尔科特·帕森斯(Talcott Parsons)的结构功能主义用于分析政治系统所履行的功能及其对应的特定结构。⑤随着行为主义的发展,政府过程研究的范围扩大至公共政策领域,进一步丰富了其理论内涵,产生了制度理性框架、"间断–平衡"框架、多源流分析框架⑥等诸多分析范式。在制度与过程研究领域

---

① 朱光磊:《政府过程的学说与方法及其在中国的适用问题》,《南开学报》,1994 年第 4 期,第 44 页。

② [英]沃尔特·白哲特、保罗·史密斯:《英国宪制》,李国庆译,北京:北京大学出版社,2005 年,第 7 页。

③ [美]伍德罗·威尔逊:《国会政体——美国政治研究》,熊希龄、吕德本译,北京:商务印书馆,1985 年,第 10 页。

④ [美]戴维·伊斯顿:《政治生活的系统分析》,王浦劬译,北京:华夏出版社,1999 年,第 3~20 页。

⑤ [美]加布里埃尔·A.阿尔蒙德等:《发展中地区的政治》,任晓晋等译,上海:上海人民出版社,2012 年,第 22~52 页。

⑥ [美]保罗·A.萨巴蒂尔编:《政策过程理论》,彭宗超等译,北京:生活·读书·新知三联书店,2004 年,第 8~18 页。

的相互促进下,二者并行发展,政府理论得到了极大的丰富。

但与此同时,体制与过程又是两种既相互区别又相互联系的研究方法。首先,体制和过程研究方法之间是相互补充的关系。体制研究方法作为一种基础分析,为过程研究提供了最基本的分析内容。如果说体制研究方法的基本结构是板块式的,那么使用过程分析时,板块中的某个侧面会得到相应的侧重,从而体现研究重点。过程研究则是一种动态分析,能够连接体制研究与政治实践,从而避免体制研究沦为空中楼阁。

其次,从研究方法的发展来看,过程研究一方面成长于体制研究,另一方面又具有相对独立性。体制研究的核心内容之一是深入剖析政治主体本身及其关系,但其局限也在于此,即政治现象中的主体不断更新和丰富时,体制研究就要进一步容纳新的要素,并且调整因其所引起的各个要素之间的关系。随着社会异质化程度的不断提高,政治体系中的要素也进一步复杂化,体制研究在反应性和灵敏性上的弱势就会随之凸显出来。而作为一种动态研究,过程研究方法保持着一种开放、包容的状态,灵活性也相对较高。加之体制研究为其提供了整合基础,避免了过程研究走向碎片化和分散化。因此,作为并行存在的两种分析方法,二者也呈现出相互补充和推进的态势。

值得注意的几个要点是:其一,本书有必要再次强调政府过程理论中"大政府"的概念。之所以要强调研究以包括立法、司法和行政机关——乃至参与到公权力运作过程的所有权力主体的"大政府"为对象,是为了拓宽学科视野、最大化发挥过程研究方法的功能,涵盖"看不见的政府"与政府当局[①]的全部关系。其二,有必要对"政府过程""政治过程"及"政策过程"的概念辨析再做强调。尽管具体使用时各有不同,目前主流观点基本将"政府过程"等同于"政治过程"。例如杜鲁门(David Truman)的著作《政治过程——政治利益与公共舆论》中的"Governmental Process"被译作"政治过程",其内容就是

---

① 朱光磊:《政府过程的学说与方法及其在中国的适用问题》,《南开学报》,1994 年第 4 期,第48 页。

探讨美国的利益集团是如何"接近"政府决策的;[1]而国内的学者如朱光磊[2]、胡伟[3]也都是将"政府过程"与"政治过程"相等同的。这与"大政府"概念有直接关系。其三,在做政府过程研究时,应当把握其中的"变"与"不变"。把握这样的原则,有助于探讨现象及其背后的规律,在现阶段针对中国政府发展这一课题更好地从过程研究中找到抓手。

二、政府过程中的"偏离"假设与政府发展

随着政府过程理论进入中国政治学界,如何将其应用于中国问题研究成为学界待解决的问题。朱光磊教授较早注意到该问题,并在《当代中国政府过程》中首次对政府过程理论在中国的适用性及其本土化进行了较为系统的阐述。他认为,"中国政府与整个政府现象之间客观存在的共性"[4]决定了政府过程学说与方法适用于中国政府问题的研究;但同时,要使用这一方法,也需要充分考虑到中国政治的特殊性。当下,中国的社会经济正处于快速发展阶段,政府在职能、机构、体制机制上都面临着转型的任务。这要求中国的政府研究要特别在体制研究与过程研究之间寻找切口,在"理想政府"与"现实政府"之间发现和解决问题。正如赫伯特·西蒙(Herbert Alexander Simon)在研究理性抉择的行为模型与现实之间的差距时提到,"这些差距可以为我们解释组织行为中的很多现象"[5]。这是同样的道理。而"偏离"概念,也正是本书尝试对中国政府问题做过程研究时最为核心的理论落脚点。

---

① [美]戴维·杜鲁门:《政治过程——政治利益与公共舆论》,陈尧译,天津:天津人民出版社,2005年,第285~383页。

② 朱光磊:《当代中国政府过程》,天津:天津人民出版社,2002年,第14页。

③ 胡伟:《政府过程》,杭州:浙江人民出版社,1998年,第1~19页。

④ 朱光磊:《当代中国政府过程》,天津:天津人民出版社,2002年,第16-19页。

⑤ [美]赫伯特·西蒙:《现代决策理论的基石》,杨砾、徐立译,北京:北京经济学院出版社,1991年,第24页。

政府过程视角下的"偏离",是与"理想政府"相对应的一个概念。朱光磊教授将其定义为"政府在实际运行过程中由于政府自身和外在条件的作用所出现的种种与制度性规定有所差别的现象"。与此同时,他对"偏离"的内涵做了进一步说明,指出其一,它与"违法"的概念不同,是一个中性的概括;其二,它具有一定的"幅度",根据法律限度内、法律空白处及法律限度外可以分为不同类型;其三,它是各国政府运行过程中的各个阶段普遍存在的现象;其四,正确处理"偏离"与"适度"的关系是政府运行过程中所要面对的基本问题之一。①

偏离的普遍存在,使其必然对政府的发展具有一般性的影响。尽管现有的相关研究还较少,但于丹在其2007年发表的文章《政府行为"偏离"假设的探讨》中指出了偏离所具有的关键性影响之一,即对于法律制度的影响。在提到对偏离现象的应对时,他首先提出了偏离的积极意义这一思路,即偏离能够打破现有的法律制度框架。顺着这一思路,他提出了一个"双向激励"的概念:法律和制度提供正反两方面的激励(奖惩)来纠正过度的"偏离",对于违法乱纪现象进行纠正,而对于经过实践检验、得到普遍认可的规则,则作为新的规定补充进原有的法律和制度中去。②这对于政府过程中偏离现象的研究是一个较大的突破,同时也为其创造了更大的探索空间——如何更加有效地处理偏离与法律和制度之间的关系?显然,现存法律和制度并不具有使正向偏离行为合法化的主动性。

可以得到的理论前提有以下两点:其一,偏离在现实的政府过程中普遍存在,并发生着普遍性的影响;其二,偏离所发生的普遍性影响既有积极的一面,也有消极的一面。因此,在明确偏离基本意义的基础上,本书尝试突出两个细化的概念,即过度偏离与多重偏离。过度偏离,是指行为在程度的维度上超出了法律和制度允许的范围(如改革),甚至超出了改革所具有的合

①　朱光磊主编:《现代政府理论》,北京:高等教育出版社,2006年,第256~257页。

②　于丹:《政府行为"偏离"假设的探讨》,《云南行政学院学报》,2007年第6期,第67页。

理性范围。这种偏离现象难以清晰地界定其边界。因此,它试图进一步强调偏离与法律制度的关系并非绝对而是相对静止和动态的关系。这对于肯定其在政府发展过程中所发挥的不可忽视的作用是具有重要意义的。多重偏离,是指在公权力活动的各个环节甚至同一环节,均存在着不同程度、不同类型的偏离。它们常常同时发挥作用。这种现象在政治生活中是常见的。例如,在立法活动上,地方性立法或部门立法所进行的或负面(如"打架""钻上位法空子")或正面(如"补充""细化")的活动,都是一种偏离;而当其涉及的行政职权向行政行为转化时,自由裁量权又成为另一种偏离。这种多重偏离对政府发展和改革也具有相当大的影响。尤其在中国政府的转型阶段,适度偏离、过度偏离与多重偏离常常相伴存在。而它们之间所形成的合力,推动着政府的发展和制度的变迁。

事实上,在制度主义和行为主义的共同影响下,新制度主义中的历史制度主义学派也形成了一套对政府或政治发展的解释逻辑,只不过它是以制度(结构)为根本出发点的。以政府过程中的偏离来解释政府发展和制度变迁,与历史制度主义中的"路径依赖""触发性事件"等概念具有一定的可比较性。在政治稳定方面,路径依赖强调政治制度具有一种维持现状的倾向;在政府变革方面,关键节点和触发性事件是关注的要点。但即便在重大的外部冲击下,制度依旧可能呈现出巨大的弹性。①可以用政府过程中的偏离对其加以解释和修正:在各类偏离形成的合力的牵引下,政府在路径依赖的状态下发生变化与发展;改革与社会需求变化作为与偏离相伴的力量,同时作用于政府发展过程。但是制度并不具有使偏离和改革行为合法化的主动性和高效性。因而,使行为与制度、结构与过程之间形成良性互动是必要和重要的。

---

① 〔美〕保罗·皮尔逊:《回报递增、路径依赖和政治学研究》,何俊志、任军锋、朱德米编译,《新制度主义政治学译文精选》,天津:天津人民出版社,2007 年,第 212~220 页。

第三节　"结构—过程—机制"的分析框架

在如何促使结果与过程之间形成良性互动的问题上，剖析其背后的运行机制是重要的思路。在《辞海》对"机制"一词的解释中，"指一个工作系统的组织或部分之间相互作用的过程和方式"[①]这一定义符合本书的研究。体制和制度是机制得以形成的基础；正是在制度的建设和体制的改革过程中，机制的运行和功能得以体现。基于上一节对政府过程理论中偏离假设的初步分析与补充，本节将在"结构－过程"分析范式中引入共生效应，进而形成"结构—过程—机制"的分析框架，以便于后文研究的展开。

一、"结构－过程"分析范式的内涵与发展

"结构－过程"分析范式的提出，是对结构功能主义的扬弃。[②]它的提出者吴晓林教授从对结构功能主义的"质疑"出发，首先认为结构功能主义在发展过程中面临着三重挑战，分别是在本体论层面上遭遇的冲突论挑战、在认识论层面上遭遇的个体主义挑战，以及在方法论层面上遭遇的微观主义挑战；但与此同时，他又站在结构功能主义的立场为其提出"辩护"，认为结构功能主义的批判者在一定程度上极化了这三组二元对立。他认为，其一，均衡与冲突只是分据于结构的两端，结构功能主义并不否认冲突；其二，结构功能主义并非全然静态，它并不排斥过程与行动；其三，尽管微观分析有助于理论与经验的连接，但如果脱离结构和历史性背景则会限制其理论发展。

---

① 《辞海》（第六版），上海：上海辞书出版社，2009 年，第 827 页。
② 吴晓林：《结构依然有效：迈向政治社会研究的"结构－过程"分析范式》，《政治学研究》，2017年第 2 期，第 96~108 页。

为了缓解二者之间的对立,他提出"结构-过程"这一连接结构与行为的全新分析范式,力图使政治社会领域研究适当回到中观层面。对"结构-过程"范式的构建包括三个部分,分别是结构、过程及二者之间的关系。其中,结构为行为主体设定了行动框架;过程连接了行动与结构;结构与过程之间互赖、互构。

本书之所以选取"结构-过程"分析框架作为研究框架的构建基础,首先在于其动态性。如前文所述,本书从政府过程展开,强调在现实政府的动态运行中考察其行为与制度的互动关系,"结构-过程"互动作为基础框架为其提供了方便。其次在于其发展性。"结构-过程"的范式本身如同政府过程理论,具有进一步探索和发展的空间,这为研究对其进行再创新创造了条件。事实上,围绕结构与过程这一对基本范畴,相关研究在不断试图增加新的要素对其进行拓展,从而形成新的分析框架。例如,沙勇忠、王超在进行大数据驱动下的公共安全风险治理研究时,提出"结构—过程—价值"的三维分析框架,认为三者分别对应着治理框架、治理流程和治理内核;[1]龚维斌则对"结构-过程"和"结构-功能"进行了整合,以结构、过程和功能的三维视角分析了中国特色的应急管理模式;[2]王可元将文化因素纳入"结构-过程"框架,在对农村基层党组织组织力的研究中,特别强调了文化是组织力的重要"软件"[3]。类似的还有"制度—结构—过程"框架[4]、"制度—结构—能力"框架[5]

---

① 沙勇忠、王超:《大数据驱动的公共安全风险治理——基于"结构—过程—价值"的分析框架》,《兰州大学学报》(社会科学版),2020年第2期,第1~11页。

② 龚维斌:《应急管理的中国模式——基于结构、过程与功能的视角》,《社会学研究》,2020年第4期,第1~24页。

③ 王可园:《农村基层党组织组织力的困境及出路——基于"结构—过程—文化"视角的分析》,《江西师范大学学报》(哲学社会科学版),2020年第1期,第25~32页。

④ 刘天佐、廖湘莲:《消费扶贫协同治理研究——基于"制度—结构—过程"分析框架》,《世界农业》,2021年第3期,第46~58页。

⑤ 汤金金、孙荣:《制度—结构—能力:我国社区自治的三维建设框架》,《湖北社会科学》,2017年第9期,第37~43页。

等。尽管研究领域和对象有所差异,但这些新要素的引入,对于丰富"结构–过程"框架具有积极意义。

但必须明确的是,"结构–过程"框架的再创新,绝非简单地增加新维度。任何新的要素引入,都要考虑到它与结构和过程之间的关系。只有这样,才能够真正形成对"结构–过程"分析范式的再创新。

二、共生效应:"结构—过程—机制"分析框架的形成

上文提到,在"结构–过程"的分析范式中,结构与过程二者之间是互构、互赖的关系。具体来说,"过程负责'适应'或'打破',结构负责'秩序',结构侧重对过程的抽象,过程侧重解释结构的触发机制"[①]。回到本章提出的理论命题,即法律和制度不具有将具有合理性的偏离行为合法化的主动性,那么在现实政府过程的偏离运动中,偏离行为(过程)如何形成与制度(结构)之间的良性互动,从而促进政府发展呢? 为了解答这一问题,本书尝试从结构与过程的互动关系入手,将其再往前推一步。即提出,当结构的"秩序"与过程的"适应"高度一致时,二者之间会产生"共生效应"(symbiotic effect)。共生效应的提出,为引入机制分析、形成"结构—过程—机制"分析框架提供了理论依据。

共生(symbiosis)是一个生物学概念。德国植物学家德巴里(Heintich Anton de Bary)于 1899 年提出这一概念时,旨在描述地衣中某些藻类和真菌之间的相互关系。这一概念描述了两种或两种以上生物共同生存的现象,并认为,当这种共生的关系高度发展时,它们会在生理上表现出一定的分工、在组织形态上产生新的结构。[②]到 20 世纪中期,共生这一概念逐步得到了部分

---

① 吴晓林:《结构依然有效:迈向政治社会研究的"结构–过程"分析范式》,《政治学研究》,2017年第 2 期,第 105 页。

② 李博主编:《生态学》,北京:高等教育出版社,2000 年,第 110 页。

社会科学工作者的关注,在城市群①、企业管理②等领域得到了较多的应用,尤其是将资源、竞争、目标等概念引入了分析过程。由于学界鲜有将共生效应用于政治现象分析的研究,因此本书尝试做此突破。一是拓展其概念范围,将其应用于政府结构与过程互动关系的分析,从而揭示某些政治现象背后的运行机制;二是对其应用条件做一定的修正,使其更符合本书的学科视角。在这里,首先将共生效应定义为"系统内所有成员因通过某种互利机制而有机组合、实现共同生存发展的现象"。基于学科视角和分析对象的特殊性,可以对其做进一步的解读。

"共生"这一概念的核心在于指出,系统中的任一成员都因为这个系统获得比单独生存更多的"利益",它强调的是成员因相互作用而获得更好的生存。在将其应用于结构与过程的互动关系分析时,要特别注意对共生本身的价值判断,也即,在本书中,共生及共生效应是中性的。其原因在于,我们无法以共生本身的维度对共生结果做出评断,只能断定共生系统中的成员都因共生而获得更强的生存能力。除非将作为局部的共生系统置于整个社会经济发展的环境中,才能够根据其与社会经济发展目标的一致性等标准,对其价值做进一步判断。在这一条件下,共生有时会造成社会发展的阻碍。例如,共生主体本身的性质与社会发展目标不一致,其不仅无助于社会经济的发展,甚至会成为发展不得不应对的难题;更常发生的是,在社会变迁过程中,共生主体逐步落后于社会发展,导致共生关系的目标偏离初始目标,因而成为发展中的阻碍。

---

①　陈绍愿、张虹鸥、林建平、邹仁爱:《城市共生:发生条件、行为模式与基本效应》,《城市问题》,2005 年第 2 期,第 9~12 页。

②　赵红、陈绍愿、陈荣秋:《生态智慧型企业共生体行为方式及其共生经济效益》,《中国管理科学》,2004 年第 6 期,第 130~136 页。

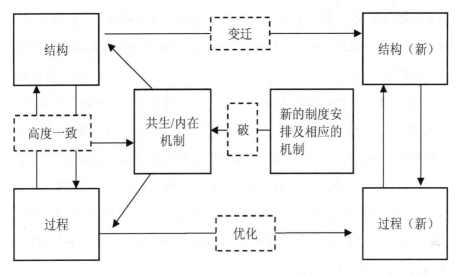

图 1.1　"结构—过程—机制"关系图

基于共生理论,我们可以得出如下结论,即其背后的稳定性源自特定结构与过程之间的关系及相应的机制。因此,要打破旧的体制中形成的稳定关系,就需要通过建立创新性的体制安排,形成与之相应的新机制。从而打破初始的共生关系,形成新的稳定关系。

三、权责清单制度的"结构—过程—机制"分析

本书的研究主题是政府职责体系构建中的权责清单制度,对应"结构—过程—机制"的分析框架具有一套具体的分析内容。作为一项创新性的制度安排,权责清单制度的核心是政府职责。在现代政府理论的四维分析框架中,职责(职能)作为逻辑起点联结着机构、体制、过程的基本要素。从时间维度上来看, 政府职责体系的构建反映着中国纵向政府间关系的变化——或者更核心的内容,权责(权力)配置模式的变化。

可以看到,中国的中央与地方政府的关系,乃至地方政府之间的关系,经历了一个漫长的变迁过程。这种变化既可以从政治如人事干部管理制度、

财政如财税制度、立法如地方性立法的产生等不同领域的集分权变化中体现出来，也可以从新中国成立以来经历的历次机构改革中体现出来；既可以从中国政府复杂的"条块体制"的调整过程中体现出来，也可以从"放管服"改革、相对集中行政审批权，以及政务服务大厅建设等一系列改革举措中体现出来。在种种变化之中，权力结构和政府流程所呈现出来的积极变化，正是政府过程的偏离与结构框架发生良性互动的结果，经过长期的实践检验，往往就得以固定下来。而政府发展中出现的种种顽疾、弊端及阻碍，则是过度的负向偏离行为或落后于发展的制度结构或两者之间产生的共生所导致的。在这种情况下，往往需要创新性的体制及其相应机制的建设来形成新的干预，从而创造变化的可能性。

在本书的探讨中，结构和过程是分析的起点与基础内容。为了能够全面地展现和深刻地剖析纵向政府间关系、职责体系建设及权责清单制度中的现象及其规律，它们的外延又是丰富的。这里的"结构"，首先是指政府的正式制度。如单一制的国家结构形式下自上而下的授权制度、涉及从中央到地方到部门的法律制度等。它们为一个时期内政府平稳有序的发展和变化设定了最为基础性的框架。其次，结构还包括政府运行中的非正式制度，主要是得到社会共同认可的、约定俗成的行为准则等。事实上，尽管这种非正式制度由于其约束作用而仍旧被冠以"制度"的名头。但是意识形态在非正式制度中所起到的核心功能，已经对结构与过程的界限有所模糊，甚至让我们在其中看到政府过程中"偏离"的影子。最后，根据"行动主体之间结成的大小、强弱不等的关系"①这一定义，本书在做结构分析时也会回到现实中的权力主体，如中国从中央到地方的纵向五级政府、政府与社会与市场的关系等。而这里的"过程"，主要是指现实政府运行及其中的种种偏离现象。基于前文对"偏离"的界定，在这里将其分为正向偏离与负向偏离。所谓正向偏

---

① 吴晓林：《结构依然有效：迈向政治社会研究的"结构–过程"分析范式》，《政治学研究》，2017年第 2 期，第 105 页。

离,在广义上可以包括超出法律范围的改革举措、中央或地方政府的实验性探索等;所谓负向偏离,则包括在正式制度层面有违法律法规、在政府发展层面起到阻碍作用等一系列行为活动。但值得注意的是,诸多行为的价值常常在它发生后才得以验证,因而正向或负向偏离之间的界限也并非十分清晰。我们只能在这一框架下,根据经验和历史材料进行分析,力图发现有助于政府发展的新规律。

对权责清单制度做机制分析,还有以下三点需要说明。其一,"共生"的提出,为"结构-过程"分析走向机制分析创造了可能性。权责清单制度是改革经验的产物,也是具有创新性的制度安排,它所形成的新机制,是打破旧的共生关系、促使结构与过程良性互动的契机。其二,权责清单制度的核心任务之一是政府权责的划分与配置,包括横向与纵向两个维度。但无论是政府层级间还是部门间,权责划分都不可能也不宜过于清晰,这是一个基本前提。只有通过机制建设才能更好地解决这一问题。因而要对权责清单制度做机制分析。其三,"结构—过程—机制"既是问题分析的逻辑框架,它从结构和过程的互动入手,剖析到机制这一重要因素;同时也是问题解决的逻辑框架,尝试以机制建设调节政府结构与过程的互动关系,这也是这一框架的另一层含义。

第二章

典型国家政府职责体系的形成与优化过程

政府职责体系通常是指"在一个国家范围内,政府和政府部门所承载的所有职责,按照服务于一定的政治、经济和社会关系的原则,遵守宪法和法律的规定,按照国家总体与部分之间的内在逻辑关系,为实现国家机构重要因素间的相互制约关系和便利政府运行而组成的有机整体"[1],在研究之中有狭义和广义之分。狭义上,政府职责体系概念是中国政府推进职能转变过程中所要达成的一种应然、理想的目标状态,具有特指意义和阶段性特征。而广义上,它又是各国政府职责配置和履行的一种历史和实然形态。广义概念的存在,为这一问题的国别比较研究提供了可能性。更进一步来说,尽管各国由于国家结构形式、政治制度等根本性的差别导致政府职责体系在形态和内容上有所不同,对不同层级政府、政府不同部门职责配置的优化路径却存在可把握的一般性规律与可借鉴的普遍性经验。将改革手段这种更为一般化的维度作为国别比较对象,不仅兼顾了改革的时空特性,同时也规避了直接比较各国职责配置形态所带来的认知误区。这又为比较研究的开展创造了空间。

---

① 朱光磊、杨智雄:《职责序构:中国政府职责体系的一种演进形态》,《学术界》,2020 年第 5 期,第 14~23 页。

　　关于比较对象的选取,研究遵循了以下原则。一是多样性原则。在对象的选取上尽可能涵盖不同类别的国家。例如,国家结构形式——自上而下授权还是自下而上让渡,直接影响着政府职责在纵向维度上的划分方式。因此,比较对象中既包括联邦制国家德国,也包括单一制国家法国和日本。二是典型性原则。一方面是指研究对象在某个领域具有代表性。例如法国政府,在大部制改革中一度成为经济合作与发展组织(OECD)成员国中内阁级部门数量最少的欧洲国家政府之一,曾被公认为是大部制改革成功的范例;[①]另一方面是指它具有某种特殊性,例如相较于联邦与州之间权力分立的美国,德国具有复合联邦制的特点,即除了地方事务,地方自治体还承担部分上级政府的委托任务。[②]三是共性原则。一方面是比较对象之间的共性,例如德国、法国、日本都有比较成熟的行政程序法,在职责体系构建中都比较注重程序性的要素;另一方面是比较对象与中国之间的共性,例如它们都属于大陆法系国家,例如授权模式在这些国家中都占有一定比重等。基于这些基本原则,本章选择德国、法国和日本三个国家作为分析对象,依据如图 2.1 所示的"政府职责体系(广义)优化过程的分析框架图"[③],重点关注其政府职责体系的历史演进过程和制度根源、职责体系现状与改革举措等内容,尝试从中归纳出一般性规律,以期为中国政府职责体系的探索与形成提供经验借鉴。

---

　　①　潘晓娟:《法国行政体制》,北京:中国法制出版社,1997 年,第 39~46 页。
　　②　王向澄、孙涛:《政府职责体系的国际比较》,《上海行政学院学报》,2014 年第 6 期,第 62 页。
　　③　根据政府职能的"两层次"理论和前文所述的"结构—过程—机制"等框架,政府通过改革职责从而达到间接优化功能的目的。通过对包括职责结构、履职方式及调整流程三方面内容的具体干预,改革成效在政府职责体系层面得以反映,并最终实现优化功能的目的。与此相对应的,国家历史制度根源对政府职责体系形成直接影响,对改革路径与方向有决定性作用。由此形成了本章的分析框架图。

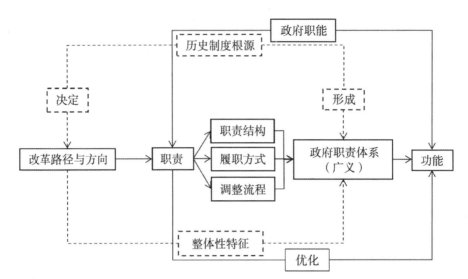

图 2.1　政府职责体系(广义)优化过程的分析框架图

第一节　德国：法治国家的效率化改革

在比较研究的视野中,对德国的关注基于以下两个具体原因。第一,在纵向的政府结构中,德国的地方政府处于非常特殊的地位,可以被归为强地方政府体制的一类国家。这主要取决于德国的历史发展变化过程。其中最具代表性的是德国地方政府兼具特别的政治功能与强大的行政功能。前者表现为不同形式的地方民主;后者则体现为两点,一是地方政府本身承担着广泛的职责任务,二是其功能的"双重性",即同时要完成地方治理的事务和州政府所分派和委托的职能。

第二,就政府职责体系这一问题,从纵向上权力的配置模式来看,德国具有很强的特殊性。这特别地表现为东部德国地方政府在 1990 年后的发展过程中需要解决一些结构化转型的问题。例如,它曾面临着许多由高度集权的国家组织向联邦分权制转型的典型问题。这使得德国在纵向权力配置问题上面临着更为复杂和多样的情况。基于此,本节将以德国政府间关系和改革举措的历史变迁为起点,进而考察其当下的职责体系构成,从静态的结构和动态的过程两个维度挖掘其可借鉴的改革经验。

一、德国政府间关系与职责配置的历史基础

作为联邦制国家的德国,其中央与地方政府之间的权力分配关系也曾于很长时间内在集权化与分权化之间徘徊;直至 20 世纪 90 年代德国政府开始实施一系列具有"新公共管理运动"特征的改革举措后,纵向政府层级间才进一步形成了更为平衡、和谐的关系网络与互动机制。因此,要对德国政府间关系模式、政府职责配置,以及中央与地方政府改革过程进行分析,需要回溯其国家制度和社会经济的变迁历程。本节尝试找到德国政府间关系和职责配置的历史基础,并从历史因素和制度因素两个维度对其进行归纳分析。

(一)历史因素:从地方开始的改革

德国是一个联邦制国家,但同时又是一个特殊的联邦制国家。其宪法传统和改革的内在逻辑,使得这一联邦共和国向着一种"地方自治的融合型联邦政府"的类型演化,与以美国为代表的"多元的"或"异质的"联邦政府模式形成了鲜明的对比。[1]德国联邦主义所具有的特征,从基本结构来看,是延续了几个世纪之久的制度在路径依赖下发展的结果;从行为者层次上来看,是经历了政治社会化过程而不断积累所形成的。[2]可以说,地方自治是影响德国纵向政府间关系和各级政府职责配置模式的核心要素之一。这种影响有多方面的体现。例如,在职责体系形成的过程中,它对于中央政府与地方政府各自的参与程度具有制度性的影响;再例如,它从根本上影响着职责配置的逻辑——是自上而下的授权还是自下而上的让渡。与美国、日本等现代西

---

① [德]赫尔穆特·沃尔曼:《德国地方政府》,陈伟等译,北京:北京大学出版社,2005 年,第 16 页。
② 卓越主编:《国外政府改革与发展前沿》,福州:福建人民出版社,2007 年,第 110 页。

方国家相同,德国也具有悠久的地方自治传统。

　　传统上,德国地方政府由最底层的乡镇(communes)和位于底层之上的县(counties)两个层面构成。乡和镇的划分主要依据人口规模和所在区域。拿破仑战争后,德国的绝对统治主义者遭到了沉重的打击,其政治和经济上的落后性也暴露无遗。国家改革——包括中央与地方关系的改革——正是在此时由相对具有改革意识的国家官僚开始推行的。①而地方自治的先河,则是 1808 年普鲁士自由派政府官员弗莱尔·冯·斯坦因通过颁布《普鲁士市镇法》而开启的。②该法强调,选举产生的地方议会具有"不受限制地决定地方共同体所有事务的权力";由其选举产生的市行政机构也正是由此开始具有了所谓的"双重功能",即被委以地方事务中执行功能的同时,还需要执行州政府(国家)委托的任务。③当然,由于长期威权国家的历史背景,一方面选举权受到了很大限制,个人财产情况是主要依据;另一方面,立法仅限于市镇,广大乡村地区依旧由封建制晚期占有土地的贵族所控制。但改革的重要意义在于引起了一系列连锁反应,地方法律法规开始相继出台,形成了地方立法的传统。

　　中央政府与联邦政府的职责配置模式,则要再回溯至法国大革命。大革命中威权君主统治者和上升的自由资产阶级分别以国家和地方作为活动领域,前者独揽政治大权,后者则在经济上飞速发展,因而形成了权力与功能分立的局面。随着城市工人阶级的壮大,君主与资产阶级在阻止其发展这一目的上达成一致,特别地表现为在立法中通过财产和收入要求极大地压缩工人阶级的选举权。正是在这种背景下,德意志邦国的中央政府开始逐步脱

---

① Hesse, Joachim Jens 1990, "Local Government in a Federal State: The Case of West Germany," in: Hesse, Joachim Jens(ed.)1990, *Local Government and Urban Affairs in International Perspective*, Baden-Baden: Nomos, p.354.

② Engeli, Christain/Haus Wolfgang 1975, Quellen zum modernen Gemeindeverfassungsrecht in Deutschland, Stuttgart ect.: Kohlhammer, p.100.

③ [德]赫尔穆特·沃尔曼:《德国地方政府》,陈伟等译,北京:北京大学出版社,2005 年,第 5 页。

离于社会事务,将关注点放在外交、军事等政策上;地方政府则维持着"非政治"的状态,在法律框架和中央政府的监督下负责社会发展的相关职责。这种模式使得势不可挡的城市化与工业化浪潮到来时,地方自治得以进一步发展,地方政府的活动和职责范围得以进一步扩大,地方财政也具有了相当高的独立性。

1919年8月11日通过的《魏玛宪法》推动了选举民主在德国各级政府的展开,权势财阀政治时代终结。随后,1920年的财政制度改革促使了税收制度的集中化,导致了地方政府对于帝国和州政府财政拨款的过度依赖。[①]由此,德国联邦主义模式进入了一个集权化阶段。直到1945年,德国开始自下而上重建非集权的民主结构。在这一过程中,地方政府很快从战时的"一元化"状态摆脱出来,并在战后恢复中扮演了关键角色。[②] 1949年新联邦宪法(即《基本法》,*Grundgesetz*)颁布,其中第28条明确乡镇组织具有"在其法律任务的框架范围内合乎法律标准的行政自治权"——尽管此时分权下的政治行为者主要以执行为主,制度性自治在被整合进多元协商机制时受到了限制。[③]至于20世纪80年代后,德国政府的现代化改革及其联邦主义的新发展,地方政府也是作为主要的力量参与其中。不难看出,德国联邦制结构中的纵向政府间关系和职责配置过程,很大程度上围绕着地方政府这一核心。地方自治的传统奠定了德国政府改革和职责体系建立的基本方向。

(二)制度因素:律法主义下的新治理模式(NSM)

德国政府间的互动与合作及政府职责配置的发展变化,都是在宪法和法律对联邦、州和地方政府的职责权限进行严格界定的基础上得以实现的。

---

① Saldern,Adelheid von 1999,"Rückblicke. Zur Geschichte der kommunalen Selbstverwaltung in Deutschland,"in:*Wollmann,Hellmut/Roth,Roland(Hrsg.)Kommunalpolitik*,2. Aufl.,Opladen,S.23–36.

② Hesse,Joachim Jens 1990,"Local Government in a Federal State:The Case of West Germany,"in:Hesse,Joachim Jens(ed.)1990,*Local Government and Urban Affairs in International Perspective*,Baden–Baden:Nomos,p.359.

③ 卓越主编:《国外政府改革与发展前沿》,福州:福建人民出版社,2007年,第112页。

因此,要把握德国政府发展中的制度性因素,就绕不过它的宪法背景与律法主义。

1949 年德国《基本法》的制定是一个重要的节点,它连接着前后两段历史,充分显示出律法主义在德国政府发展中的重要作用。

首先,《基本法》制定本身就有着丰富的法律基础,并不是凭空产生的。历史上的德意志就曾经君主制邦国林立,即便在俾斯麦领导统一下的德意志帝国时期,联邦各州也仍旧保持着自主权或"半主权"①;加之地方立法的固有传统,事实上形成了制定《基本法》的主要力量。而战后占领国成立的"州"政府首脑,恰恰就是作为德国人民的代表,组成专家委员会制定宪法草案的。②除此之外,《魏玛宪法》也为《基本法》的制定提供了关于民主原则、行为方式和程序方式的诸多经验。律法层面的传统,都最大限度地体现在了《基本法》的制定中,以至于最初作为临时过渡性秩序的《基本法》,在其后来的实践中"却越来越具有了持久性秩序的特征"③。

其次,《基本法》的内容,对于后来联邦政府的潜在集权倾向与新治理模式的改革都发挥着重要的影响作用。出于联邦主义的传统及纳粹政体所带来的惨痛经历,也为了从宪政和制度层面防止权力的过度集中与滥用,《基本法》明确强调要将德国建立为一个分权制的国家;这同时削弱了联邦和州之间的等级制色彩。为此,基于中央主要依靠立法手段对地方进行控制的传统,④《基本法》对政府间的立法权力作出了一些原则性的分配和规定。第一,联邦具有某些独有的立法权限,这些权限的领域很狭窄。这一原则依循了联邦政府主要将职权置于基本秩序、安全等功能的传统,大多数功能性的国家部门也都是在 1990 年东西德统一和大选后才得以成立的。第二,"框架性的

---

① 〔德〕赫尔穆特·沃尔曼:《德国地方政府》,陈伟等译,北京:北京大学出版社,2005 年,第 14 页。

② 〔德〕沃尔夫冈·鲁茨欧:《德国政府与政治》,熊炜、王健译,北京:北京大学出版社,2010 年,第 21 页。

③ 〔德〕康拉德·黑塞:《联邦德国宪法纲要》,李辉译,北京:商务印书馆,2007 年,第 62 页。

④ 刁田丁等主编:《地方政府教程》,北京:高等教育出版社,1994 年,第 45 页。

总体立法权限"(这一原则在 2006 年的调整中被删除，但是其影响不可忽视)对联邦立法权进行了限制，即联邦职能设定框架性的总原则，具体细节需要交由州政府来完成。这一规定对于德国联邦制下决策和执行的分离也起到了推波助澜的作用，以至于后来的政治科学家们倾向于将德国政府间的政治决策和政策执行体制描述为一种"相互封闭的政治体系"。第三，"排他性立法权限"由联邦与各州共同拥有。这意味着州的相关立法不能与在"排他性立法"名义下的联邦立法相互冲突，这成为联邦政府在制度上再次集权的潜在条件。当然，作为限制，《基本法》第 2 部分第 72 条规定，只有在需要确保联邦共和国生活环境"同质性"的条件下，联邦政府才能够行使这一权限。第四，对于州所"独有的"立法权限，联邦政府无权进行干预。包括教育与政治事务在内的一系列地方性事务，其规制权是归州政府所有的。

　　以上四条根本性的原则对于德国联邦制度形式、纵向政府间的关系及职责配置的模式都产生了很大的影响，充分体现出律法主义的主导性。这特别体现在第三条"排他性立法权限"原则下联邦政府在立法领域的集权化上。它已经被证明是一项使联邦超出其立法范围的工具。这对于"融合的"或"同质化"的联邦政府的形成起到了较大的作用。与此相反，在行政管理制度层面，《基本法》大大削弱了联邦政府在地方设立行政办公室或办公机构的权力，导致地方政府在政策执行上的"双重性"更为突出。正是由于这种宪政安排，德国联邦体制形成了一种分割牵制型的机制，从本质上禁止了对行政改革的集权式做法。①在这一过程中，地方政府的压力不断增大，覆盖的社会性事务越来越多；律法主义对严格程序的强调与行政改革效率和成本之间形成了强烈的冲突。一方面，一旦改革与既定的法律规则发生冲突，改革幅度就大大缩减；另一方面，由于严格的过程和规则约束，改革的进程也非常

---

　　①　[英]克里斯托弗·波利特、[比]海尔特·鲍克尔特：《公共管理改革——比较分析》，夏镇平译，上海：上海译文出版社，2003 年，第 229 页。

缓慢。由此,20 世纪 90 年代,德国才开始加入新公共管理运动,展开"减少程序法的规章约束力的情况下控制结果"的新治理模式改革,寻求律法主义与管理主义的有机结合。

从历史因素和制度因素两个层面的分析使我们看到, 德国纵向政府间关系——包括联邦与州政府及组成州政府的地方政府——的变化与当下职责配置模式,是基于其独特的历史基础而成的。对历史因素的分析,强调的是地方的重要角色在纵向政府间关系形成中的作用;对制度因素的分析,则强调律法主义下的效率改革这一主要改革逻辑。它们既是德国政府职责体系形成与改革的基础,也是改革得以持续进行的动力来源。

二、德国政府职责体系的构成及特点

一般对于德国的研究中,通常将其政府纵向划分为三个层级,即联邦政府、州政府与地方政府。由于地方政府还可以分为县政府与乡镇或社区政府,因此也有学者将其细化为四个层级。①事实上在德国传统联邦制中,就国家构成而言,地方政府并不是联邦体系中的一个独立层级,而只是州的组成部分,严格来说它由联邦和州两级政府组成。②然而一方面如上文所述,地方层级在德国的纵向政府间关系中占据着重要的地位,现行宪法中也明确提及了县市与乡镇的权利义务;另一方面随着社会事务的不断复杂化,地方层级在公共行政中的功能性也愈加重要。基于以上两个原因,本节将从联邦、州和地方政府纵向三级层面展开,分析德国政府间的职责体系构成及特点。

---

① 谭融、罗湘衡:《论德国的政府间财政关系》,《南开学报》(哲学社会科学版),2007 年第 5 期,第 82~88 页。

② [德]赫尔穆特·沃尔曼:《德国地方政府》,陈伟等译,北京:北京大学出版社,2005 年,第 11 页。

(一)职责体系的基本构成

德国决策与执行相对分离的传统影响至今，联邦政府也因此将自身的职能主要定位为制定政策与法规、提供信息咨询、协调与监督等。[①]目前德国联邦政府共有17个行政部门,包括:联邦经济事务和气候行动部,联邦财政部,联邦内政和社区部,联邦外交部,联邦司法部,联邦劳工和社会事务部,联邦国防部,联邦粮食及农业部,联邦家庭事务、老年公民、妇女和青年部,联邦卫生部,联邦数字和交通部,联邦环境、自然保护、核安全和消费者保护部,联邦教育和研究部,联邦经济合作与发展部,联邦住房、城市发展和建筑部,联邦特别任务部。[②]依循德国的传统,联邦政府的职责在领域上主要是国家性的事务,特别的是在其形式上还是以立法控制和司法审查为主。

德国联邦各州构成了德国的第二级政治平台,在职责内容上更为具体,在职责形式上主要体现为政策和法律执行。州的行政管理传统上呈现出三重结构。[③]其中第一层核心结构主要执行政策制定的功能,第二层中间结构具有整合与督查的功能,第三层地方结构则负责相对狭窄的行政执行功能。在第三层结构上,由州政府设立的执行特定事物的分支办公机构是非常少的,因为长期以来的做法是直接向地方政府进行授权。在立法层面,《基本法》第84条第1项规定,只要经过联邦参议院同意的联邦法律没有做出另外规定的事务,关于机关设置与行政程序的规范权限,也属于各州。尽管在现实中,由于联邦立法干预的逐步增强,许多组织与程序性的立法正在逐渐从各州的管辖范围内脱离出来。

在地方政府层面,乡镇和县市从正式和法律角度看都有着各自的权力、责任和职能,相互之间泾渭分明。县作为一个特殊层级主要承担部分乡镇能

---

① 刘志昌:《德国公共服务体制及其启示》,《湖北社会科学》,2012年第8期,第38~41页。

② Federal Government of Germany:Ministries. https://www.bundesregierung.de/breg-en/federal-government/ministries. 访问时间:2021年8月8日。

③ Frank,Martin,The structure of administration in the Länder,in:König,Klaus/Siedentopf,Heinrich(eds.),*Public Administration in Germany*,Baden-Baden:Nomos,2001:123-137.

力不足以承担的事务；另一个特殊现象是较大的市镇与县在职责上融为一体，成为城市县。在职责分类上，第一类职责属于自治事务，包括自愿职责（剧院、博物馆、体育设施等）、没有指示约束的义务性职责（乡镇道路、建筑规划、学校建设等）、有指示约束的义务性职责（建筑监督、景观保护等）；第二类职责是委托性的事务（如大选、婚姻登记、青年人和联邦社会救济、流行病防治等）。①由于社会事务职责范围的扩大，转让给乡镇的职责不再依据事务领域而是通过具体地区情况确定。随着新治理模式的展开，越来越多的地方职责开始通过自治的单位或私人企业来实现，以此提高行政效率并降低成本。联邦、州和地方政府构成的主要职责层次及其具体内容可参见表 2.1。

表 2.1　德国各层次政府职责承担表

政府层次	职责承担
联邦政府	国防、外交、联邦财政、联邦交通、重大科研计划、能源开发、部分医疗保障等事务
各州政府	本州财政、司法、公安、医疗、教育等事务
地方政府 （县、乡镇、社区政府）	地方自治相关职责、联邦与州政府委托职责包括地方基础建设与公共设施、地方住宅建设与城市规划、社会救济、地方医疗、地方教育等

资料来源：作者根据相关法律及文件自制。

(二)职责体系的特点

1.职责界定有翔实的法律依据

如上文所述，德国具有很强的法治传统与基础。除了《基本法》以外，联邦各州的宪法也在其各自的效力范围内构建出了宪法秩序。②因此，政府职责的界定首先具有双重的法律保障，即《基本法》对联邦和各州的职责做出了基础的（也是明确的）划分，各州政府的《宪法》与相关法律又进一步对州

---

① Gerd Schmidt-Eichstädt, Autonomie und Regelung von oben, in: *Hellmut Wollmann/Roland Roth* (*Hg.*), Kommunalpolitik, 2.A. Bonn 1988, S.323ff., hier 326f.

② W. Graf Vitzthum, *Die Bedeutung gliedstaatlichen Verfassungsrechts in der Gegenwart*, VVD-StRL 46(1988)S.7ff.

的内部组成结构的职责进行了划分。这就形成了法理层面体系化的职责配置结构。

从另一个角度来说,在《基本法》对政府职责的划分基础上,现实运行过程中的德国政府还在不断平衡权力配置、国家任务、共同行动及效率能力之间的关系。为了使职责配置更具适应性,即比起一个中央化的决策统一体,地区性的决策更加了解地域既定条件和利益等信息,决策功能也在不同层级被逐渐分配到各个自治性的中心,由此减轻了最高权力中心在处理问题和决策任务上的负担,提高了行政效率。①因此,联邦立法涉及的范围主要是主权行使、基本秩序维护、维持统一均等的社会经济条件,以及跨地区或重大工程等国家整体利益相关的方面,而地方则更多考虑了效率和便利性的原则。除此之外,职责划分的一个特点在于,它不完全依据事务领域进行划分,而是越来越强调地域发展的特殊性。在保证各州法律与联邦宪法一致性的基本框架下,同时容纳了州职责配置的多样性与灵活性。除此之外,对于实践过程中相对模糊的部分,德国还形成了根据判例确定②、不成文原则③等补充性的做法。

2.自上而下的强立法与弱行政

德国政府职责体系的另一个显著特点,体现在职责配置的方式和执行的过程中。即从联邦政府到州政府,再到地方政府,立法权领域表现为从强到弱,而行政领域表现恰好相反。根据《基本法》的最初设定,立法权可以划分为五大类(参见表2.2)。④按照《基本法》,只要它没有规定由联邦来行使国家性的权限或任务,那么这些权限便是属于各州的。但是由于联邦立法权限涉及的领域十分广泛,主导了共同立法的绝大多数领域,使得州立法权限只

---

① R. Schnur,Politische Entscheidung und räunliche,*Die Verwaltung* 3,1970,S.257ff.

② 例如各州的"家产"应受保护、一般不允许"混合行政""联邦忠诚"原则等。

③ 包括因事务性质产生的联邦权能、因事务关联性产生的联邦权能、联邦的附带权能。参见王浦劬、张志超:《德国央地事权划分及其启示(上)》,《国家行政学院学报》,2015年第5期,第41~49页。

④ 2006年《〈基本法〉修正案》和《联邦制改革法》,五类立法权限有所变化。

是限制在一些边缘性和剩余性的事务上,例如教育、文化和行政领域——这一现象直到 20 世纪 70 年代初联邦财政空间萎缩后才有所改善。

表 2.2 《基本法》中各立法领域涉及的相关职责及其依据①

立法内容类别	相关职责	《基本法》依据
联邦专有立法领域	外交及国防、货币、铁路、邮政和航空,以及联邦和各州在宪法保卫和罪犯追踪方面的合作规定	第 71 条、第 73 条
"竞合立法"领域②	某些事项范围内,联邦不制定法律、不行使立法权时,各州才能行使立法权	第 74 条及 74 条 a 款
联邦框架法领域③	公共事务法、高校事业、新闻界、土地规划、户口登记和证件等,联邦在这一部分仅限于普遍规则制定	第 75 条
"共同职责"	联邦协助州政府履行的职责,包括高校改建、优化地方经济结构、农业结构与海岸防御	第 91 条
联邦州专有立法领域	文化、教育、报刊和广播、警察、地方法,以及无法明确归类于其他各领域的事务	第 70 条

资料来源:参见[德]沃尔夫冈·鲁茨欧:《德国政府与政治》,熊炜、王健译,北京:北京大学出版社,2010 年,第 29 页。

在行政管理功能的划分上,大部分工作是由州和地方政府承担的。由于联邦和州之间不存在上下隶属的关系,因此直属于联邦的行政机构被压缩在较为狭窄的范围内;主要依靠立法及事后审查各州宪法和基本权对其进行控制。在现实运行过程中,具体的事、权、责就形成了中央(上级)政府有权无事而地方(下级)政府有事无权、各级政府在同样事务上享有不同权力、各级政府在同样事务上承担不同义务这三种情况。④这种自上而下的强立法和弱行政特点,使其职责体系具有较强的宏观控制与微观灵活性特征;尤其是

---

①   也有学者将《基本法》对立法权的设定分为三类,即联邦专属立法权、竞合立法权和州剩余立法权。参见周慧、万芷轩、岳希明:《德国政府间财政关系及其借鉴》,《经济社会体制比较》,2018 年第 6 期,第 48~56 页。

②   2006 年联邦改革后,在竞合立法权上,"新法优于旧法"的原则替代了"联邦法优于州法"的原则。

③   2006 年《基本法》修订后将其删除。

④   王浦劬、张志超:《德国央地事权划分及其启示(下)》,《国家行政学院学报》,2015 年第 6 期,第 38~45 页。

联邦主导的公共事务立法体系，对于标准的统一和公共服务的均等化有着重要的促进作用。

3.行政管理上州与地方政府的双重性

正是上文中提到的地方政府的强行政管理职能，使得德国政府职责体系具有了州和地方政府在职责履行中的双重性特征，即它们都需要一方面处理州(当地)事务,另一方面承担联邦(州)的委派事务。德国的联邦制并没有采用美国那样的垂直区域划分，即联邦和州各自制定法律并由自己的行政机关执行。这种"完整的联邦制国家"①模式,产生了联邦偏重立法权而州偏重行政管理权的功能性分离。②联邦行政机构分为政府机构、执行机构与特设机构三类,它们的执行功能相对限制在较为狭窄的领域。联邦直接行政包括外交事务、联邦财政、联邦水路航运与船务、联邦国防行政、航空运输行政,以及(当由某州申请上交由联邦管理的)高速公路与长途公路行政。对于联邦有立法权限的事项,其可以设置独立的联邦高级机关,这种管辖权也是涉及联邦全境的。但是联邦只在少数职责范围内拥有自己的执行机构,包括对外事务、联邦国防和联邦边防军、联邦水路和空中交通管制等。

相比之下,对于州来说,它在立法领域所放弃的独立性,更多地在法律执行上得到了弥补。州行政机构分为四类,包括政府机构、执行机构、专门机构和特设机构,其执行任务也包括三方面内容。其一是执行和完成州负责履行的职责。这些职责在《基本法》中都有较为明确的界定。其二是执行联邦法,由联邦进行法律监督。按照《基本法》的规定,各州及其地方行政机构需要将执行联邦法作为自己的事务,这使得德国的政府间关系体现出"强代理"的特征;但同时,对于联邦没有做出明文规定的,州可以自行决定机构设置和管理方式,又增强了履责方式的灵活性。其三是执行联邦委托的行政

---

① Ludger Helms,Strukturelement und Entwicklungsdynamik des deutschen Bundesstaates im internationalen Vergleich,in:ZfP 2002/2,S.125ff.,hier 131.

② Arnold J. Heidenheimer,The Governments of Germany,2.A. New York 1966,S.172.

管理任务,联邦同时实施法律和专业监督。在执行方面,联邦也可以通过派遣专员、发布行政指令、制订计划、承担支出和签订协议等方式达成与州政府的合作。

　　总体来看,德国政府职责体系的特色主要体现在职责配置方式和模式上,形成了德国独特的合作式联邦制(kooperativer föderalismus)。[①]在新的改革阶段,它所面临的困难与挑战,正塑造着改革的方向和路径。

三、改革过程的特点与关键因素

　　德国的政府改革遵循着一条非连续性的渐进式路径,因此其政府发展过程体现出非常典型的"路径依赖"特征。通过分析德国政府的改革过程,可以从合作式联邦主义的形成与再调整、律法主义与管理主义的有机结合及各领域改革的配合与保障三方面归纳其改革经验,从而形成对于中国政府职责体系构建过程的启发性思路。

　　(一)网络协作模式的形成与再调整

　　1933 年钱端升在对当时德国的联邦制度做评价时,曾提出这样的观点:"因为最高权力机关所代表者在昔为各邦,而在今为全国人民,故昔时的联邦为真正的联邦,而今日的联邦则为名存实亡,趋近单一国的联邦。"[②]这一历史阶段的影响力持续至今。一方面,联邦制国家的改革被矛盾重重的"统一生存环境"理念和并列的宏观调控所控制;另一方面受到"巩固州自治权"的影响,[③]这为中央制度的形成造成了困难,也使得联邦与州在不断的自我协调中,彼此协作的趋势明显增强。此外,由于各州的面积、区位条件及行政

---

① Roland Sturm, Föderalismus in der Bundesrepublik Deutschland, Leske-Budrich Verlag 2001, S. 36-39.

② 钱端升:《德国的政府》,北京:北京大学出版社,2009 年,第 281 页。

③ Gerhard Lehmbruch, Verfassungspolitische Alternativen zur Politikverflechtung, in: *ZParl* 1977, S.461ff,. hier 462.

效率之间存在差异，要促进均衡统一的发展就需要形成一套复杂的平衡机制，协作型联邦主义至少能够减少这一问题中的部分困难。[①]

在网络协作模式的形成上，这种紧密联系表现在两个方面。在正式联系上，一是在法律和行政法规的颁布与修改中，联邦和州共同起作用；二是遭遇危急情况时，联邦和州需要通过紧密合作、共同行动来抵御风险；三是联邦和州有一些常规性的共同任务，包括共同促成财政制度改革等重大任务。在非正式联系上，联邦政府、州及各行政部门成员通常会利用场外接触的形式，相互交流解决问题的办法和经验等。

这种协作模式遭遇的问题在于，一方面州逐渐丧失了立法职权和财政自治；另一方面，合作结构带来了诸多效率和民主上的问题。因而，对其进行再调整成为改革的新方向。首先是对联邦、州与地方三级职责进行更为科学、合理地划分。尤其是通过扩大州和地方政府在税收、决策等方面的自主权，从而增强其履行职责的能力。其次，地方政府层面展开新治理模式改革，重点加强了与社会和市场之间的联系。通过变革公共设施提供机制、社会救济机制等，在一定程度上优化了职责配置结构，促成了网络协作模式的再优化。

(二)立法领域与法律工具的完善

在新治理模式改革中，公共行政理念中的法治主义改革对律法主义的冲击主要体现在两个方面。其一，德国政府进入新公共管理运动以来，在效率、竞争和行政成本方面都遇到了一系列挑战。这主要是因为传统律法主义对法治、程序的严格性与新政府角色对效率、成本的要求之间形成了张力，致使德国的改革从根本上表现为法治国家的管理主义改革。其二，以《基本法》为基础形成的政府间关系、协作型联邦主义模式等，都有非常深厚的法律根基。从另一个方面来说，这也在一定程度上限制了改革的范围、延缓了

---

① U. Scheuner,*Wandlungen im Föderalismus der Bundesrepublik*,DÖV 1966,518.

改革的进度。因此,对法治国家的改革也成为德国政府改革的重要环节。

这种改变首先体现在 1990 年德国统一后对宪法的修改中,这种在宪法层面对新变化的适应具有必要性。一方面,宪法的修订增加了联邦州的权力。例如,在相互竞争的立法领域,联邦受到了一定的限制,即提出了"建立全国范围内同样的生活状态或保护法律和经济统一"这一前提;同时,州政府和议会都有提出宪法诉讼的权利。另一方面,宪法也在立法权上强化了联邦参议院的地位。在权力分立的制度中,联邦参议院制度设置形成了一种有助于联邦进行立法的机制。它赋予州的绝对否决权,大大提高了州在立法中的参与度;另外,它将原则性的及确定方向的联邦行政任务与各州具有具体方向的行政任务联系在一起,从而将各州的行政经验变为联邦的立法成果。这对于地方层次上的改革起到了非常重要的保障作用。其次,改变还体现为完善了与改革配套实施的相关法律工具。例如,2000 年 6 月完成"法律效应评估手册"项目,为对法律的经费作用和非经费作用提供了一种评估手段。通过筛选出来的立法案例,它使得改革过程中的经验进一步系统化和大众化。除此之外,一些对新公共服务具有阻碍作用的法律被重新确认或废除。这有助于进一步优化对发展创新起到重要作用的法律因素。

(三)其他领域改革的配合与保障

纵向政府职责调配过程中的另一个显著特征,就是各领域改革的配合与保障,如上所述的立法领域保障实质上也是其表现之一。其中,财税领域的改革对政府事权划分起到了重要的保障作用。由于财政平衡制度的要求,德国的联邦、州和地方政府之间具有相互交织的复杂体制。首先,各个层级政府都有相对独立的税收来源,有各自能够支配的收入;其次,要根据人口数量比例和经济发展状况等对销售税进行预先均衡性分配;再次,依照财政平衡制度,需要促进联邦州之间进行横向转移支付;最后,联邦还要进行补充拨款以实现整体性的发展。由此,德国形成了横向州际转移支付和纵向联邦拨款纵横结合的转移支付制度。[①]尤其是两德统一后,横向财政平衡体系的范围迅速扩张,由 11 个州变为 16 个州。这种财政平衡体系具有法制性、适应性及以州财政为主导的特性,[②]这使得各层级政府都更具充足的能力来履行相应的职责。在这种相对独立却又整体统一的政府间财政管理体制下,[③]各级政府的事权划分和职责体系整体是相对稳定的。

除了财政领域的配套改革,德国各州在将功能下放给地方政府时,[④]区划的调整也在一定程度上使地方政府更有能力承担政治上、行政上扩展和深入了的一些职责。[⑤]近十年来,德国联邦层面开展的"规制改革",则是希望从解除规制和减轻行政负担的层面来优化规制政策的结构与程序。[⑥]这是从监管职能上对政府职责体系进行优化的表现。

总体来看,尽管德国政府职责体系的改革与优化过程是在特定的历史和制度背景下、依循"路径依赖"而进行的。但是这种法治国家的效率化改革与中国改革路径之间的比较,也能够为中国政府职责体系构建提供法治化的思路。

---

① 葛乃旭、宋静:《德国转移支付制度改革及对我国的启示与借鉴》,《地方财政研究》,2013 年第 1 期,第 23 页。

② 谭融、罗湘衡:《论德国的政府间财政关系》,《南开学报》(哲学社会科学版),2007 年第 5 期,第 82~88 页。

③ 周慧、万芷轩、岳希明:《德国政府间财政关系及其借鉴》,《经济社会体制比较》,2018 年第 6 期,第 48~56 页。

④ Seibel, Wolfgang, 2001, "Administrative Reforms," in: Köng, Klaus/ Siedentopf, Heinrich (eds.) 2001, Public Administration in Germany, Baden-Ba-den; Nomos, pp.73–89.

⑤ Norton, A., *International Handbook of Local and Regional Government*, Aldershot: Edward Elger, Hants, 1994:253.

⑥ [德]维尔纳·杨:《德国的国家范式和行政改革》,夏晓文译,《德国研究》,2012 年第 4 期,第 4~17 页。

第二节　法国:从分权化改革到协作式治理

作为单一制国家,法国有着长期的中央集权传统。就其纵向政府结构来看,法国地方行政区域自第三共和国起一直划分为省和市镇两级;第五共和国成立后,尽管历届政府都试图在省级政府以上设立大区(région)一级政府,也实施了一系列举措;但是由于阻力和分歧过大,这一想法并未得到实现。直到1981年社会党密特朗当选总统,1982年法国《市镇、省和大区权利与自由法》(即《权力下放法案》)实施,大区正式成为和省及市镇同一个框架下的行政区域,地方分权化改革也得以开始实施。在西方发达国家中,法国政府改革在背景、方式等方面与中国都有很强的可比性。有学者指出,对于"因政治、经济制度和历史传统原因而不能采取联邦制,又不能继续维持简单的直接的中央集权的国家来讲,法国政府的做法值得关注"①。在处理纵向各级政府的关系这一问题上, 法国经历了从积极的分权化改革到对地方治理碎片化的再整合这一过程;改革过程中,各级政府的职责配置也相应发生了变化。在同样的问题上,中国也长期面临着集权与分权的抉择问题。尽管"确权"的提出为中国纵向政府间关系的处理提供了新的思路,但是在具体如何实现上,还存在很大的探索空间。本节将从法国政府改革的进程与政府职责体系的形成两方面出发,进而归纳分析其经验与特点,从而形成中国改革的思路启发。

---

① 杨小云、邢翠微:《西方国家协调中央与地方关系的几种模式及启示》,《政治学研究》,1999年第2期,第30~39页。

一、法国央地关系变迁的历史背景与改革历程

在法国,中央与地方关系的研究是地方政府问题研究的关键,而地方分权化改革则是贯穿于其中的重要问题。法国著名的宪法行政法专家让·玛丽·蓬蒂埃对分权化改革过程中的"权力下放"和"地方分权"进行了区分,认为前者侧重于将决策权下放到受制于中央政权和等级关系的各地国家公务员手中,而后者则强调地方当局拥有针对地方事务的地方专属权力。而法国的行政实践则证明,这两者之间并非矛盾关系,而是可以相互补充的。①法国1982年以来的地方分权改革,通过充分赋予地方自主权,不仅推动了法国地方治理体系的变革,②更是深刻改变了中央与市镇的关系,展现了单一制中央集权国家走向分权化治理的可能路径。③本部分着重历史分析和现实剖析,以对法国央地关系变迁的历史分析为出发点,梳理其历史背景与改革历程,剖析其职责体系构成。

（一）改革的历史动因

历史上法国是一个多民族、多政党和具有民主改革思想的国家,但其却长期实行着中央高度集权的体制。随着英、美等国家新公共管理运动的持续推进,法国也开始采取一系列针对本国高度中央集权体制的改革措施,开启了一场覆盖政治、经济和行政等领域的综合性改革。

法国政府改革背后有三个主要的动因,分别是地方治理的兴起、对服务型政府的诉求,以及合作与整体主义的复归。它们在不同阶段发挥作用,促进改革持续推进。它们之间相互组合,构成了改革的逻辑链条。

---

① ［法］让·玛丽·蓬蒂埃:《集权或分权:法国的选择与地方分权改革(上)》,朱国斌译,《中国行政管理》,1994年第2期,第46~48页。

② 吴自斌:《法国地方治理的变迁及启示》,《江苏社会科学》,2010年第4期,第122~129页。

③ 郁建兴、金蕾:《法国地方治理体系中的中央与市镇关系》,《马克思主义与现实》,2005年第6期,第55~60页。

第一,地方治理的兴起。地方治理,是指在一定的贴近公民生活的多层次复合的空间内,依托于政府组织、民营组织、社会组织和民间公民组织等各种组织化的网络体系,应对地方的公共问题,共同完成和实现公共服务和社会事务管理的改革与发展过程。①世界各国的地方治理运动主要兴起于20世纪80年代。事实上,几乎所有国家在诞生至发展的过程中,都或多或少存在着地方自治的影子,差别只是在于自治要素的多少、自治程度的高低等。正是基于这种历史现象,加之地方治理运动的推进,使得地方治理成为多层次治理结构中重要的组成部分。地方治理的兴起引起了法国行政生态环境的根本性转变。有学者在论述法国的改革时曾经指出,其改革的最重要障碍在于一直以来并未对治理进行过根本性的思考。②在长期的中央集权统治中,地方政府在有效回应环境变化和社会需求中的作用,并未在以往的改革过程中得到充分的重视与发挥。地方政府的兴起与基层政府联合体的产生,与新的分权化改革之间产生了相互促进的关系。分权化改革刺激了地方政府职能转变,强化了地方公共组织;而地方的兴起也反过来对分权改革提出了进一步要求。国家权力结构和政府间关系正是在这一过程中得到了重塑。

第二,对服务型政府的诉求。随着法国公民社会的日趋成熟与壮大,对政府的管理和服务职能的期望和要求也随之提高。从公民的角度来看,他们要求政府能够更有效地履行公共服务的职能, 提供人性化和更为全面的服务。尤其随着服务提供方式的多元化,法国公民社会实际上通过提高要求的方式对政府职能的优化与完善形成了一种"倒逼"的力量。从政府的角度来看,要提供优质的公共服务,就需要根据社会和市场发展规律调整传统的政府权力结构,优化纵向政府间职责体系,从而降低政府的行政成本,提高履职效率。公共服务理念对于法国治理模式的转型具有深刻的影响,也使得法

---

① 孙柏瑛:《当代地方治理:面向21世纪的挑战》,北京:中国人民大学出版社,2004年,第33页。

② [法]皮埃尔·卡蓝默:《破碎的民主:试论治理的革命》,高凌瀚译,上海:三联书店,2005年,第30~32页。

国地方政府的公共性和服务性逐渐凸显。尤其是在分权化改革的推进过程中,基层市政府在公共服务领域的权力范围越来越广泛,涉及当地民众日常生活事务的决策也越来越多。在法国的传统中,市镇是直接接触人民的机构,①国家只是发现了它,而不是创造了它。因此,法国分权化改革并未过多触及市镇本身,而是通过市镇联合体这样一种形式,通过横向合作来应对环境变迁和对服务型政府的诉求。

第三,合作与整体主义的复归。合作和整体主义的复归是与分权改革相伴出现的,也可以视作对分权化改革的回应和改革得以继续推进的动力。1982 年的分权改革是对权力结构的重塑,其中包含着对地方政府的高度放权和分权,也包含着中央政府在部分领域的退出。这一方面对地方的承载能力形成了巨大的考验,另一方面也会造成体制和资源的不均衡,需要相应的方案以形成新的平衡。法国作为宪政民主国家,其政府在发展过程中遵循着协商一致的合作主义特征。随着分权化改革的深入推进,区别于简单的权能转移,基于合作和整体政府的法国改革,使得法国从中央到地方的结构不能简单以"垂直"或"平行"来加以概括,而是在职责配置上呈现出"蜂窝状"的网络型结构。②所谓合作主义,它指出各部分功能的代表性,以及它们之间的组织化程度;作为一种制度,它同时强调各部分利益是如何整合到决策结构中的。③具体到各级政府之间的合作,表现为政策之间的融洽、资源的最大化利用、利益相关者的整合及公共服务提供的体系化。同样,实践层面的治理碎片化,也促使整体性政府和整体思维重新复归于改革过程。

至此,我们可以看到,以上三点历史动因相互联系、相互作用,形成了法国政府改革和发展"集权—分权—整合"的基本脉络。

---

① 刘文仕:《地方制度改造的宪政基础与问题》,北京:学林文化公司,2003 年,第 363 页。

② 上官莉娜:《走出治理破碎化困境:法国地方政府改革研究》,北京:人民出版社,2012 年,第 69 页。

③ Philippe Schmitter,Still the Century of Corporatism?,*The Review of Politics*,1974,36(1):85–131.

(二)改革历程的阶段划分

基于以上的历史动因与改革逻辑,以 1982 年《权力下放法案》为起点,法国的中央与地方关系改革可以大致划分为三个阶段。

第一阶段是 1982 年到 1992 年的分权化改革阶段。这一阶段,中央通过对地方进行权力转让,试图调整传统中央集权所带来的种种弊端,从而提高行政体系的整体效率。改革措施具体体现在两方面。

首先是行政区划上的调整。1982 年,法国政府正式在法律层面将大区确定为一级"地方领土单位"(collectivité territotiale)。法国的纵向政府间结构由原来的"中央—省—市镇"三级结构转变为"中央—大区—省—市镇"四级结构。作为一级独立地方领土单位,大区具有独立的法人资格、拥有固有权能和决策权。

其次是权力内容和运行方式的调整。从地方层面来看,一是分阶段分层次地将原本由中央负责的部分事务,逐步交给了地方政府进行管理。其中涉及具体计划和领土整治、城市规划、住宅建设、职业培训、交通运输、司法、教育、文化、环境保护等诸多领域。①二是加强了地方公职人员的保障,通过法律明确规定其与国家公务员享受同样的地位与保障,并由地方政府负责管理。②从中央层面来看,其委派到地方的行政官员不再具有地方事务的行政管理权,而只是执行涉及国家利益的国家层面的法律和相关法令;与此同时,中央也取消了对地方的全面监督。只要在国家宪法、法律和法令的框架下,地方政府的决策就无须得到中央政府的批准,且不受中央政府的干涉。在这一阶段,法国政府分权改革的力度是比较大的,尤其是在立法保障的条件下,改革成果得到了相当程度的巩固。

第二阶段是 1992 年到 2003 年的地方行政体制优化阶段。1992 年 2 月

---

① 潘小娟:《中法中央与地方关系改革比较研究》,《国家行政学院学报》,2005 年第 4 期,第 79~82 页。

② Dix ans de decentralisation:une nouvelle citoyennete,Ministere de l' Interieur,Pairis,1993.

3 日和 6 日分别颁布了《关于行使地方议员职务条件法》和《共和国地方行政指导法》《共和国领域管理法》。以此为标志,法国开始对经历了大规模放权的地方政府从参与度、合作度及管理规范度等方面进行调整与优化。

首先,改革进一步落实了对分权后地方议员的权利保障。上一阶段分权化改革中,政府议员的结构和职责都发生了比较大的变化。通过提供培训、财政补贴等方式,地方议员的权利得到了较好的保障。这实质上是从政治和人事层面形成了政府分权和职责划分改革的保障,进一步巩固了改革成果。

其次,相关法律对地方行政制度进行了优化,特别体现提高公民的参与度,扩大其知情权和参与权。政府信息公开和政府行政程序透明化等手段,可以促使地方职责履行更加规范化和科学化,在政府实际运行过程中提高了分权化改革的效益。与此同时,政府职责结构的变化和地方政府职责范围的扩大,也促使地方政府间在环境保护、经济发展等方面形成频繁和有效的合作机制。尤其是通过相关法律引导而建立的跨市镇合作委员会、市镇共同体、城市共同体等正式合作组织,有效促进了国家整体的协调平衡发展。

最后,对地方政府的分权化改革还在此阶段显现出扩大的趋势。地方政府进一步获得了环境保护、青年人就业、市镇警察等领域的管理权限,[①]实现了行政效率原则的最大限度发挥。除此之外,1995 年法国还成立了国家体制改革部,其目的就在于确保法国的行政改革计划得以顺利实施,巩固分权改革的成果。

第三阶段是以 2003 年修宪为标志至今的进一步分权与治理网络形成阶段。2003 年 3 月 28 日,法国《关于共和国地方分权化组织法》的第 2003-267 号宪法性法律——共计 12 条,对 1958 年宪法中的十余项条文进行了修改。它首先将法国是分权型的国家组织结构作为一项基本原则写入宪法;其次,它明确提出领土单位拥有"条例制定权"(pouvoir réglementaire),并且在必要的情况下可以根据法律或行政法规,在特定的目标或时间内,实验性地

---

① 1988–1994:Bilan legislatif en matiére de collectivités locales,Ministere de l' Interieur,Pairis,1995.

调整其有权行使的该立法性或条例性条款。①这就赋予了地方政府在改革过程中具有一定程度的突破现行法律法规的试验权。与此同时，为了增强地方政府的财力以保证其职能的履行，相关法律还赋予了地方政府根据自身情况制定地方税征收基数和税率的权力。这一轮改革中，"大区-省"和"市镇-联合体"这两个层级的关系受到了特别的关注，处理好它们之间的关系，是厘清地方政府职能、构建网络型的治理体系的关键。

二、法国政府职责体系的基本构成

依据第五共和国宪法和相关的组织法，法国的行政体系主要由三类公法人组成。第一类是国家(l'état)，它可以划分为位于行政机构顶端的中央政府，以及由专区(L'arrondissement)、省(Le department)、大区(La region)和防御专区(La zone défense)组成的地方行政区；第二类是地方领土单位(Collectivité Territoriale)，它是有独立财产和预算权的地方自治团体，以宪法和相关法律拥有地方行政的决策和执行权，在大区、省和市镇实行选民自治；第三类是公共机构(établissement public)，它是提供特定公共服务的社会组织，拥有一定的自主权。可以说，法国的职责体系具有复杂的分层与分类。总体来看，改革调整后，法国各级政府的职能分配和功能定位呈现出"宏观统治、微观管理"②的特征：中央主要是体现统领和调整功能；大区级负责协调与战略；省级政府是管理者、社会连带政策负责者及贴近性设施提供者；市镇级政府则是最基层的公共服务提供者，负责与市民生活紧密相关的工作和贴近性服务的提供。③相关法律也特别规定，中央行政机关应将公共部门的日常

---

① 金邦贵：《欧盟国家地方税立法权问题初探》，《西南政法大学学报》，2008 年第 1 期，第 46~56 页。

② ［法］帕特里克·热拉尔：《国家与行政管理》，刘成富等译，上海：上海译文出版社，2020 年，第 249 页。

③ 张丽娟：《法国中央与地方事权配置模式及其启示》，《中共中央党校学报》，2010 年第 3 期，第 93~96 页。

事务留给国家权力下放部门管理。

在中央层面,法国目前共有 16 个内阁级部门,包括外交部,生态转型部,国家教育、青年和体育部,经济与财政复苏部,武装部队部,内政部,劳动、就业与经济包容部,法国海外事务部,领土凝聚力和与地方政府关系部,司法部,文化部,团结和卫生部,海洋事务部,高等教育、研究和创新部,农业与食品部,公共部门改革和公务员制度部。①在各级政府功能的侧重点上,中央主要负责宏观发展战略的制定;②具体来看,除了国防、外交、公共安全、高等教育与国土规划等专有职责外,它还需要负责文化、卫生、教育、环保及社会福利等领域的共有职责。涉及中央需要在地方执行的职责,中央主要通过在地方区域建立行政机构并派驻行政官员的方式来实现。省和大区两级政府都存在中央派驻机构。

法国的大区级政府经历了一个渐进整合的过程。通过机构设立、功能赋予、宪法修订等环节,集经济、行政和宪法地位为一体的大区最终得以形成。大区一方面负责大区内部经济产业的规划调整,包括大区在经济、社会、文化方面的发展及大区级的高等教育和基础教育、大区的交通运输与国土规划等;另一方面也要执行中央政府有关发展大区经济的法律与政策。经济发展是大区主要的事权领域,包括在宏观上制定经济发展纲要、协调并促进经济平衡发展,以及微观上制定设计和决定企业的相关经济发展制度,如经济补助体制等。除此之外,大区还需要负责领土规划的整治(如制定大区交通基础设施发展纲要、负责区内铁路交通组织等)、教育及职业培训和文化(如大区高中校舍设施与人员的管理、大区职业教育培训发展规划制定、区立博物馆和档案馆的相关事务等),以及卫生健康(如承担疾病防治工作、参与医

---

① Gouvernement Francais:Composition du Gouvernement. https://www.gouvernement.fr/en/compo-sition-of-the-government,访问时间:2021 年 8 月 17 日。

② 沈荣华:《发达国家政府间职责划分的比较分析》,《学习论坛》,2007 年第 2 期,第 43~46 页。

疗卫生设施建设等)方面的职责。①随着 2004 年地方分权法的生效,大区的职责范围又得到了进一步拓展。

省议会是省的最高自治权力机构,同样是"议行合一"的机构。在具体的事权方面,卫生与社会行动是省级政府的主要事权领域,包括老年人、儿童及特殊群体的社会救济与融入、家庭与儿童的卫生保护等。省级政府的事权还涉及装备与交通(如省级公路、港口、公路公交客运组织、学生交通组织等)、地方发展(如市镇级政府或其联合体在各领域的投资和设备等)、教育文化和遗产保护(如初中校园与初中校工和技术服务人员的相关事宜、文化活动补贴等)、经济社会发展(如为企业提供扶持资金与补贴、参与农业现代化建设等),以及环境和旅游(如环境保护、休闲线路设置等)等职责。②总体来看,省级政府在职责配置上与大区相近,但是权限相对比较小。

市镇政府是法国地方政府中历史最为悠久的。中央政府不在市镇派驻行政人员,市长承担着双重的身份,既是市镇的最高行政长官,又由于国家委托代理人的身份而拥有高于议会的"地方总统式"③地位。市镇政府由作为审议机构的市镇议会及其执行机构组成,综合其职权可以分为传统事权和让渡事权两类。传统事权方面包括户政管理(如出生、婚姻、死亡登记等)、选举(如组织各类选举等)、社会行动(幼儿园、养老院等)、教育(小学校园建造等)、规划整治(社会住房、饮用水供应等)、市内道路修筑保养,以及公共秩序维持等职能;在地方分权改革的推动下,市镇政府也拥有了一部分让渡事权,这包括城市规划(如土地使用规划等)、经济行动(如参与对企业的补助等)、住房规划、游艇港和机场的建造整治与经营、健康卫生(如配合中央进

---

①　参见 http://www.franceutile.fr/news/show.jsp?id=12685140676744463,访问时间:2021 年 8 月 20 日。

②　参见 http://www.france-en-chine.fr/news/show.jsp?id=13009868155942942,访问时间:2021 年 8 月 20 日。

③　[德]赫尔穆特·沃尔曼、杨大群:《在连贯和变革之间实现地方政府现代化——基于英国、瑞典、法国、德国、西班牙和匈牙利六国的跨国比较》,《经济社会体制比较》,2008 年第 6 期,第 81~90 页。

行疾病防治和疫苗接种等)、社会救济行动(如配合省级政府分析社会需求、参与补助发放等),以及图书馆、博物馆等文化管理职能。《权力下放法案》颁布后,地方决策与执行权进一步得到强化,中央政府对其在国家层面的政策与法律执行情况,也主要偏重行为控制和事后检查的行政监督。①

表 2.3　法国各层次政府职责承担表

政府层次		职责承担
中央政府		国防、外交、公共安全、高等教育、国土规划等专有职责; 文化、卫生、教育、环保、社会福利等共有职责
地方政府	大区	大区经济社会文化发展、大区高等教育与基础教育、 大区交通运输与国土规划等
	省	基本同大区
	市镇	民政服务、基础教育、市镇规划等基础性事务

资料来源:作者根据相关法律及文件自制。

法国政府职责体系的形成及政府改革的过程与举措都具有独创性。一方面,无论是在宪法保障层面,还是在具体法律的细化层面,都体现出非常坚实的法律基础;另一方面,对于纵向权力的配置与政府间关系的处理,都始终在尝试通过体制机制创新,打破传统单一制国家的权力运行模式,创造新的国家治理模式。其改革经验具有启示和很强的参考价值。

三、法国政府职责体系的特色与改革经验

与德国相同,法国政府在进行纵向政府间关系调整和职责的调配过程中,也大量综合地运用了立法、行政和经济等手段。作为一个具有中央集权传统的单一制国家,它在处理纵向各级政府的分权问题时,也面临着两个必须解决的问题:一是如何通过职责的科学合理划分,提高政府的行政效率,适应社会经济的发展变化;二是如何在分权过程中继续保持中央的权威

---

① 郭文祥:《法国的公共行政改革及其对我国的启示》,《理论研究》,2004 年第 4 期,第 17~20 页。

性和政府的整体性,避免因分权而带来的治理碎片化。基于这两点,法国在职责体系形成和改革的过程中,也积累了大量可供借鉴的特色与改革经验。这对同为单一制国家的中国,在具体改革措施上有诸多启发。

（一）不断完善关于政府职责划分的法律法规

针对中央和地方权力划分的立法是彻底和坚实的。自 1982 年《权力下放法案》正式颁布以来,法国政府在随后的三十年中先后颁布了近百项法案和近千条法令,对各层级政府的职责划分予以补充和完善。[①] 1992 年 7 月 1 日颁布的第 92-604 号法令第 1 条还特别声明:"权力下放是权力分配的总原则,也是国家不同行政级别财政分配的总规则";该法令第 1-1 条还补充道:"其他任务,尤其是涉及到国家与行政区二者关系的任务时,必须交由权力下放的行政部门。"[②] 正是因为改革过程中同步形成的如此完善和细化的法律体系,才为改革每一步的推进提供了基础,同时也使改革的成果得以巩固。

在地方分权的法律体系中,有两条原则性的内容为职责体系的稳定化提供了充分的保障。首先,立法对地方领土单位的自由给予了充分的尊重和保障。中央向地方放权的成功与否,很大程度上体现在这些领域内的职责是否稳定、持续性地保留在地方,并由地方根据当地的发展情况决定其实施。由于相关法律为法国地方领土单位提供了组织上的依据和保障,这使得地方政府能够在不受过度干预的情况下逐步承担和履行相应的职责;与此同时,中央政府也能够根据每年的工作重点,持续推进权力的下放。如 1983 年,中央向地方下放了关于住宅建设、城市规划、职业培训和农村政治等权力;1984 年向地方下放了交通运输、社会活动等权力;1985 年又下放了部分

---

① 丁煌:《法国政府的地方分权改革及其对我国政府管理的启示》,《法国研究》,2002 年第 1 期,第 154~163 页。

② 参见 http://www.france-en-chine.fr/news/show.jsp?id=13054067375920499,访问时间:2021 年 8 月 20 日。

文化、教育、环境保护和治安方面的权力。正是立法层面的保障,使得权力下放的改革能够有步骤、有计划地持续推进。

其次,立法针对因分权而带来的财政压力明确提出,中央应当放弃一部分财政资源,即随着相应的职责划分向地方转移一部分财政资源。这项原则体现了事权划分改革中最为核心的内容之一,即事权与支出责任、财力之间的适应问题。在多级政府的体系中,明晰各级政府事权、厘清对应的支出责任、划分财政收入、提高各级政府履职所需的财力,这是建立科学合理的政府职责体系和政府间财政分配关系所要完成的核心任务。法国政府通过立法,在财税领域实现了改革的同步化。例如,2004 年 7 月 29 日通过的《地方领土单位财政自治法》明确了各级政府资源的分配比例,尤其是税收方面,特别强调各级地方政府未来的财政收入将不会低于 2003 年的基数;另外,还规定地方领土单位的财政自治不受立法机构干扰。除此之外,法国政府还利用行政合同(协议)来贯彻国家相关法律法令,以授权或委托的方式实现了权力和资源在纵向和横向的分配,充分体现出改革方式的多样性。

(二)以职能为核心的行政体制与机构改革

法国中央政府行政体制和机构改革的一个核心特点就是不过于注重人员和机构的精简,而是注重对职能转变的呼应。这使其能够快速、高效地应对国内外政治、经济、社会发展的转变。[1]政府职能转变是行政管理体制改革的关键,通过职能将机构、体制及过程性的改革联系起来,能够有效保证改革的整体性和系统性。这一点在法国政府机构改革的脉络中有明显的体现。尽管法国在大部制改革方面投入了诸多精力,进行了大规模的调整和重组;近十年来,它却实施了诸多看似"相反"的举措。例如,2007 年法国将原本属于国民教育部的发展高等教育和科学技术研究的职责抽离出来组建了高等教育与科研部;2008 年又围绕外交部中关于海外领土和发展方面的职责单

---

① 上官莉娜:《走出治理破碎化困境:法国地方政府改革研究》,北京:人民出版社,2012 年,第 32 页。

独组建海外领土部;2012 年将原经济、财政与工业部拆分为经济、财政与对外贸易部和生产振兴部,同年又将经济、财政与对外贸易部拆分为经济与财政部和对外贸易部,并在对生产振兴部的职责做了重新调整后,组建了工艺品、贸易与旅游部。①由于同时具有立法层面的保障,改革过程一方面避免了随意性,即不会由于职权上细小的变化和冲突而进行随意性的改变;另一方面也体现出一定的灵活性,最大限度地减少了机构改革中最常见的"唯数字论"和"精简—膨胀—精简"循环圈等问题。为了使改革过程更稳定和更具针对性,1997 年中央政府还组建了国家改革、权力下放与公共服务部,以确保分权化改革得以顺利进行,从而在机构层面形成了推动力。

当然,要使机构能够及时反映职能的发展和变化,也必然会存在其相应的问题。第一,随着每一届政府对于机构职能界定的变化,政府在设立与合并部门上可能会发生较为频繁的变化;第二,由于各部的调整太过于依赖职能的变化,使得部分职能之间存在的交叉、矛盾问题都更加凸显出来。为应对这些问题,就需要建立相应的协调机制。在法国,大部门通常设有一个秘书长,负责协调各司、局之间的关系。由此可以说明,随着职能的愈加复杂化,以及各部门之间、各层级政府之间协同合作的愈加频繁化,要避免体制僵化的同时提高行政与合作效率,在体制机制层面做创新性调整已经成为政府发展的重要手段。

(三)以"行政双轨制"为起点探索新的权力结构

在法国的地方制度中,存在两套发挥着作用的公权力系统。其一是地方领土单位(自治团体),包含三个层级,即市镇议会、省议会和大区议会;其二是中央政府的派驻机构(主要是大区和省两级,具体分为专区、省、大区和防御区域)。正是由于在大区和省两级政府中,地方自治团体和中央派驻机构同时并存,法国的地方制度也被称作"行政双轨制"。它的特点在于,省长和

---

① 王向澄、孙涛:《政府职责体系的国际比较》,《上海行政学院学报》,2014 年第 6 期,第 59~64 页。

大区区长的身份是国家代表，地区最高领导人或法定代表是民选产生的议会主席；市镇虽然没有中央政府的派驻机构，但是许多事务却会涉及这一级行政层次。因此，市镇长拥有民选官员和中央政府地方代表这两重身份。这种"行政双轨制"的模式对于法国政府间关系的形成与职责体系的调整具有深刻的影响。

首先，这种影响体现在政府层级结构的功能发挥上。法国地方行政层级可以用"有层次、无等级"[①]来形容，除了中央与地方之间的二级监督模式，地方领土单位间并不存在"领导-服从"的隶属和行政等级关系。行政上的"一条鞭"模式，反倒使得法国四级政府结构成为具有特色的行政体制。[②]尽管中国在具体体制上同其有所差别，但这对于多层级政府结构模式如何发挥优势具有启发性意义。

其次，这种影响体现在正式与非正式的合作中。法国政府强调政府主导下各个要素的协调一致，合作主义特征明显。因此，即便是在分权化的框架下，依据公共服务性质，不同主体还是能够发挥其特性和比较优势，形成特定类型公共服务供给的责任分担、混合提供的途径。[③]而地方行政的双轨制恰恰为这种合作提供了一种政治上的保障。尤其是在新一轮的中央派驻机构改革中，它为建立新的合作和责任分配机制提供了便利。

当然，复杂的结构也为法国带来了"行政千层糕"[④]的问题，即市镇、跨市镇合作的公共机构、省、大区及法兰西岛"大巴黎"的层层重叠，产生了相当可观的运行成本。为应对这一问题，法国政府也制订了一系列计划，如计划

①　上官莉娜：《走出治理破碎化困境：法国地方政府改革研究》，北京：人民出版社，2012年，第37页。

②　刘文仕：《立足统一，迈向分权：法国地方分权制度的嬗变与前瞻》，《东吴政治学报》，2007年第2期，第65~122页。

③　孙柏瑛：《当代地方治理：面向21世纪的挑战》，北京：中国人民大学出版社，2004年，第162页。

④　[法]帕特里克·热拉尔：《国家与行政管理》，刘成富等译，上海：上海译文出版社，2020年，第453页。

合并少于 2 万人的市镇、强化大区权限并将本土大区数量由 22 个减为 14
个、将省的新权限转移至大区首府等。总体来看,法国权力结构和职责配置
改革探索的核心,是跳出单纯靠缩减行政层级来解决行政扁平化问题的思维,
着重去处理纵向几对重要层级之间的关系。通过强化它们之间的连接与合
作,克服地方政府权责交叉重叠的弊端。法国的公法理论学界甚至提出,法
国试图在联邦制和单一制中开辟出新的道路,即将传统单一制划分为单一
制和大区制两类,这种大区制可能形成一种对国家结构形式二分说的挑战。

第三节　日本:二重制政府体系下的分权改革

　　日本的政府改革在东亚国家中具有一定的代表性。二战后,日本的行政
体制改革曾经历了四个主要阶段,分别是 20 世纪 40 年代中期到 50 年代中
期的行政体制重建阶段、50 年代中期到 70 年代中期经济高速发展背景下的
体制调整阶段、70 年代中期到 90 年代中期的第二次调整和停滞阶段及 90
年代后的"桥本改革"阶段。[①]日本改革受到经济发展状况的影响很大,因此
改革具有回应经济发展形势的典型特征。而日本的政府机构改革与职责配
置调整对这种经济基础与上层建筑之间关系的反映也更具规律性。

　　日本是一个具有强地方自治的国家,因此形成了独有的行政体系。虽然
与国家(中央政府)的性质有所差异,都道府县、市町村、特别区作为地方自
治体,[②]也承担着一定的公共服务提供的职责,因此也具有"政府"的性质。由
此, 日本的政府体系可以被称作具有都道府县和市町村双重政府体系的双

---

　　① 　卓越主编:《国外政府改革与发展前沿》,福州:福建人民出版社,2007 年,第 245 页。
　　② 　在日本,都道府县、市町村、特别区通常被称为"自治体"或"地方自治体",在《日本国宪法》和
《地方自治法》中被称作"地方公共团体"。只有在强调与中央政府处于不同位置的时候,称作地方政
府。但是地方公共团体的范围要稍微大于自治体,因此自治体也是在这个意义上具有"政府"的性质。

重制国家。① 20 世纪 90 年代后期,地方分权改革得到大力推进,到今天已经形成了相对稳定的政府体系和职责配置模式。本节将从日本政府职责体系的形成与改革经验特色两个方面展开,并引入用以分析政府间关系的"天川模型",从而形成对日本地方改革和政府职责体系的新认识。

一、日本的政府改革及其职责体系的形成

一方面,长期以来受部门主义影响严重,日本政府综合协调能力比较薄弱;另一方面,经济和社会事务的复杂化,使得行政规模有所膨胀,行政主体之间的合作与协调变得更为重要。近四十年来,日本政府开始将行政体制改革的注意力放在政府间关系的调整上,通过一系列相关的改革举措,逐渐形成了具有日本特色的政府职责配置模式。

(一)改革的历史背景与历程

现代日本政府主要采取"地方自治"的形式对地方进行管理。都、道、府、县和市、町、村都是直接贯彻中央政策的地方综合行政主体。二战后日本的中央地方关系依然是集权型的,尤其是残存的机关委任事务制度——它规定地方自治体不得干预或拒绝执行相关的委任事务,这在很大程度上阻碍了地方自治体的发展。尽管政界和学界对此均有所争议,但中央省厅方面还是以"作为省厅决定事项在全国范围内统一贯彻的最佳机制"为由保留了这一制度。自 1981 年以来,日本政府开始试图通过分权化改革、减少委任事务及财税制度改革,将中央与地方"一以贯之的主从关系"转变为"对等与合作的关系",从而形成日本式的"地方分权型行政体制"。

20 世纪 80 年代,分权改革是以中央政府为起点自上而下展开的。具体举措包括精简中央各部门下设在府和县机构的规模(如地方公安调查局、地

---

① ［日］礒崎初仁、金井利之、伊藤正次:《日本地方自治》,张青松译,北京:社会科学文献出版社,2010 年,第 4~5 页。

方邮政监察局分局等机构）、整合中央省厅下设于基层的办事机构（如将海运局、陆运局合并为地方运输局等）、下放部分审批权限，以及尽可能将地方可以承担的事务下放于地方自治体。这一阶段改革的成效是显著的，根据1987年总务厅的报告，派出机构的减少量至少有400个。

20世纪90年代，借由党派竞争和政治改革的契机，地方分权改革成为一项重要的政治课题。1993年10月，"第三次临时行政改革推进审议会最终答询"提交，"地方分权"和"规制缓和"是其最为核心的支柱。1994年12月，内阁决议通过《地方分权推进大纲》；1995年《地方分权推进法》①正式出台，同年7月"地方分权推进委员会"②成立。这期间，尽管日本政权波动较为激烈，政局呈现出很强的流动化特征，但地方分权化改革的政策始终保持着连贯性，实践也从未停止。1998年5月，分权化改革再次启动。此轮改革的核心是明确各级政府的职能分工，构建新型关系下的职责体系。

首先，强调公共自治团体的独立性和自主性，一方面自上而下由中央政府给予充足的改革空间，包括制定法令时应当符合地方实际并体现职能分工等；另一方面也积极培养地方自治体职能承接的能力。

其次，通过法律明确中央将职能定位为国家层面的事务、涉及制定全国统一标准和基本准则类的事务等；将与民众生活息息相关的事务全面交给了地方自治体。

再次，对"机关委任事务"进行改革。"机关委任事务"被视作导致中央政府与地方自治体形成主从关系和等级关系的主要因素，因此对其进行调整是日本政府构建合作与伙伴型政府关系的主要抓手。改革后，其中部分得以废除，部分划归中央政府直接执行，大部分事务划归为两类，即地方自治事务和法定委托事务（参见表2.4）。所谓法定委托事务，是指依法由自治体承担的事务中，"原本由国家发挥主导作用的、国家必须确保事务得到正确处理"的

---

① 《地方分权推进法》是为其5年的时限立法。

② "地方分权推进委员会"的设立期限为5年，由于后期延长了1年，实际共持续了6年。

那一部分。这使得原本不受条例规定、不受自治体议会干预的机关委托事务成了自治体自主掌控的事务,很大程度上扩展了自治体自主决策的空间。

最后,特别强调中央与地方关系处理中的程序性要素,包括中央干预地方时应当遵守的法制化、最低限度和公正透明原则,以及产生纠纷时相关主体应当遵循标准程序进行解决等。随着改革的不断推进,"地方分权推进委员会"分别于1998年5月和1999年3月通过了第一次和第二次《地方分权推进计划》。

表2.4 公共事务划分改革

原有公共事务划分	具体情况	新的划分	具体事项
公共事务 团体委任事务 行政事务	—	自治事务	都市计划决定、土地改良的设立认可、饮食店营业许可、医院药店的开设许可等
机关委任事务	存续性事务	自治事务	
		法定委托事务	国政选举、交付护照、国家的指定统计、国道管理等
	国家直接执行事务	—	国家公园管理、根据驻军用地特别法代行对土地相关文件签字盖章、驻军等劳务者的劳务管理实施、规定由地方事务官开展的事务、信用协同组合的认可检查业务改善命令等
	废除事务	—	国民养老金的印花检验事务、外国人身份证、复制件的递送等都道府县经手事务等

资料来源:[日]山谷成夫、川村毅:《自治体职员研究讲座——地方自治制度、地方公务员制度、地方财政制度》,学阳书房,2006年,第53页。

21世纪以来,围绕"地方自立、提高地方活力",地方分权改革再次展开。2000年4月,日本实施了地方分权法修订本的"一揽子计划",将大部分权力下放给地方自治体。改革中还特别强调了地方行政区划的调整与整合,以此调动地方积极性,充分提高地方自治水平。此外,地方财税制度也成为改革重点。这弥补了此前改革未在财税领域形成法律性文件的缺憾,进一步为分权改革奠定了基础。2015年起,为了提供更为便捷的政府服务,日本政府还采用了个人编号制度,促进了政府职责配置与履职方式的优化与完善。

(二)日本政府职责体系的构成

作为职责体系这个整体中的部分，本节也关注中央政府与地方自治体各自在职责体系中的职责配置情况，因此地方自治体是作为与中央政府相对应的地方政府概念。从职责体系方面来看，日本是采取法式大陆体系国家通用的"概括授权方式"①，在不同领域划分中央、都道府县和市町村的职责(其中有部分重叠的职责为共同事权)。以教育为例，中央负责大学、资助私立大学；都道府县负责高中、特殊学校、中小学教员、工资与人事、资助私立学校(幼儿园–高中)；市町村负责中小学校和幼儿园。再如福利卫生领域，中央负责社会保险、医师执照等医药品等许可证；都道府县政府负责市町村的生活保护、儿童福利、老人福利保健、保健院；市町村负责市的生活保护、老人福利保健、儿童福利、国民健康保险、上水道、垃圾处理、保健院等。

表 2.5　日本各层次政府职责承担表

政府层级		职责承担
中央		高速路、指定区间国道、一级河川、公立与私立大学、社会保险、医师等免许、医药品许可免许、国防、外交、货币等
地方	都道府县	指定国道、都道府县道、指定区段一级河川、二级河流、港湾、公营住宅、市街化区域、调整区域决定、高等学校、特别支援学校、中小学教师工资和人事安排、私立学校(幼儿园 – 高中)、指定都道府县公立大学、城镇生活保障、儿童福利、保健所、警察、职业训练等
	市町村	都市规划(土地用途、都市设施)、市町村道、准用河川、港湾、公营住宅、下水道、中小学、幼儿园、市区生活保障、儿童福利、国民健康保险、护理保险、上水道、垃圾处理、卫生所、户籍居民基本台账、消防等

资料来源：作者根据日本总务省网站文件自制。

中央层面，日本目前的内阁级部委机构包括内阁秘书处，内阁立法局，国家人事局，内阁办公室，重建机构，内政和交通部，司法部，国外事务部，财政部，教育、文化、体育、科学和技术部，农业、林业和渔业部，经济、贸易和工业

---

① 概括授权方式，即对政府间事务做原则性划分。

部,卫生、劳动和福利部,土地、基础设施、运输和旅游部,环境部,国防部。①
由于日本是单一制国家,因此无论地方自治在宪法或实践中得到了何种尊
重与承认,中央对地方的授权这一根本特征是不会改变的。正如有学者所说
的:"日本名义上虽实行地方自治制度,实际上中央的触角几乎遍及地方政
府活动的各个领域,且以法律形式加以明确。"②

在非权力性干预方面,中央政府一般采用技术性劝告、建议、指导等方
式加以干预;除此之外,也会结合以补助金、行政指导、颁布法令等方式,因
而形成了多元化的干预手段。

在地方自治体的部分,截至 2019 年,日本共有 47 个县级单位(包括 1
都、1 道、2 府和 43 县)和 1747 个基层地方自治体(包括 792 市、743 镇、189
村和东京都的 23 个行政区)。③二重制的地方自治体系包含着基础自治体和
广域自治体两个层次:基础自治体是与市民生活最为贴近的市区町村,主要
履行提供与居民生活最相关的、地域性的公共服务等职责;广域自治体指都
道府县这一层次的自治体。《地方自治法》中规定它包含广域事务、联络调整
事务和补充事务三大类主要功能(参见表 2.6)。

表 2.6　广域自治体的三项主要事务

事务分类	具体事务说明
广域事务	地区综合开发计划制定、防灾与警察事务、环境保护等需要在横跨众多市区町村的广泛区域内处理的事务
联络调整事务	市区町村之间的调整以及对市区町村的各种建议、劝告等相关事务
补充事务	设立高等学校及大规模设施等普通市区町村难以单独处理的事务

资料来源:[日]礒崎初仁、金井利之、伊藤正次:《日本地方自治》,张青松译,北京:社
会科学文献出版社,2010 年,第 37 页。

---

① Prime Minister of Japan and his Cabinet:https://japan.kantei.go.jp/link/org/index.html, 访问时
间:2021 年 8 月 23 日。

② 陈大柔编著:《日本地方政府管理》,北京:科学出版社,2014 年,第 46 页。

③ Japan Fact Sheet. https://web-japan.org/factsheet/ch/pdf/ch10_local.pdf, 访问时间:2021 年 8
月 26 日。

随着人口的增加和城市的发展，为了适应较大城市对行政事务管理的特殊需求，《地方自治法》中也形成了针对大城市体系的特别规定，如依据人口规模等分为"政令指定都市""中核市"和"施行时特例市"①；前两类城市在职能上与县级政府相似，在功能发挥上甚至更为高效；后一类城市主要承接县级政府移交的部分职权，以促进其职能发挥。

二、日本政府职责配置与改革的特色和经验

"天川模型"②的提出，能够在很大程度上反映出日本学者基于日本政治实践而形成的政府间关系研究。它不仅是一个研究方法，更体现出一种基于"体制–机制"的研究视角。通过对其进行深入剖析，可以总结归纳相关的改革特色与经验以供借鉴。

（一）"天川模型"：纵向政府间关系的代表模型

"天川模型"由日本政治学学者天川晃提出，旨在从维度划分的角度对政府间关系和政府职责的分配进行分析和解释。模型的第一个维度是"集权–分权"。它是在涉及行政资源——包括人力、权限、财源、信息等——的配置中作为基础轴而存在的。其中，集权是指在行政资源的分配中，中央相较于地方拥有更多的决定权；分权是指自治体在资源的分配中具有更强的自主性。事实上，集权和分权这一课题在央地关系的研究中已经非常丰富了，也有了大量的理论基础。这里要强调的是，对分权和集权的定义是基于日本自身中央政府与地方自治体各自独特性质的。因此，此处分权的内涵中就天然地包括了地方自治的成分，而不仅仅是权力自上而下的单向分配。

---

① "特例市"曾于2015年4月1日废除，但之后又被创立并重新命名为"施行时特例市"。截至2019年，日本共有27个"施行时特例市"。根据2015年4月1日实行的新版《地方自治法》，人口达到20万的城市可直接申请成为中核市，未升格的特例市可维持原有自制权限，为"施行时特例市"。

② ［日］礒崎初仁、金井利之、伊藤正次：《日本地方自治》，张青松译，北京：社会科学文献出版社，2010年，第12~13页。

　　相比于"集权-分权"维度,模型中的"融合-分离"维度更具创新性,也使其在与第一维度的结合中具备了整个模型的核心意义。"融合-分离"维度旨在描述中央和地方自治体在职责履行和公共服务提供中的参与程度。与"集权-分权"维度宏观制度描述不同,它偏向于解释微观机制。其中,融合是指在地方行政服务的提供中,地方自治体承担综合性的职责,而中央政府也在执行和部分决策中起到相对广泛的参与作用;分离则是指中央政府和地方自治体之间具有明确的职责划分,二者之间基本上不存在相互干预的情况。在融合的情况中,授权和委托机制是核心。地方自治体的权限往往是通过中央政府依照法律赋予的, 中央政府则通过监督等方式参与地方政策执行的各个环节。而在分离的情况中,中央派出机制是核心。中央政府通过派出机构直接执行相关职责,与地方自治体形成相互平行、相互分立的两套体系。依据"集权-分权"维度和"融合-分离"维度,天川模型将中央地方关系普遍划分为四种类型,包括"集权、融合型""集权、分离型""分权、融合型"和"分权、分离型"。

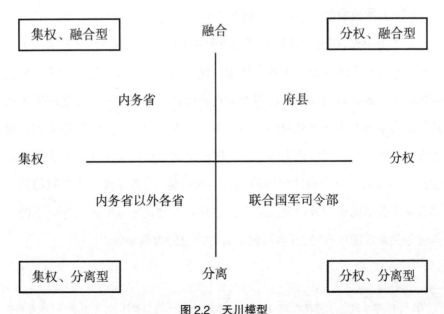

图 2.2　天川模型

资料来源:[日]天川晃:《广域行政与地方分权》,《增刊综合特集 29 行政转型期》,1981 年。

可以这样概括,即天川模型形成了一种"制度-机制"的解释方法。尽管这一模型被相关领域学者进行了诸多修正,但它的核心价值在于为中央地方关系的研究提供了一个相对综合的视角,具体来说有以下两个主要优势。首先,天川模型既能够反映静态的类型划分,又能够反映动态的变化趋势。事实上,这一模型的设计起点就是综合了日本地方制度改革的各种方案。因此,它能够解释为什么日本在战后由于政府内部力量的相互对立,整体上逐步由"集权、融合型"向"分权、融合型"转变。其次,天川模型不仅能够对不同国家中央地方关系的整体情况进行划分,也能够用以剖析一国政府系统内部机构的情况。以日本为例,改革战前的联合国军总司令部曾设想发展为"分权、分离型",内务省主张"集权、融合型",其他各部则希望采取自主执行事务的"集权、分离型"。从府县层面来看,为了牵制省厅派出机构在地方的权力,它们更希望发展地方分权。[①]因而,形成了如图 2.2 展现的分布格局。通过对这种内部对立力量的解释和剖析,政府发展变化的大体路径也能够基本呈现出来。

(二)日本政府的改革经验与特色

日本由中央、都道府县和市町村所构成的纵向三级政府结构,实质上有别于普遍意义上的纵向三级政府概念。这是由于其中都道府县和市町村之间构成了二重制政府体系,使得作为自治体的它们与中央政府之间的关系并不能简单地归为纵向政府层级的关系。一方面,在部分领域,中央省厅对地方自治体实行法制框架下的干预,因此纵向层面的关系是实实在在存在的;另一方面,地方自治体的性质使得中央与地方、地方自治体之间的关系都区别于普通的纵向政府间关系。正是在双重制地方政府体系影响下的纵向府际关系发展过程中,日本形成了具有特色的改革经验。

---

① [日]礒崎初仁、金井利之、伊藤正次:《日本地方自治》,张青松译,北京:社会科学文献出版社,2010年,第12~13页。

1.具有相当严格的程序

在日本,较为重要的机构改革都需要遵循严格和规范的程序,这是一种改革惯例。在具体的改革实践中,它体现在机构和立法两方面。

在机构方面,这种传统主要源自 1962 年日本仿照美国为改善行政制度和降低行政运行成本而设立的临时行政调查会。20 世纪 90 年代中期的"桥本改革",就于 1996 年 11 月 21 日再次设立了首相直属的审议机关行政改革审查会议,对政府职能的总体设定、机构重组方案及最终报告的形成进行了讨论。日本先后三次成立临时改革推进审议会,涉及地方分权、规制放松等一系列改革领域。①这是通过设立相关机构保障改革得以顺利推进的典型做法。

在立法方面,日本会在改革启动之前进行一系列针对改革程序本身的法律准备工作。例如 1998 年 6 月 9 日颁布的《中央省厅等改革基本法》、1999 年 1 月 26 日制定的《中央省厅等改革相关法案的大纲》,以及同年 4 月 27 日制定的相关法案和《关于推进中央省厅等改革的方针》等。这为改革得以按照计划实施创造了良好的条件和充分的保障。

2.纵向省厅干预的规则化

在中央高度集权的时代,各个省厅为了保证机关委任事务得以顺利执行,采取了发布省令、通知通告等一系列行政化的手段,包括对主管大臣赋予了综合性的指挥监督权限,对自治体实行了高度的干预和控制。总体来说,改革前中央各省厅对地方自治体的干预以行政手段为主,随意性和控制性都比较强。这在很大程度上压抑了地方自治体的自主性。与此同时,省厅之间的职责交叉和矛盾也会全面反映在地方的治理过程中。这种干预方式在地方自治制度的改革中得到了全面的改变,核心是干预的规则化与干预方式的规范化。

---

① ［日］堀江正弘:《日本的政府行政改革、回顾与展望》,戴晓芙、胡令远编译:《日本式经济、政治、社会体系/21 世纪的课题与展望》,上海:上海财经大学出版社,2002 年,第 293~312 页。

《地方分权一览法》要求中央政府干预须遵循三项基本原则,即法定主义原则、一般法原则和公正透明原则。在干预内容方面,将团体事务和机关委任事务重新划分为自治事务和法定委托事务。在自治事务中,对基于其他个别法的干预——同意、许可、认可、承认、指示——要求其限定在一定的情况下;对待执行和其他干预的事务,则提出尽可能不设定的要求。在法定委托事务中,对基于其他个别法的干预事项提出尽可能不设定的要求。[①]与此同时,它还规定地方公共团体在对中央干预或措施提出疑问时,可以通过向高等法院申请审查或提起诉讼,[②]为干预制度的改革提供了双重保障。随着21世纪以来地方分权改革的持续推进,中央向地方自治体的财源转移等措施,使中央对地方自治体的干预得以进一步规范化。中央也通过立法、司法、行政、财政和命令诉讼形成了多元化的、直接与间接相结合的干预模式。

3. 控制政府规模的同时提高履职能力

日本政府改革的特点还体现在尽可能压缩政府规模的同时提高其履责能力。人事制度改革是关键的抓手之一。1969年,为了解决机构臃肿和人员膨胀问题,日本颁布了《总定员法》。该法对公务员实行定员制,在法律层面规定行政组织公务人员的数量定额,在一定程度上促进人事管理权限的大幅度下放。与此同时,公务员制度改革将省厅确定为公务员的管理主体,旨在充分发挥各部门与公务员个体的积极性与创造性。具体内容有以下几点:一是在编制总额的框架内,各省厅可以根据精简、效能和统一协调的原则自行设立课与室级内部机构;二是在工资总额的范围内,可以根据业务和机构的不同属性自行设定工作和福利待遇基准;三是各省厅在选拔和录用公务员时,可以根据自己的要求设定标准,除局长级以上的人事变动也只需遵循既定程序任免。

---

① [日]大森弥、神野直彦编著:《地方分权问答》,行政出版社,1999年,第72页。

② 山谷成夫、川村毅:《自治体职员研修讲座——地方自治制度、地方公务员制度、地方财政制度》,学阳书房,2006年,第157页。

行政区划的调整是增强政府履职能力的另一个重要抓手。在《地方自治法》的修改中,作为简政放权的重要内容,为了提高地方自治体行政服务的水平和效率,中央政府积极提倡将市町村整合为更大的行政区划单位。目前,对于市町村合并的构想与实践还有着很大的争议,尤其是在对自治的侵害、行政效率的降低和资源的浪费等方面。但可以确定的是,无论是受到选举制度的影响还是面对行政功能实现的需求,行政区划的调整已经成为一种重要的改革途径,并同时影响着纵向维度上职责的调整。

第四节 比较与小结:
职责体系的改革模式与发展趋势

20 世纪 60 年代以来,政府承担的公共服务事务内容扩大、事权改革的分权化与集权化并存、社会性公共服务事务比重增加及事权交叉问题突出是各国所面临的普遍性问题。①世界各国政府围绕事权配置展开改革。在纵向府际关系的问题上,追求集分平衡是一种相对静态和理想化的思路;在实践中,各国更多采取了一种动态平衡的思路——通过政府改革,使得政府能够根据不同发展阶段的需要,在适度集权和适度分权间进行常态化调整,从而避免过度集权和过度分权的情况。而这种改革,往往体现为体制和机制层面的创新。上文中三个国家的典型做法,也为中国政府职责体系优化提供了国际经验镜鉴。

---

① 孙晓莉:《政府间公共服务事权配置的国际比较及对我国的启示》,《中国人民大学学报》,2007 年第 4 期,第 85~90 页。

一、改革路径比较与经验镜鉴

（一）以法律工具为主的多元改革手段趋于完善

立法、行政、经济等改革手段往往相互交织，在一国政府发展过程中发挥着综合性作用。不同改革手段的选择往往带来不同的改革成效，各类改革手段的相互配合不仅为改革提供了更多可能的选择方案，更有助于改革节奏的调整，从而提高改革的整体效率。自改革开放以来，中国商品经济的发展与计划经济体制向社会主义市场经济体制的转型，形成了政府职能转变的根本动因；政府职责体系优化的要求正是在这一宏观背景下提出的。探讨中国政府职责体系形成的历史制度根源，单一制国家的结构形式、长期以来的计划经济体制，以及纵向政府间"职责同构"的固有特征等都是无法绕开的基本因素。在其综合影响下，行政手段成为中国政府改革的主导性手段："行政主导下的全能政治"一直被认为是中国政府政治的主要特点；[1]而由行政部门单一主导的改革也走向了"行政吸纳法治"，使得政府改革陷入行政化、地方化和封闭化等多重结构性矛盾。[2]此外，《中华人民共和国宪法》《中华人民共和国国务院组织法》及《地方各级人民代表大会和地方各级人民政府组织法》中对政府职权职责的相关规定也比较模糊；具体内容更是散见于其他各类专门法律中，缺乏体系化的法律规定。

---

[1]　燕继荣：《从"行政主导"到"有限政府"——中国政府改革的方向与路径》，《学海》，2011 年第 3 期，第 85~96 页。

[2]　郭苏建、向淼：《从行政吸纳到简政放权——法治政府建设的双重逻辑及其转变》，《探索与争鸣》，2018 年第 10 期，第 37~45 页。

表 2.7 德国、法国、日本政府职责体系优化过程的改革手段比较

	德国	法国	日本
职责划分依据	《德意志联邦共和国基本法》中第 2 章联邦与各邦、第 8 章联邦法律之执行与联邦行政、第 9 章共同任务;各州宪法及相关法律,例如《巴登－符腾堡州宪法》第 71—75 条对该州县、乡镇、联合乡镇的职责做出具体规定	《市镇、省和大区权利与自由法》;《关于共和国地方行政管理法》等近百项法案与近千条法令	《日本国宪法》第 8 章地方自治;《地方自治法》;《财政法》与《地方财政法》;《地方税法》等
改革推进依据	《德意志联邦共和国基本法》第 7 章联邦立法;2000 年 6 月"法律效应评估手册"项目等	《市镇、省和大区权利与自由法》;1992 年颁布的《关于行使地方议员职务条件法》《关于共和国地方行政管理法》;2003 年宪法修正案对地方财政的规定等	1995 年《地方分权推进法》;1999 年《地方分权一览法》;2006 年《地方分权改革推进法》;2011 年《关于完善提高地域自主性、自立性改革的关联法律的法律》等

资料来源:作者根据相关法律及文件自制。

综观德国、法国与日本纵向政府职责配置模式的形成,法律工具的应用占据改革手段主导地位的特征非常显著。从职责划分到改革整体推进,立法工作似乎从未"缺席",其作用发挥也相当充分(参见表 2.7)。对于中国的改革来说,党的二十大报告提出"坚持全面依法治国,推进法治中国建设",在扎实推进依法行政部分明确提出要"优化政府职责体系和组织结构,推进机构、职能、权限、程序、责任法定化"。因此,未来改革中应不断丰富政策"工具箱",加快形成以法律工具为主的多元化改革手段体系;灵活运用时限性立法,配合以行政手段如设立改革推进机构、经济手段如灵活的财政政策等,适时进行阶段性总结,将成熟的改革经验上升至法律层面,例如将相关内容及时纳入《地方各级人民代表大会和地方各级人民政府组织法》,以巩固宝贵的改革成果。

(二)以职能实现为目标的整体性改革趋于规范

推进政府职能转变、构建和优化政府职责体系,在政府功能实现与改革

路径选择上体现出整体性的特征。改革开放以来,中国在不同领域开展了形式多样的行政管理体制改革。虽然侧重点和具体目标有所差别,但"改革已然表现出打破界限,实现功能整合、结构重构和行政系统一体化的整体政府发展趋势"①。其中,行政审批制度改革——特别是政务服务中心的诞生,体现出政务整体环境优化与服务职能集成的演进趋势。②当然,整体性政府构建不能囿于政策执行过程,更要体现在政府整体行政过程对和谐社会秩序自我延续和发展的促进,③这对改革不同环节、不同部分间的关联与衔接提出了较高要求。相比之下,德国的改革总体上可以归纳为央地分权带动模式。将大量国家职能——特别是服务职能分权到州再到地方,是其加强跨部门协同、提供优质服务和提高绩效收益的优先战略选择;法国的分权化改革是基于行政双轨并行模式展开的,即基于地方制度中同时发挥作用的地方领土单位(自治团体)和中央政府派驻机构两套公权力系统进行权力结构调整。在分权过程中,改革保持了中央的权威性和政府的整体性,避免因分权而带来的治理碎片化;日本的改革模式离不开对机关委任事务制度的调整。伴随着机关委任事务制度的废除,日本以规模控制为核心价值的大部门体制改革进入了新的阶段。

① 王敬波:《面向整体政府的改革与行政主体理论的重塑》,《中国社会科学》,2020 年第 7 期,第 103~122 页。

② 艾琳、王刚、张卫清:《由集中审批到集成服务——行政审批制度改革的路径选择与政务服务中心的发展趋势》,《中国行政管理》,2013 年第 4 期,第 15~19 页。

③ 褚松燕:《行政服务机构建设与整体性政府的塑造》,《中国行政管理》,2006 年第 7 期,第 48~51 页。

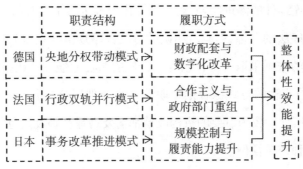

图 2.3　各国改革整体性示意图

现阶段,中国的各项改革工作间整体性还有待提升,特别是政务服务体系建设、法律制度完善等工作,和政府职责体系优化间还缺乏必要的关联。处于"两化叠加"时期的中国,同时面临着法治国家建设的任务;政务服务一线改革实践和工作经验,还未能充分反馈至组织法层面;相应地,以法治路径实现职责体系优化的效果也因此削弱。伴随着数字技术在中国国家治理层面的展开,未来改革中,政务服务体系建设、法律制度完善与职责体系优化间的关系将会进一步密切。对三者关系的衔接与整合,将是中国政府职责体系整体性制度功能实现的关键。

(三)以效率提升为导向的程序性保障趋于强化

党的十九届三中全会《深化党和国家机构改革方案》确立了推进机构编制法定化的重大战略部署;2023 年 3 月中共中央、国务院印发新一轮《党和国家机构改革方案》,进一步提出要"在巩固党和国家机构改革成果的基础上继续深化改革,对体制机制和机构职责进行调整和完善"。在中国,机构编制法定化的表述源自"三定"规定的提法,是指将国家机构有效运转需要的职权配置、机构设置和人员编制以制度化、规范化的形式加以规定。邓小平同志曾提出"编制就是法"的观点,可见机构编制法定化于中国机构改革和职责体系构建的重要意义。遗憾的是,中国没有形成体系化的行政程序法;改革实践与"三定"规定、组织法之间也缺乏有效的连接。相比之下,德国、法国和日本都有比较成熟的行政程序立法传统。在改革推进过程中,德国政府遵循着一条非连续性的渐进路径,对网络协作模式进行了多次调整。法国虽不采用行政程序法的名称,但有着明确的行政程序规范。在改革过程中,作为单一制国家的法国采取了一种制度性分权的路径,通过法律授权、调整区划、中央加强监管的方式综合推进职责体系合理划分;而在日本,改革具有相当严格的程序。较为重要的机构改革都需要遵循严格和规范的程序,这已经形成了一种改革惯例。

在中国政府职责体系构建和权责配置的过程中,总体来说结构性的要素比较多,程序性的要素偏少。事实上,权责清单制度这一制度性创新正试图将"程序"引入改革进程。其制度性功能的发挥,能够加强改革实践与"三定"规定、组织法间的连接,能够在一定程度上缓解权力法定与改革合法性之间的紧张关系;权责清单编制过程中加入的办事流程图、事中事后监管等程序性的制度设计,一方面为改革新要素的纳入提供了空间,另一方面又对其进行了控制——特别是随着行政管理体制改革的持续推进,机构职责的变动能够以合理、科学的方式巩固下来。当然,要实现权责清单的制度性功能,还需要进一步完善其机制运行和功能发挥的有利条件,从而真正为改革提供程序性保障。

二、制度建设与体制机制创新并重的职责体系改革趋势

综观前文中三个典型国家的实践可以看到,它们在改革过程中,一方面在制度建设方面开展了大量工作,形成了职责体系构建与改革持续推进的基础和保障;另一方面,体制机制创新发挥的作用越来越得到重视。特别是如何通过体制机制创新调动不同的改革要素、最大化发挥改革作用,其重要性越来越凸显。

(一)制度建设形成改革的基础和保障

在制度建设方面,尽管各国在具体改革举措上有所差异、有所侧重,但

也存在一些共性。

第一,改革过程中的立法和机构设置形成了双重保障。在保障改革成果方面,法律制度和法律法规体系最具稳定性。经过实践检验的改革成果,有必要通过不同层次的法律法规进行固定,这在三个国家政府职责体系的形成中均有所体现。同时,改革是一个试错的过程,一方面要对旧的制度和行为习惯做出较大程度的改变,另一方面也要突破现有的法律体系。立法环节为改革过程设定了框架和规划,引入了程序性要素,这提高了改革的效率、减少了不确定性。加之特殊性立法和临时机构的补充,立法工作在改革中的灵活性和计划性就大大增强了。

第二,统筹制度设计提升改革的整体性收益。从横向维度看,构建政府职责体系绝不是单独某个领域的工作,必须增强不同制度的统筹设计与衔接。例如,财政领域的配套改革起到了强化地方的财源、保障中央政府进行分权效果的作用;再如,地方行政区划调整的科学设计也有助于提高地方履职能力,为权力下放创造条件。从纵向维度看,各领域的配套改革又要分类型、分阶段逐步展开,做好衔接与配合,从而保证"1+1>2"的整体改革效益。

第三,尊重制度变迁的"路径依赖"特征,最大程度保留原有制度优势。制度变迁中的"路径依赖"能够反映出一般国家改革过程中的规律,差别在于"路径依赖"的程度与效果,即多大程度上受到原有制度的束缚与干扰,以及保留原有制度的优势。例如德国的律法主义传统,一方面是规范改革过程的保障,另一方面也成为改革对象;法国和日本的分权化改革,在增强地方自主性的同时其实并未消除中央集权的根源,而是侧重于改变中央对地方的干预和控制方式。总体来看,制度建设在政府职责体系优化中起着基础和保障性作用,与制度执行能力间形成相互促进的关系,与体制机制创新相比是相对稳定的部分;要注意到其作为基础和束缚的两面性特征。

(二)体制机制创新增强体系的稳定性与灵活性

在体制机制创新方面,各国改革重点集中于通过机制运行增强职责体系的稳定性与灵活性,主要发挥其调节作用。一方面,社会经济的快速发展促使社会事务不断复杂化,改革的要素也不断增加,单纯的制度建设无法满足动态化的、局部性的,以及个性化的需要;另一方面,经过阶段性的改革,政府职责配置达到了相对稳定的状态,不宜频繁进行结构性调整。由此,体制机制创新就成为政府实现发展的重要领域。从新机制的产生来看,它既可以来自对原有制度要素的结构性调整,也可以来自制度体系中新要素的引入;而这需要通过体制安排对原有制度环境予以改变。因此,体制创新是新机制得以产生的载体。

相较于制度建设,体制机制创新有两个重要的特点。一是在功能层面更具灵活性和动态性。例如,各国采用的时限性立法、各类分权改革委员会等临时性机构、联席会议等,都是对制度建设的重要补充,发挥了增强制度建设灵活性的作用。二是在结构层面兼具局部性与整体性特征。体制机制创新往往以局部功能的优化为切入点,在一定程度上规避了既有利益格局调整带来的阻力;同时,随着新机制对旧机制的替代,又能够产生以局部调整带动整体优化的效果。例如,德国的横向转移支付在一定程度上形成了联邦成员单位之间的激励机制,对各州之间形成合作关系、提高整体履职能力有所促进。总体来看,体制机制创新在职责体系的形成和改革过程中发挥了两方面的重要作用。其一,增强了制度体系的稳定性或称作韧性,即在变化的环境中具有更强的包容力和应对力。其二,增强了体系的灵活性,即职责体系本身具备了可变化和调整的空间。这具体体现为体制机制创新的三方面功能:第一,协调了现存制度间的关系;第二,触发旧制度与新制度之间的转换与过渡;第三,诱导新制度更好地发挥其功能。

综上所述,典型国家政府在优化政府职责配置、调整纵向政府间关系及不断推进改革方面的经验,能够以制度建设和体制机制创新并重新加以总结概括,这对于构建具有中国特色的政府职责体系具有理论和实践上的双重意义。

第三章

权责清单制度的历史演进与实践现状

"中国政府职责体系"既是一个具有历史性和一般性的概念,又是一个具有阶段性和特殊性的概念。从它的一般性层面来看,同世界上任何一个国家一样,从政府产生的那一刻起,客观上就形成了一套政府的职责体系——无论权力的运行模式、机构的设置或职责在各级政府间的配置是怎样的。从它的特殊性层面来看,即从狭义的角度理解"中国政府职责体系",它又是一个中国政府在纵向政府间关系调整、事权划分及行政体制改革等诸多领域探索的过程中所形成的一个新的阶段性概念。所谓"职责体系",是政府职责配置的科学化与体系化。它与职责的"同构"概念处于同一维度;而与之相关的"确权"概念,则与过去简单的"收权"与"放权"、"集权"与"分权"处于同一维度。它们是批判和发展的关系。从这个角度来看,权责清单制度的建立健全作为构建政府职责体系的基础性制度设计和过渡性制度创新,[①]其阶段性和目标性就体现得更加明显。权责清单制度的产生有其历史背景与根源,其功能定位的优化又促使改革不断向前发展。本章将以中国政府的职责配置模式和权责清单制度的构建为核心,从"历史背景–实践现状"这一发展顺序

---

① 朱光磊等:《构建中国特色社会主义政府职责体系推进政府治理现代化(笔谈)》,《探索》,2021年第1期,第49~76页。

对中国政府职责体系的形成与优化过程展开梳理与论述。

第一节　历史阶段划分及其依据

在中国,权责清单制度出现的时间并不长,即便是到今天也仍旧处于制度功能探索和完善的初期阶段;但同时,权责清单制度的目标——构建具有中国特色的政府职责体系及其背后所反映的中国政府的职责配置模式,从新中国成立以来就形成了一套独有的发展路径。它一方面形成了权责清单制度得以产生的基础和前提条件,另一方面也自然而然地成了政府职能转变背景下权责清单制度改革的主要对象。本章将以 1978 年 11 月党的十一届三中全会为起点,将这一过程划分为三个阶段。在对具体的历史阶段进行论述前,本节首先要解决两个问题。其一,为何将党的十一届三中全会作为历史分析的起点? 其二,进行历史阶段划分时的依据是什么?

一、计划经济时期高度集中的政府体制

新中国成立初期,处于崩溃边缘的国民经济和逐步恶化的财政收支状况为新中国政府带来了严峻的挑战与考验,经济的恢复与发展成为国家发展的首要任务。直至 1978 年党的十一届三中全会进行改革开放这三十年,中国的计划经济体制在这一时期中国的经济发展和迅速工业化的过程中发挥了重要作用。在这一阶段,计划经济背景下的中国政府无论是在行政管理体制还是财政管理体制等各个方面,一直处于相对比较集中的状态。由于在这种相对集中的框架下地方政府完全依附于中央,在角色定位上也只是中央计划的被动执行者,因此除了中央高度集权的央地关系下财政管理体制上的相对集、分,几乎不存在与职责配置相关的概念。事权主要体现为各级政府对其

治下的国有企事业单位的行政管理权。①这种特点主要体现在以下三个方面。

首先,这一时期权力的相对集、分基本以财政管理体制为核心,实质是中央对其与地方在财政收支分配方式上的调整。可以说,计划经济时期的财权事权关系变动——无论是集权还是分权, 主要围绕的都是经济领域与经济规律的发展。它是一种建立在以"统收统支"为特征的财政管理体制基础上高度集中的财权事权关系。②地方政府的财政收入与地方公共产品和服务供给之间缺乏直接的联系,地方政府无法因地制宜地行使职责,这导致政府间规范的事权关系并不具备形成条件。

其次, 这一时期中央与地方政府的集分权变化未能触及省级政府以下各层级地方政府间的关系。事实上,即便是 1993 年实行的分税制改革,也只是在中央与地方两个层次形成了全国统一的局面。宪法层面和组织法层面对各级政府事权的划分是相对原则性的, 对此进行具体和系统性规定的法律又还未能形成。这导致中国政府在纵向间,尤其是省以下各级政府间的职责划分问题从这一时期起直至今天也还未得到解决。

最后,在计划体制高度的依附关系下,这一时期无论是权力的相对集中还是相对分散,都基本处于中央政府的控制之下,地方政府基本不具有主动性。自 1949 年到 1951 年高度集中的财权事权关系确立以来,直到改革开放的近三十年中, 中国的财权事权关系经历了从集权到分权再到集权再到分权的反复调整。这期间进行的三次机构改革也相应地呈现出循环的特点。③其中,地方政府的主动性主要体现在与中央政府在财政收支、分成比例等事务的讨价还价上,实际对于财政收支的自主权非常小,在这种关系变动中的参与度也非常低。这是造成中国政府间财权事权关系长期陷入"一统就死、

① 姚东旻、颜绪、李静:《从政策文本出发分析我国政府间事权划分的基本逻辑》,《中国人民大学学报》,2018 年第 6 期,第 67 页。

② 谭建立编著:《中央与地方财权事权关系研究》,北京:中国财政经济出版社,2010 年,第 95 页。

③ 谢庆奎:《中国行政机构改革的回顾与展望——兼论行政机构改革的长期性》,《学习与探索》,1997 年第 6 期,第 63~69 页。

一放就活、一活就乱、一乱又统"的循环的重要原因之一。

计划经济时期央地财权事权关系的调整,一方面其本身具有深刻的历史和经济根源,另一方面对中国直至今天的各领域改革都产生了深远的影响。1978 年党的十一届三中全会后,伴随着改革开放和市场化进程的不断推进,中国政府再次展开了央地关系调整的改革。进入经济市场化转型期后的放权改革,与此前的权力关系调整过程已经有了相当明显的区别。一个重要的情况在于,地方政府在制度层面的主动性被大大加强了,不再是缺乏独立利益主体地位的被动执行者,开始具有了明确和独立的经济利益和行为目标,有能力投入和发展本地区农业、能源、交通、教育、卫生等各领域事业。以"权责利"相结合的政府间职责划分过程正式开始了。也正是基于以上原因,本书将历史阶段划分的起点确定为 1978 年党的十一届三中全会的召开。

二、阶段划分的依据与解读

从不同的视角来看,中国政府职责体系的形成过程会涉及多样化的概念,因此也会产生不同的阶段划分方式。以"职能"为核心概念,根据"国家职能—政府职能—政府职责—政府职责体系"的发展逻辑,可以将改革开放以来的历史划分为 1978 年到 1997 年的政府职能形成阶段、1998 年到 2006 年的政府职能调整阶段,以及 2007 年至今的政府职能深化阶段;[1]以"关系"为核心概念,根据"央地关系–政府间关系"的发展逻辑,可以以 1992 年中国步入社会主义市场经济阶段为界点,将其划分为 1978 年到 1992 年的权力集分并存阶段和 1992 年至今的政府间关系细化与深入阶段;[2]以"机构改革"为核心概念,则可以根据改革开放以来中国进行历次机构改革的主导逻辑,

---

① 朱光磊等:《构建中国特色社会主义政府职责体系推进政府治理现代化（笔谈)》,《探索》,2021 年第 1 期,第 49~76 页。

② 张志红:《当代中国政府间纵向关系研究》,天津:天津人民出版社,2005 年,第 81~131 页。

以 1993 年机构改革和 1998 年机构改革将这段历史时期划分为 1993 年以前注重技术和数量层面的组织逻辑主导阶段,以及 1998 年以后注重推动政府职能转变的职能逻辑主导阶段。①本书关注政府职责体系的形成过程,因此需要综合考虑纵向政府间关系的变化、权责的配置模式及相对应的机构改革内容;同时,本书又在这一过程中聚焦权责清单制度及其机制的功能发挥,也需要在划分标准上做一调整。

综合以上各视角的划分方式,这里将改革开放以来政府职责体系形成过程划分为两个节点、三个阶段,分别为1978 年到 2002 年事权划分与机构改革领域中对政府职能的探索阶段、2003 年到 2013 年政府职能转变背景下权责清单从出现到推广的制度化阶段,以及 2014 年至今的政府职责体系构建目标下的权责清单制度优化阶段。它们基本展现了权责清单制度产生的历史背景、萌芽与全面推广的制度化过程,以及随各领域改革推进而不断深化其制度性功能的过程。

如第一节所述,党的十一届三中全会后,计划经济体制下的中国进入了经济转型期。相应地,地方政府的事权得到了一定程度的拓展。截至 2002 年,这期间政府分别于 1982 年、1988 年、1993 年和 1998 年进行了 4 轮机构改革,并自 1993 年起形成了五年一轮机构改革的固定模式。1988 年政府机构改革首次提出"政府职能转变是机构改革的关键";2002 年党中央明确提出了对政府职能的十六字概括,即"经济调节、市场监管、社会管理和公共服务"。政府职能概念的形成及其在实践中的具体化,是权责清单得以出现的根本基础。

2003 年起,无论是学界对政府职能概念的探索还是政界的实践工作,均进入了一个细化的阶段。几乎是在政府职责概念出现的同一时期,行政实践中出现了首份权责清单。这之后的十年间,权责清单在全国范围内迅速扩散开来,并实现了清单的制度化。2013 年党的十八届三中全会通过的《中共中

---

① 赵聚军:《双重压力下地方政府机构改革的挑战与契机》,《南京社会科学》,2012 年第 3 期,第 67~72 页。

央关于全面深化改革若干重大问题的决定》,标志着权责清单制度在地方各级政府的全面推行。这一阶段,横向覆盖各省和纵向覆盖各级政府的权责清单体系已经搭建起来;伴随着各地政务服务网站的建设、清单动态调整机制的形成等,其制度化过程基本完成。

2013 年的《中共中央关于全面深化改革若干重大的决定》,开创性地对中央和地方政府职责做了差别化部署,从实践层面进一步推动了中国政府职责体系的构建。作为第三阶段的标志性节点,《决定》还首次区分了政府"职能"与政府"职责",[1]这一表述的变化也深刻影响了权责清单制度在制度功能上的转变。权责清单制度的相关研究与行政实践逐步与机构编制改革、政府职能转变等政府职责体系构建的相关要素相互联系。权责清单制度的功能探索距离职责体系构建这一核心问题越来越近了。

此处有两点需要进一步说明。其一,本研究的阶段划分力图兼具综合性与针对性,因此在对大阶段的论述中会结合更具针对性的小阶段划分。例如,针对权责清单制度本身,有研究根据阶段性特征将其划分为初探阶段、试点导入阶段和规范推广阶段[2];也有研究认为,应当以权责清单的工作侧重点作为划分标准,将其划分为职责描述阶段、职权目录阶段和权责清单制度阶段。[3]具体论述过程将结合改革背景与聚焦主题,以便论述更为丰满。其二,历史阶段的分析将结合前文提到的政府过程理论与"偏离"假设,以便分析逻辑更为清晰。权责清单制度的产生有其必然性和偶然性,这与前文根据过程理论中的"偏离"假设而提出的发展路径不谋而合;做历史和制度变迁分析,也恰恰需要通过理论指导来剖析发展所涉及的主体、驱动力及发展效果。下文将对发展阶段展开具体论述。

---

①　朱光磊:《全面深化改革进程中的中国新治理观》,《中国社会科学》,2017 年第 4 期,第 27~39 页。

②　胡税根、徐靖芮:《我国政府权力清单制度的建设与完善》,《中共天津市委党校学报》,2015 年第 1 期,第 67~77 页。

③　唐亚林、刘伟:《权责清单制度:建构现代政府的中国方案》,《学术界》,2016 年第 12 期,第 32~44 页。

第二节　清单出现前的事权划分与
对政府职能的探索(1978—2002 年)

中国政府职责体系构建的核心概念是政府"职责",但政府"职责"的提法是政府"职能"概念相对稳定后才得以提出的。在历史分析中,"事权"概念更具一般性,在官方文件中通常以政府的"职能""职权""管理权限""职责"等说法出现;在学术研究中,"事权""职能""职责""具体事项"等内容也存在相互混淆的情况,其内涵也随着中国经济体制改革而不断丰富与变化。事实上,从概念的实质内容来看,"职责"稍大于"事权"稍大于"具体事项"。根据1978 年改革开放到 2002 年党的第十六次全国代表大会,以经济关系和财政管理体制为核心的事权划分在经历了分税制改革后,开始逐渐探索公共事务领域的事权划分及财政管理体制与政府职能之间的关系;相应地,这一阶段共进行四轮机构改革,其改革逻辑发生了明显变化。归纳这一阶段一般意义上政府职责体系变化的典型特征,就是在事权划分和机构改革领域对政府职能的探索与完善。

一、以 1993 年为节点的财政管理体制与事权划分变化

党的十一届三中全会后,中国开始进入经济转型期。到 1993 年分税制改革的十余年间, 中国财政管理体制的改革是比较频繁的。较为明显的特征,包括总体上的财政分权态势、财政分权手段的适时调整,以及对中央与地方财政关系规范化的积极探索。1978 年 11 月召开的党的十一届三中全会、1979 年 4 月召开的党中央工作会议, 以及 1979 年 6 月召开的第五届全国人民代表大会第二次会议,拉开了经济体制全面改革的帷幕。几次会议均

提出,应当率先在财政管理体制领域进行改革,通过长期积累的经验总结,逐步向地方政府和企业放权,提高地方和市场的积极性。因此,相较于计划经济时期中央高度集中财政管理权限控制下权力的频繁集分,总体来说这一阶段保持着向地方分权的态势。在国民生产总值稳步提升的基础上,虽然在形式上进行了多种多样的探索,但以"财政包干"为基础特征的制度促使了实质性的财政分权改革。它大大提高了地方政府的积极性,为地方政府发展当地经济、进行生产建设注入了活力与动力,为进一步财政领域改革和事权划分探索打下了坚实的基础——尽管其在后续发展过程中逐渐出现不可持续的问题。

表 3.1 "财政包干"体制演变的重要节点

时间	国务院文件	内容要点
1980 年 2 月 1 日	《关于实行"划分收支、分级包干"财政管理体制的通知》	1.按照隶属关系划分中央和地方的财政收支范围;2.多收多留多支、少收少支,自求平衡,原则上五年不变;3.形成"分灶吃饭"的整体格局
1985 年 3 月 21 日	《关于实行"划分税种、核定收支、分级包干"财政管理体制的规定的通知》	1.按照利改税第二步改革后的税种设置划分财政收入,分为中央财政固定收入、地方财政固定收入和中央和地方共享固定收入;2.按隶属关系划分财政支出;3.多收多支、少收少支,自求平衡
1988 年 7 月 28 日	《关于地方实行财政包干办法的决定》	针对不同地区实行收入递增包干、总额分成、上解额递增包干、定额上解和定额补助等方法

如表 3.1 所示,1980 年到 1993 年间,中央政府共发布三份文件对"财政包干体制"进行调整和完善。综观财政包干体制的演变路径,它实现了两点重要的转变。首先,由于市场要素的引入,它开始以优化资源配置、调动地方积极性为基本导向,是促使地方政府权、责、利相统一的体制设计。随着高度集中的财政管理体制的打破,"条条"不再统一分配指标,地方政府的财力分配能力大幅提升,地方政府在事权的自主性上得到了相当大的拓展。其次,

这一过程中两步"利改税"促成了财政收支体制的结构性转变。财政收入的划分标准由企事业单位的行政隶属关系转变为"利改税"改革后的税种设置，一方面地方得以形成相对稳定的财政收入，保证了国民经济稳定发展，为其他领域改革提供了物质基础；另一方面，相较于之前，它促使财政管理体制向着相对稳定的方向发展，是一次积极的探索。特别是对地方经济发展的刺激，为之后改革的全面进行创造了条件。但遗憾的是，这期间由于"两个比重"的严重下降，中央财政得不到保障，宏观调控能力大大下降，使其后期丧失了可持续性。此外，财政包干体制的优化过程中，涉及支出责任的部分并未取得太大的进展。由于地方经济社会发展的差异性较大，财政管理体制还缺乏一定的统一性与规范性。尤其在缺乏法律保障的情况下，中央和地方在分成比例和补助数额上比较容易陷入"讨价还价"，地方政府也在这一过程中为扩大财源而进行了盲目扩建等种种不规范的行为。加之其他领域的配套改革没有及时跟上，相关体制机制建设也不健全，中国纵向政府间事权划分还有待进一步探索。

1992年党的十四大提出，经济体制改革的目标是建立社会主义市场经济体制，要使市场在社会主义国家宏观调控下对资源配置起基础性作用，中国进入了社会主义市场经济建设的新阶段。1993年党的十四届三中全会作出《关于建立社会主义市场经济体制若干问题的决定》，指出财税体制改革的重点是把现行地方财政包干制改为在合理划分中央与地方事权基础上的分税制，建立中央税收和地方税收体系。《决定》还提出要转变政府职能，建立健全宏观经济调控体系。1993年12月，国务院发布《关于实行分税制财政管理体制的决定》，《决定》从1994年1月1日起在全国各省、自治区、直辖市及计划单列市实行分税制。分税制改革的绩效特别体现在四个方面。

其一，有效提升了"两个比重"，重建了中央在财政管理体制中的主导性、财力上的重要性和政治上的权威性。这使得地方对中央的依附性提高，有效促进了中央宏观调控职能的发挥。

其二,促进了财政管理体制的统一化和标准化。分税制确立了一个相对清晰和完善的体制框架,各地区按照统一标准进行收入划分,为纵向政府间事权关系的进一步理顺和规范奠定了基础。

其三,通过税收返还和转移支付制度,合理调节了横向地区间财力分配。它对于促进地区均衡发展和提高中央政府的整合与调控能力起到了至关重要的作用。

其四,分税制改革过程体现了对政府职能转变的探索和管理的不断细化。在分步实施的过程中,分税制改革的每个阶段均有相应的侧重点;根据1993年提出的"事权与财权相结合"的原则,行政实践对政府职能的探索已经有了相当大的进展。最为重要的是,随着分税制的实行,中国对中央和地方政府关系的调整开始逐渐走出财税体制改革这个单一的维度:一方面,财税体制相对稳定,其改革方向不再单纯围绕纵向权力的集分,开始转向规范化和科学体系建设;另一方面,事权划分领域逐渐独立出来,并逐渐成为央地关系调整的核心。这也促成了二者在后续发展阶段中既有互相束缚,又有互相促进的特征。

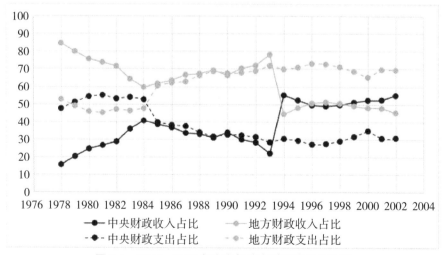

图3.1　1978—2002年中央与地方财政收支占比图
数据来源:根据国泰安研究服务中心宏观经济数据库相关数据计算,网址:https://www.gtarsc.com/。

　　图 3.1 展现了 1978 年到 2002 年中央和地方财政收支占比情况。可以看到,地方财政支出占比不断上升,表明改革开放以来从财政包干制到分税制的实行,地方政府的财力得到了持续性的提升,财政分权改革的效果显著;在财政收入方面,分税制改革后中央政府的财政收入比重大大提高,这符合 1993 年《决定》中对政府经济职能转变——提高经济宏观调控能力——的要求,改变了财力财权相对分散的局面。中国在这一阶段的财政体制改革,一方面是由经济领域的客观属性决定财政领域应当先行改革;另一方面,随着政府间财政管理体制逐渐趋于稳定,广义上的事权或政府职责的划分才具备了基础与条件。

二、以 1988 年为节点的机构改革逻辑变化

　　机构是政府职能的载体,机构改革的目的是通过调整政府机构的结构与运行从而适应经济和社会发展的需要,其改革逻辑反映出政治变迁与发展的路径与导向。从新中国成立到改革开放期间政府进行的三次机构调整,一方面受当时政治环境影响严重,另一方面也在"精简—膨胀—精简"的循环探索中搭建了机构组织的基本结构,为之后以行政体制改革为依托的大规模机构改革的展开奠定了基础。以社会主义市场经济体制确立为节点,20世纪 80 年代和 90 年代各进行了两轮机构改革。尽管四轮机构改革都有各自的侧重点,但其改革背景变迁的连贯性也决定了它们之间的发展关系;尤其是以对政府职能转变的探索为主线,便能揭示其背后的逻辑转换。

　　1982 年,邓小平提出"精简机构是一场革命"[①]。正处于经济体制转型探索期的中国主要面临着两项改革任务。其一,分权化改革的大趋势与市场调节要素的引入,要求改革要持续调动地方政府积极性,开始逐步发挥市场作

---

　　① 邓小平:《精简机构是一场革命》(1982 年 1 月 13 日),《邓小平文选》(1975—1982 年),北京:人民出版社,1983 年,第 351~352 页。

用;其二,要采取适当的手段增强中央政府在日常经济活动中集中统一指挥的能力。因此,1982 年的机构改革主要围绕着"文化大革命"后党政机构臃肿和行政效率低下等问题展开。1982 年 2 月 22 日,第五届全国人大常委会举行第 22 次会议,通过《关于国务院机构改革问题的决议》。

《决议》一是对国务院现有工作部门进行了重组与合并,如将商业部与全国供销合作总社和粮食部合并,组建新的商业部;将农业部、农垦部、国家水产总局合并,设立农牧渔业部等。二是强化了某些部门的职责,如进一步加强国家计划委员会的工作,成立国家经济体制改革委员会,以便对改革进行总体设计等。此外,本轮改革还承担着领导体制的"干部年轻化"任务。为此,改革采取了废除领导干部职务终身制、精简各级领导班子、加快干部队伍年轻化建设等举措。此次机构调整,国务院所属部委、直属机构和办公机构由 100 个裁并为 61 个,国务院各部门机关人员编制精简 25%。由于改革既没有触及高度集中的计划经济体制,也没有抓住政府职能这一关键,精简的机构很快又重新膨胀。

1984 年党的十二届三中全会作出《中共中央关于经济体制改革的决定》,提出"我国社会主义经济是公有制基础上的有计划商品经济";1987 年党的十三次全国代表大会《沿着有中国特色的社会主义道路前进》的报告比较系统地阐述了我国社会主义初级阶段的理论。在具体实践中,1987 年 10月起,国务院按照各部门组织实施的定职能、定机构、定编制的"三定"要求拟定了机构改革的实施方案,并进行了反复修改。随着理论和实践经验的不断积累,1988 年 3 月第七届全国人大一次会议通过国务院机构改革方案,它首次提出"转变政府职能是机构改革的关键"这一重要命题,提出"这次机构改革主要着眼于转变职能……按照加强宏观调控和减少直接控制的原则,转变职能,划清职责范围,配置机构……不搞简单的撤并机构和裁减人员"[1]。

---

① 李鹏:《在第七届全国人民代表大会第一次会议上的政府工作报告》(1988 年 3 月 25 日),《中华人民共和国第七届全国人民代表大会第一次会议文件汇编》,北京:人民出版社,1988 年第 1 版,第 33~34 页。

改革持续了 9 个月,重点从三方面展开:首先是精简机构。经过改革,国务院部委由 45 个减为 41 个,直属机构由 22 个减为 19 个,办事机构由 4 个改为 7 个,非常设机构由 77 个清理为 44 个。其次是研究推进"三定"工作。以新组建的 9 个部委为起点,"三定"工作逐步推进到其他各部门,截至 1990 年底,"三定"涉及的审定、验收等工作全部完成。最后是精简人员。由于 1982 年机构改革实行"定编不定员"的政策,导致大量人员超编。改革后实有人数比核定的编制数减少一万余人。值得注意的是,本轮改革已经开始着手调整具体经济职能,尝试通过弱化经济部门对企业经营活动的直接干预转而增强其宏观调控和行业管理能力,特别针对经济管理部门中的专业管理部门和综合部门内的专业机构进行了改革。但由于政府职能概念还比较模糊,改革还不具备成熟的条件,导致部分预期目标并未实现。[①]

上一轮机构改革后,国务院工作部门再次膨胀,国务院工作部门加上归口部委管理的国家局共 86 个,省、自治区党政部门平均设 68 个,除京津沪等城市平均设 63 个,县平均设 63 个。这造成了国家财政的巨大负担。1993 年 3 月,党的十四届二中全会讨论通过机构改革方案,随后八届全国人大一次会议审议通过《国务院机构改革方案》。经过改革,国务院组成部门由 42 个减为 41 个,直属机构由 19 个减为 13 个,办事机构由 9 个减为 4 个,非常设机构由 85 个减为 26 个。为了适应建立社会主义市场经济体制这一巨大转变,1992 年的机构改革首次提出"政府机构改革的目的是适应建设社会主义市场经济体制的需要",机构改革与政府职能的关系更近一步了;也正是自本轮改革起,中国机构改革形成了五年一个周期的固定模式。

1998 年 3 月 10 日九届全国人大一次会议批准了《国务院机构改革方案》,展开了机构变动最大、人员调整最多、改革力度最大的一次机构改革,力图建立办事高效、运转协调、行为规范的行政管理体系。一方面《方案》提

---

① Wu Jiang,The Historical Experience of Government Institutional Reforms in China,*Chinese Public Administration*,2005(3),pp.11–14.

出机关行政编制精简 50%的要求,人员大幅精减;另一方面按照国务院部署,各部门制定了"三定"规定,于 3 个月内先后审议批准、下达并完成组织实施。本轮改革后,国务院组成部门由 40 个精简为 29 个,部门内设机构精简四分之一。更重要的是,本轮改革被视作机构改革由前半程(1982 年、1988 年、1993 年)组织逻辑向后半程(1998 年、2003 年、2008 年)职能逻辑转换的关键节点,推动政府职能转变成为改革的主要线索。①在政府职能转变的目标定位下,改革不但在经济职能上采取了加强宏观调控部门、减少专业经济部门等举措,还适当调整了社会服务部门、加强了执法监管部门;对外向企业和社会中介组织划转出 280 余项职能,对内则按照权责一致原则在部门间划转了 100 多项职能。②这促使对政府职能的探索进入了一个全新阶段。

总体来看,1978 年到 2002 年四轮机构改革的主线在于适应和服务经济体制改革。有研究将其特征概括为机构改革背景的单一化,即政府机构改革基本随着经济体制改革的深入而同步适应,即 1982 年的机构改革是在"计划经济为主、市场调节为辅"的背景下进行的,1988 年的机构改革是在"公有制基础上有计划的商品经济"的条件下展开的,1993 年的机构改革以"确立社会主义市场经济体制"为背景,1998 年的机构改革则与"逐步建立社会主义市场经济体制"过程相一致。这有别于世界其他国家机构改革的规律。③但同时,四轮机构改革的逻辑转换也体现出三个重要特征。

其一,机构改革以经济体制改革为依托,逐步纳入新的政府职能;政府职能在机构改革的探索中不断细化。其二,机构改革与职能、体制的关系逐渐加强。从组织逻辑向职能逻辑的转换,就能明显体现出改革正在由简单的技术操作向深层的结构调整转变。其三,随着职能概念的细化和明晰化,机

---

① 赵聚军:《双重压力下地方政府机构改革的挑战与契机》,《南京社会科学》,2012 年第 3 期,第 67~72 页。

② 张平主编:《中国改革开放 1978—2008(综合篇·下)》,北京:人民出版社,2009 年第 1 版,第 1081 页。

③ 何颖:《中国政府机构改革 30 年回顾与反思》,《中国行政管理》,2008 年第 12 期,第 21~27 页。

构在规模上的变化已经不是简单的多与少的循环,呈现螺旋上升状态。随着政府职能转变的进一步推进和政府职责体系的构建,机构规模和结构的动态调整将成为政府运行的常态。

三、"偏离"驱动改革:地方的应对策略与中央的对应政策

前文提出,政府运行过程中的"偏离"可以分为"正向偏离"和"负向偏离"。现行法律和制度对"负向偏离"往往具有一套针对性的纠偏机制,但是对于正向的、改革性的部分却不具有吸纳的主动性,通常表现出对抗而不是主动接受其形塑,这时就往往需要通过制度的或非制度的手段进行干预。政府的发展和变迁也正是在这一过程中发生的。1978年到2002年中国政府事权划分和机构改革过程,对政府职能进行了积极的探索,促成了相对明确和具体的职能定位。这一阶段,政府运行过程中的"偏离"行为主要产生于社会经济的发展与旧制度束缚之间产生的巨大张力。这在中央与地方政府的关系中主要体现为,地方政府在经济快速发展阶段囿于不符合发展规律的旧制度而产生种种对抗性的策略;中央政府为了应对这些问题不断进行制度调整和优化,形成对应的政策。这一阶段"偏离"主要起着驱动改革的作用,政策制定和制度创新有比较大的被动性,几乎完全依靠自上而下强制性的行政手段进行干预,总体来看问题解决导向大于目标发展导向。因此,正向"偏离"行为的制度转化效率较低。

在财政包干体制实行初期,地方政府为了扩大财源,进行了很多盲目和重复性建设;而由于各种改革措施的频繁出台,中央政府也在分成比例和补助数额上开了许多减收增支的口子,偏离了"五年一定"的基本原则。因此,政府进行了两步"利改税",对按隶属关系划分财政收入的体制进行了改革,形成了分税制改革的基础。分税制改革初期,非制度化的强制性干预也成为重要手段。为了减少改革的阻力和压力,国务院原总理朱镕基带队五大改革

方案起草小组人员，一个省接着一个省进行协调。历经两个多月时间的谈判，才终于取得共识，保证了最终通过的方案得以顺利实施。[1]随后分税制的推行过程中，又出现了地方税收管理权限过小的问题。一方面，它使得地方组织收入的积极性缺乏，造成了税收的不必要流失；另一方面，由于税收管理权限过分集中而不能适应地区的差异性发展，在一定程度上助长了一些地区的越权减免税的"土政策"。也正是为了应对这些偏离于政策初始目标的现象，1994 年到 2002 年政府又对分税制财政体制进行了多方面的调整与完善，尤其是税制结构、退税机制与转移支付制度、地方财政管理权限等方面。

　　机构改革和权力下放领域也呈现出相同的特征。1986 年，邓小平曾提道："在权力下放方面，我们也做了不少工作，但问题没有完全解决。我们把权力下放了，有些人却又另外设立一些机构把权力收回来，所以下面的活力仍然不够。"[2] 1986 年到 1988 年，有 13 个城市制定了改革总体方案，其中 8 个城市已经实施改革，但是随后便出现了反复。到 1991 年底，各试点城市已经基本恢复原状。由于职能转变和体制改革不到位，撤掉的机构最终还得恢复。[3]正是在这些偏离于改革初衷的行为的驱动下，1988 年及其后的机构改革开始着力于对政府职能的探索。

　　综上所述，在这一阶段，无论是处于经济社会发展与制度调整中地方政府的应对策略，还是以强制性干预手段为主导、以解决问题为导向中央政府的制度调整，都具有比较强的被动性与适应性。制度变迁正是在种种偏离的行为和解决与应对问题的改革中发生的。

---

　　① 杨志勇：《分税制改革中的中央和地方事权划分研究》，《经济社会体制比较》，2015 年第 2 期，第 21~31 页。

　　② 邓小平：《不改革政治体制会阻碍生产力的发展》（1986 年 9 月 3 日），《邓小平同志论改革开放》，北京：人民出版社，1989 年，第 107 页。

　　③ 图南：《十六个中等城市机构改革试点的经验教训》，陈瑞生等主编：《中国改革全书（1978—1991）政治体制改革卷》，大连：大连出版社，1992 年，第 426 页。

第三节　政府职能转变背景下权力清单的出现、推广与制度化（2003—2013 年）

2003 年,中国政府系统正式明确提出推进服务型政府建设这一目标。[①]党的十六次全国代表大会上,报告《全面建设小康社会,开创中国特色社会主义事业新局面》提出,要"完善政府的经济调节、市场监管、社会管理和公共服务职能,减少和规范行政审批"。对政府职能内容的明确,是改革开放以来理论研究与实践探索共同努力所促成的产物。它既反映了客观上政府工作重点和工作内容的变化,又体现出主观层面政府研究和发展的不断探索与深入。自 2003 年以来的十余年时间里,政府延续性地实行了三轮机构改革,并集中展开六轮以大规模清理行政审批事项为核心的行政审批制度改革。随着纵向政府间关系的逐步发展与政府职责概念的具体化,几乎在同一时间,作为阶段性、过渡性及创新性的权力清单出现并逐步扩散和制度化,改革探索和揭示政府运行过程的意识进一步增强。

一、政府间关系视角下政府职能的概念细化与内容转变

21 世纪以来,"政府间关系"("府际关系")的概念逐渐取代"央地关系",成为政府结构研究的主要问题和政策实践的重要基础,尤其是纵向政府间关系的处理,更是成为贯穿改革全过程的核心内容。这主要取决于以下三点。

其一,政府职能转变的客观要求。随着社会主义市场经济体制的建立与逐步完善,中央政府逐渐从繁杂具体的经济事务中抽离出来,在社会管理领

---

① 朱光磊主编:《城市公共服务体系建设纲要》,北京:中国经济出版社,2010 年,第 3 页。

域的职能愈加突出。而这也对地方各级政府充分发挥作用提出了更高的要求。

其二,在自主利益和职权履行的双重驱使下,各级地方政府的自主性都在不断提高。分税制改革促使中国的财政分权突破了行政隶属关系和条块分割的限制,由行政性分权转变为经济性分权①;"二级立法"体制的不断发展,赋予了地方先于中央在新领域进行立法的权限。尤其是在加入世贸组织后,地方政府的积极性得到了极大程度的激发,在经济发展和政府职能转变过程中的参与度极大提升。

其三,无论在研究还是现实层面,相比于"中央与地方关系"的概念,"政府间关系"都能够为探索提供更多的方便。首先,"政府间关系"打破了"中央与地方关系"的二元结构,涵盖了从中央到省,再到省以下各级各地方政府的组合关系;其次,它将纵向的政府组织视为一个开放体系,强调每一级政府的自主性,从而打破了二元结构中权力运行的封闭体系;最后,"政府间关系"概念还反映了各级政府互动模式的变化,在自上而下的行政隶属关系之外进行了更多探索。②

与这一变化相适应,将"政府职能"概念细分为"政府功能"与"政府职责",是这一阶段的又一跨越。这一区分的核心在于,将政府职能相对原则的界说中的适当部分,纳入政府功能的范围;将政府相对具体的界说中的适当部分,纳入政府职责的范围。前者属于政府对社会必须履行的基本义务部分,相对固定;而后者在做不做、怎么做、做多少、哪个层级政府做等问题上具有较大的灵活性,也是政府职能转变要调整的主要对象。③可以看到,政府职责概念与政府间关系概念的形成与发展之间是相互促进、相辅相成的。正是由于它们共同的作用,使得这一时期对中国政府职能转变和职责体系构建的探索进入了一个新的阶段。

---

①　刘卓珺、于长革:《中国财政分权演进轨迹及其创新路径》,《改革》,2010 年第 6 期,第 31 页。

②　张志红:《当代中国政府间纵向关系研究》,天津:天津人民出版社,2005 年,第 28~30 页。

③　朱光磊主编:《现代政府理论》,北京:高等教育出版社,2006 年,第 11~15 页。

在财政管理体制与事权划分改革领域,2003 年到 2013 年共出现了三种具有代表性的提法,分别是 2005 年提出的"财权与事权相统一"、2006 年提出的"财力与事权相匹配"及 2013 年提出的"事权与支出责任相适应"。总体来看,分税制财政体制体现出对社会主义市场经济体制内在要求的适应性,因而能够在基本稳定的情况下进行规范性调整和完善;具体来看,这一阶段针对性的调整包括三个方面。①

其一是对中央和地方收入进行调整和再划分, 促使其规范化。如 2009 年实施的成品油价格和税费改革,不仅规范了政府收费行为,也促进了节能减排等政策目标的实现;如出口退税共同负担机制的建立,则体现出财政体制改革过程中对于机制建设的探索。中央政府的财力和宏观调控能力都在这一过程中得到了较大的提升。

其二是建立健全税收返还和转移支付制度。尤其是 2009 年中央将财力性转移支付转变为一般性转移支付后,其规模和比例不断提高,对于实现公共服务的均等化和区域的协调发展起到了显著的作用。②

其三是规范省以下各级政府的财政管理体制。如 2010 年财政部印发《关于建立和完善县级基本财力保障机制的意见》,力图应对县乡财政困难等问题。此外,各地涌现出省对县、县对乡等财政管理方式的创新性模式,尝试更好地发挥省级财政对辖区内财力差异的调控功能。以上变化,能够体现出财政管理体制改革已经触及政府间关系调整和政府职责划分的部分, 改革正在进入"深水区",事权划分不清晰对于财政体制改革的束缚也逐渐体现出来。

顺应职能转变的目标,这一阶段共展开三轮机构改革。以加入世界贸易组织为背景,2003 年的机构改革在总体格局保持稳定的基础上,着力解决行政体制改革过程中引发的突出矛盾与问题。围绕总结归纳出的"十六字"政府职能,以政府职能转变为目标,这一轮机构改革建立了国资委、银监会、商

---

①　彭建:《分税制财政体制改革 20 年:回顾与思考》,《财经问题研究》,2014 年第 5 期,第 71~78 页。

②　杨志勇:《"十二五"时期的财政体制改革》,《经济研究参考》,2011 年第 4 期,第 16~42 页。

务部,组建了国家食品药品监督管理局,并对新成立部门的"三定"工作进行了完善。2008年开展的机构改革,主要探索和启动了职能有机统一的大部门制,在积极理顺部门职责关系的基础上,加强并整合了社会管理和公共服务部门。在稳步推进大部制改革的进程中,2013年开展了以建立中国特色社会主义行政体制为目标,强调简政放权、完善制度机制、提高行政效能的机构改革。此次机构改革特别整合加强了卫生和计划生育、食品药品、新闻出版和广播电影电视、海洋,以及能源管理等机构。纵观这一阶段的三次机构改革,在组织机构层面已经呈现相对稳定的格局,围绕职能转变的机构常态化调整模式也基本形成。除此之外,以2001年为起点,国务院还就行政审批事项的下放和清理分别于2001年、2003年、2004年、2007年、2010年、2012年进行了六轮大规模清理工作,大力推进了行政审批制度改革。尤其值得注意的是,2007年党的十七次代表大会的报告中提到"健全政府职责体系",首次将政府职责体系术语写入党的纲领性文件。也正是在这一阶段,权力清单制度实现了从萌芽、扩散到制度化的快速发展。

二、权力清单制度的萌芽、扩散与制度化

2004年,时任河北省委副书记、省纪委书记张毅查处了河北省对外贸易经济合作厅原副厅长李友灿贪污受贿一案。为了解决官员利用职权暗箱操作、以权谋私等问题,顺应政府信息公开的大趋势,河北省决策层经过反复调研后得出"从清理权力入手,然后公开,再完善运行机制,最后还要实施有效监督"①的改革思路。2005年1月,根据河北省纪委发布的《关于开展推进行政权力公开透明运行试点工作的意见》,邯郸市人民政府、省商务厅和省国土资源厅②作为三个试点单位要"对本单位所拥有的各项行政权力进行全

---

① 徐彬:《国内首份市长"权力清单"》,《南方周末》,2005年8月25日,A04版。
② 胡国强:《邯郸开出市长权力清单》,《浙江人大》,2005年第10期,第22~23页。

面认真的清理。清理的范围包括行政权力类别、项目、依据,行使权力的程序和相应的责任",要"编制职权目录和流程图"。2005年2月起,邯郸市在全市范围内进行了为期6个月的行政职权清理,最终邯郸市政府本级和市直70个部门、单位共清理各类行政权力2515项,并公开了每一项权力的使用流程图。邯郸市成为中国第一个公开政府行政权力的城市。①"权力清单"作为权责清单制度的起点由此产生。

　　事实上,"权力清单"这一名词的产生,以及为何产生于河北省乃至邯郸市,具有一定的偶然性:如腐败案件的发生,尤其是这类具有标志性的重大案件,(李友灿在2001年8月至2003年4月的一年零九个月时间内,利用进口汽车配额审批权受贿4744万元,据报道这一数字列当时贪腐案件之首)往往能够引发较大的改革动作;再如,"权力清单"本身是作为地方政府制度创新出现的,一项制度创新的出现包含决策层与领导个人的主观意愿、地方发展的需求刺激等因素,这些因素都是具有偶然性的。但同时,在当时的政府与社会转型背景下,以清单形式梳理、列举行政职权并将其公布公开,其出现又具有一定的必然性。其中,政府信息公开和行政执法责任制的发展是"权力清单"得以出现并顺利实施的重要因素。党的十三大报告中在干部人事制度改革部分最早提出了"依法管理和公开监督"的要求;1988年党的十三届二中全会进一步要求实行办事制度公开。随后的时间里,地方政府就政务公开进行了大量工作。如20世纪80年代中后期,浙江省金华市某经济开发区进行了"两公开一监督"的实践探索;如1997年贵阳市政府颁布《贵阳市行政机关实行政务公开实现优质服务的规定》。但总体来说,这一时期的政务公开还未纳入国家立法,也未能形成基本的政治制度,呈现出局部性、非均衡性与不稳定性的特点。②

---

① 张许峰、艾秀廷:《"权力清单"公开之后》,《河北日报》,2005年11月15日。
② 胡仙芝:《历史回顾与未来展望:中国政务公开与政府治理》,《政治学研究》,2008年第6期,第60~66页。

进入 21 世纪,政务公开建设首先在全国基层政府全面铺开。2004 年 3 月,国务院印发《全面推进依法行政实施纲要》,要求推进政府信息公开,而 2003 年与 2004 年正是"我国政务公开向政府信息公开的转型期或过渡期"[①],政务公开正全面转向政府信息公开。2008 年 5 月 1 日起实行的《中华人民共和国政府信息公开条例》,则标志着中国政府信息公开的法律化、制度化与程序化。[②]与其相伴发展的是行政执法责任制。1993 年全国人大八届一次会议通过的《政府工作报告》,首次明确了"依法行政原则";随后 1999 年的《国务院关于全面推进依法行政的决定》和 2004 年的《全面推进依法行政实施纲要》对行政执法责任制工作作出具体规定说明,其中在"依法界定执法职责"部分特别明确了梳理执法依据、分解执法职权、确定执法职责等要求。可以看到,政府信息公开与行政执法责任制是相伴相生的,权力清单作为政府信息公开的一种载体,其出现具有一定的必然性。

权力清单制度需要通过顶层设计和统筹规划以发挥作用,但前提是各地方政府积累大量经验形成改革基础。2005 年到 2007 年,全国各省、市积极推进权力清单的梳理工作,权力清单制度的发展进入自下而上的探索阶段。邯郸市公布权力清单的同年,郑州市也历时三年形成包含 4122 项权力事项的《郑州市行政机关执法职责综览》[③]。根据各省市新闻报道,2006 年北京市

---

① 王万华主编:《知情权与政府信息公开制度研究》,北京:中国政法大学出版社,2013 年,第 96 页。

② 各地政府官方网站自 2008 年起,开始主动公布《政府信息公开工作年度报告》,对各类信息公开工作进行统计和报告公示。

③ 《郑州市行政机关执法职责综览》通过对 118 个具有行政执法主体资格的单位、922 部现行有效的法规进行归口划分和综括,对市属 46 个行政机关的执法权力进行了量化和规范。参见柴清玉:《制定公布"执法清单"自觉接受人大监督——郑州市政府颁布〈郑州市行政机关执法职责综览〉》,《中国人大》,2005 年第 20 期,第 38~39 页。

①、天津市②、安徽省③、湖南省④、贵州省⑤、四川省⑥、甘肃省⑦和石家庄市⑧、海口市⑨等省市都相继开展了"权力清单"的梳理工作。截至 2007 年底,全国已有 30 个省份完成了行政执法依据的梳理并向社会进行公布。⑩之后将近五年,权力清单制度建设进入了短暂的"停滞期"。可以理解的是,一方面权力清单制度针对政府内部进行权力整合,实践中开始受到既得利益群体的阻碍而进入缓慢发展阶段;另一方面,权力清单制度不同于同时期发展的政务服务

---

　　① 2005 年 11 月,北京市政府开展了梳理执法依据、分解执法职权和确定执法责任等工作,2006 年 8 月 8 日通过"首都之窗"网站向市民公示了 65 个市直属机关、含 8735 项执法权力的权力清单。参见黄秀丽、陈翔:《65 个执法部门公示"权力清单"——今起 8735 项行政执法职权全部上网接受市民监督》,《北京日报》,2006 年 8 月 8 日。随后北京市市属各部门、各区县政府及所属部门也陆续在门户网站上公布各自的权力清单。参见王建新:《北京市级行政机关公示"权力清单"——8735 项行政职权上网接受监督》,《人民日报》,2006 年 8 月 11 日。

　　② 天津市通过政府法制信息网及各部门各区县网站陆续向社会公布了包含 61 个市级行政执法部门的"权力清单",具体内容包括行政执法主体、执法依据、执法职权等。

　　③ 安徽省于 2006 年 3 月,梳理并公布了本级 45 个部门的"权力清单"。

　　④ 湖南省首先按照统一标准对行政执法进行初步梳理并将其逐项列出;其次由法制办就梳理结果进行审核把关,协调处理具有争议的事项;最后通过《湖南日报》等媒体向社会公开。参见赵文明:《湖南政府全面清理行政执法权力清单》,《法制日报》,2006 年 10 月 26 日。

　　⑤ 贵州省于 2006 年 7 月通过《贵州省人民政府公告》,对省级 18 个部门的执法"权力清单"进行了公开。参见王建波:《贵州省政府发布本年度一号公告公布 18 个执法部门"权力清单"》,《法制日报》,2006 年 7 月 3 日。

　　⑥ 四川省政府法制办于 2006 年 6 月对有关行政执法依据、主体、职权的"三项清理"工作进行了部署。参见万全:《比"权力清单"更重要的是"责任清单"》,《人大建设》,2006 年第 10 期。

　　⑦ 甘肃省共确认行政执法职权 5445 项,调整、变更部门越权错列、弃权漏列的行政职权 173 项,依法停止不符合法律法规规定的行政许可、行政处罚等行政职权 1129 项。参见彭波:《甘肃确认公布行政执法"权力清单"》,《人民日报》,2007 年 3 月 23 日。

　　⑧ 石家庄全市清理界定各类行政权力 42496 项,市政府本级 223 项、市直 55 个职能部门 2943 项、县(市)区政府 1681 项、县(市)区直部门 37622 项。参见王明浩:《"权力清单"街头公示》,《人民日报》,2006 年 12 月 20 日。

　　⑨ 海口市政府下发《关于印发海口市行政执法依据梳理实施工作方案的通知》,各执法部门于 2006 年 9 月前对部门执法依据进行梳理,于 11 月前上报市梳理工作领导小组办公室审查核准,后汇编成册下发各有关部门,并在网站上公布。参见杨燕生:《海口开始打造"权力清单"》,《法制日报》,2006 年 8 月 29 日。

　　⑩ 参见《"权力清单"演进图》,中央政府门户网站:http://www.gov.cn/xinwen/2014-03/12/content_2636799.htm,2018 年 2 月 15 日,访问时间 2021 年 10 月 6 日。

制度建设,无法在短期内产生明显的效益。加之前期的推广速度过快,很多工作停留在表面,并未触及深层权力结构的调整。但是中央政府对权力清单制度的推进并未停止。2013年,《中共中央关于全面深化改革若干重大问题的决定》中提出,要求地方各级政府及其工作部门推行权力清单制度。这标志着权力清单制度在横向与纵向上的全面铺开。

通过这一阶段的制度建设,权力清单形成了网络化的体系。如上文所述,清单制度建设兼具长期性与复杂性。它既需要中央政府给予制度设计上的统筹与制度执行上的压力,同时又需要地方政府不断的行政实践以积累经验供中央政府进一步推进。因此,这一阶段改革的主要贡献就体现在以时间的积累来换取发展空间。同时,清单制度的制度性内涵是逐步变化丰富的,其制度性功能也处于不断挖掘的过程中,但这一特征在本阶段建设过程中的体现并不明显。在《中共中央关于全面深化改革若干重大问题的决定》中,"推行权力清单制度"的要求出现在强化权力运行制约和监督体系的部分,其核心仍旧是强调权力运行的公开透明。尽管2007年党的十七大报告和2012年党的十八大报告中均提到了政府职责体系的建立健全,尤其是党的十七大报告首次将政府职责体系术语写入党的纲领性文件。但总体来看,这一阶段内权力清单制度建设还没有与政府职能转变和职责体系构建产生直接的联系,改革过程中正向"偏离"的转化效率还未见有效提升。

三、"偏离"清晰化的探索:以清单展现政府权力运行的现实样态

随着政府职能概念的细化与职能转变推进的不断加快,政府职责体系的改革任务开始具体化。与之相对应,改革过程中的"偏离"现象也在一定程度上趋于具体化。2003年到2013年的10年中,以分税制为基础的财政领域的经济性分权格局已经进入了相对稳定的阶段,但事权划分与职责在纵向上的配置还未取得实质性的进展。这在行政审批制度改革领域中表现得极

为典型:非常态化调整的频繁变动,以及调整手段主要以行政命令为主导。在2001年行政审批制度改革全面启动以来的六轮行政审批事项的取消和调整改革中,一些下放的行政审批事项没有真正落实,"数字游戏"等现象时有发生,整体格局呈现"批发式减少,零售式增加"①。这与中国缺乏稳定的事权配置、纵向政府间未形成合理的分工合作等有着直接关系。事权划分领域改革的滞后,一方面束缚了财政领域改革的进一步推进,尤其是在促进各级政府更加高效地履行职责上,事权划分不清晰使得相关制度在执行上面临更大的不确定性和随意性,这对财税制度的进一步优化改革造成了阻碍;与此同时,财税领域改革本身也存在着一些争议性内容。例如在中国式"财政联邦主义"的发展过程中,有学者指出这种将权力尽可能下放至地方政府的分权逻辑,"在一定程度上阻碍了对政府职能边界、最优化分和分权路径的分析"②。由此可见,财政领域改革与政府事权划分间相互影响、相互制约的复杂关系。但另一方面,随着问题的严重性愈加凸显,政府也开始注重纵向政府间关系的调整问题,逐渐将政府职责体系建设的目标提上改革日程。

偏离行为最为核心的特点在于其不确定性,具体表现为正向偏离所带来的收益与负向偏离所带来的损耗。在上述背景下,政府职责体系构建过程中的"偏离"集中体现在两个维度。

其一是制度设计与制度执行的维度。制度设计与制度执行环节的偏离具有普遍性和基础性,它要强调的是制度的形成与转化过程中发生的不确定行为。以这一阶段的行政审批制度改革为例。行政审批制度改革是推动政府职能转变的重要抓手,以行政审批权为改革对象,力图通过简政放权等途径整合政府权力结构、优化权力运行过程、带动组织机构调整。尤其是2004年颁布的《中华人民共和国行政许可法》,其立法初衷即为行政审批制度改

---

① 骆梅英:《行政审批制度改革:从碎片政府到整体政府》,《中国行政管理》,2013年第5期,第21页。

② 杨其静、聂辉华:《保护市场的联邦主义及其批判》,《经济研究》,2008年第3期,第99~114页。

革设定法治化框架，为其顺利展开提供保障。改革实践中，各级政府都出现了一些抵触行为。大多部委仅在表面上响应改革，实则在审批项目改革中采取了一些应对措施；[①]地方层面则多数是"文山会海"的形式化操作，具体执行时层层"跑冒滴漏"[②]。这都使得审批制度改革在实际上大打折扣；而《中华人民共和国行政许可法》也在这一过程中被架空了。[③]

　　其二是纵向政府间关系——特别是中央与各级地方政府间关系的维度。中国政府自上而下的授权模式，决定了总体上中央政府偏向于决策而地方政府偏向于执行的格局。这一维度旨在强调在这种纵向政府间关系中所形成的互动模式及其不确定行为。中央对地方创新的鼓励，使得地方在制度设计与形成中的参与度显著提升，逐渐形成了具有中国特色的中央与地方政府间互动模式。在这种模式下，中央逐渐赋予地方更多自主探索和试错的空间，各级履行职责的方式也具有更大的不确定性。以上两个维度的偏离，使得现实的政府权力配置与运行都与制度设计初衷之间产生了更大的差别——同时包含正面与负面的部分。

　　政府职责体系的构建是一项需要整体设计和统筹规划的工作，其前提是把握政府权力配置和运行的实际全貌。显然，以上两个维度在静态的结构与动态的过程上，都使得政府的实际运行与制度设计间产生了更大偏差。而此时，权力清单制度的发展已经在刻画政府现实权力配置与运行上初显成效。有学者指出，"政府规范性文件和权力清单是刻画我国事权实际划分情况最基本的分析依据"[④]。这一阶段权力清单制度的建设，在法律、制度设计与现实政府的权力运行间搭建了桥梁，它力图通过刻画静态的权力配置与

---

　　① 例如，不报核心项目、只报废弃项目；将核心项目数量合并，将废弃项目数量拆解，以此应对数量上的指标要求。

　　② 王克稳：《我国行政审批制度的改革及其法律规制》，《法学研究》，2014年第2期，第3~19页。

　　③ 刘剑明、胡悦：《行政审批制度改革法治化的路径选择》，《东北师大学报》（哲学社会科学版），2015年第1期，第97~102页。

　　④ 姚东旻、颜绉、李静：《从政策文本出发分析我国政府间事权划分的基本逻辑》，《中国人民大学学报》，2018年第6期，第66页。

反映动态的权力运行和动态变化过程,展现各级政府运行的全貌。这对于把握种种偏离现象,进而及时对负向偏离进行纠偏,提升正向偏离的制度性转化效率,有着基础性的意义。

第四节　政府职责体系构建目标下权责清单制度的形成与发展(2014 年至今)

党的十八届三中全会是中国政府职责体系形成过程中的一个标志性节点。《中共中央关于全面深化改革若干重大问题的决定》要求进一步深化作为国家治理"基础"和"重要支柱"的财政体制改革,建立事权和支出责任相适应的制度,中央和地方按照事权划分相应承担和分担支出责任。它开创性地对中央和地方的职责做出了差别化部署,指出"加强中央政府宏观调控职责和能力,加强地方政府公共服务、市场监管、社会管理和环境保护等职责";强调"最大限度减少中央政府对微观事务的管理""直接面向基层、量大面广、由地方管理各方面有效的经济社会事项,一律下放地方和基层管理"。①与此同时,对政府职能与职责的区分,也使得"职责"概念成为逐步将政府职责体系构建与权责清单制度相互联系起来的关键桥梁。随着对政府内部权力整合逐渐成为改革的核心内容,中国政府职责体系构建进入了主动探索的新阶段。

一、权责清单制度与政府职责体系构建

随着经济社会的发展,一方面,现实变化客观上对政府职能转变和改革调整的能力提出了更高的要求;另一方面, 物质条件和改革经验的不断积

---

① 朱光磊等:《构建中国特色社会主义政府职责体系推进政府治理现代化(笔谈)》,《探索》,2021 年第 1 期,第 49~76 页。

累,也使得政府改革的能力与主动性越来越强。自 2014 年以来,围绕政府职能转变这一核心任务,相关改革之间愈加呈现出相互联动和体系化的特征。

在财税领域,2014 年 6 月中共中央政治局会议审议通过的《深化财税体制改革总体方案》中明确提出,"合理划分政府间事权和支出责任,促进权力和责任、办事和花钱相统一,建立事权和支出责任相适应的制度"。科学、合理配置纵向政府间职责成为新一轮财税体制改革中完善财政管理制度与政府间转移支付制度等内容的重要基础。2016 年 8 月,国务院印发《国务院关于推进中央与地方财政事权和支出责任划分改革的指导意见》,成为新时期中国财政体制改革的顶层设计。它指出,中央与地方财政事权和支出责任划分存在不清晰、不合理、不规范等问题,具体体现在政府职能定位不清晰、中央与地方财政事权与支出责任划分不尽合理、基本公共服务提供的职责交叉重叠、省以下各级政府财政事权与支出责任划分不尽规范、部分划分缺乏法律依据等五个方面。

从其提出的改革主要内容①上来看,财税体制改革所要推进的重点工作任务已经与构建权责清晰的政府职责体系这一目标相互契合。在此期间,国防、外交、基本公共服务等领域围绕纵向间事权和支出责任划分的改革方案也陆续出台,力图从各领域出发推进各级政府事权的规范化与法律化;2017 年《国务院关于印发"十三五"推进基本公共服务均等化规划的通知》、2018 年《国务院办公厅关于印发基本公共服务领域中央与地方共同财政事权和支出责任划分改革方案的通知》,均对相关事权事项、支出责任及分担方式进行了列举,并给出了详细的划分情况表。

在机构改革方面,2018 年机构改革是根据党的十九大和十九届三中全会——特别是十九届三中全会通过的《中共中央关于深化党和国家机构改革

---

① 《国务院关于推进中央与地方财政事权和支出责任划分改革的指导意见》在改革的主要内容里提出三个主要方面,包括推进中央与地方财政事权划分、完善中央与地方支出责任划分、加快省以下财政事权和支出责任划分。

的决定》的部署,统筹与整合相关领域改革的主要体现。《决定》将新时代党和国家机构改革的主要问题总结为十个方面,包括一些领域党的机构设置和职责问题,一些领域党政机构和职责问题,一些领域政府的机构和职责问题,一些领域中央和地方的机构和职责问题,基层机构和职责问题,军民融合发展问题,群团组织发展问题,事业单位发展问题,一些领域权力运行与监督问题,以及机构编制的科学化、规范化与法定化问题。特别值得注意的是,《决定》在推进机构编制法定化的部分提出,"要全面推行政府部门权责清单制度,实现权责清单同'三定'规定有机衔接"。

事实上,在经历了一段没有明显发展和成效的停滞期后,2014年到2016年,权力清单制度迅速进入了纵深推广阶段。2014年3月,国务院审改办在中国机构编制网上公开了国务院各部门保留的行政审批事项汇总清单,此举被认为是中央政府首次晒出权力清单、亮出权力家底。在地方层面,对权力清单制度的探索也有了新的发展。2014年3月,浙江省富阳市作为县域层面权力清单制度试点,公布了全国首份县域权力清单;① 2014年6月,浙江省公布全国首份省级政府部门权力清单;② 2014年12月,广东公布了《广东省行政审批事项通用目录》,成为我国首张涵盖省、市、县三级全部行政审批事项的一单式"纵向权力清单"③。基于地方政府的实践探索,2015年3月中央进一步发力,中办、国办印发《关于推行地方各级政府工作部门权力清单制度的指导意见》,为全面推进地方权力清单制度提出了15条具体指导意见,要求各省级政府在2015年底前、各市县两级政府在2016年底前基本完成本级政府工作部门及本级依法承担行政职能的事业单位权力清单的公布工作。

与此同时,权力清单制度的内容也得到了进一步丰富。2014年9月10日,

---

① 郁建兴、徐梦曦:《权力清单:地方政府公共权力监管的新起点》,《浙江经济》,2014年第7期,第23~24页。

② 吴朝香:《浙江公布全国首份省级政府权力清单,逾六成权力被清理》,《钱江晚报》,2014年10月24日。

③ 庞彩霞、张建军:《广东发布行政审批通用目录》,《经济日报》,2014年12月5日。

国务院原总理李克强在第八届夏季达沃斯论坛上发表了题为"仅仅依靠改革创新,增强经济发展新动力"的致辞,其中提出,政府带头进行自我革命,继续深化行政管理体制改革,要在制度建设方面拿出"三张清单":一是政府应该干什么、"法无授权不可为"的权力清单;二是企业不能干什么、"法无禁止皆可为"的负面清单;三是政府该怎么管市场、"法定责任必须为"的责任清单。[①]

作为政府内部进行权力约束整合的制度创新,责任清单逐渐成为权力清单制度建设的一部分。地方政府也开始由"权力清单制度"转向探索"权力与责任清单制度"。例如,在浙江省推出的"四张清单一张网"的基础上,宁波市进一步深化改革,形成了服务零距离的"一站式"服务模式,在实现网上"晒权"的基础上,积极推进网上行权、网上办事;[②]武汉市则在"权力清单"与"责任清单"的基础上增加了"程序清单",形成"三联单"的形式。[③]2016年1月5日,国务院办公厅发布《国务院部门权力和责任清单编制试点方案》,提出对现有权责事项的梳理、清理、审核、优化等工作要求。也正是在这一阶段,以"权力清单"为雏形的清单制度经历了一次关键性的概念转换,由"权力清单制度"正式转变为"权责清单制度",这一概念在中央文件中得到了正式确认。

部分地方政府在探索权责清单制度时对其形态进行了改变。如安徽省政府发布的《安徽省人民政府关于公布安徽省省级政府权力清单和责任清单目录的通知》,就将权力清单与责任清单融合在一起,形成"两单合一"的模式。此后权责清单制度的发展中产生了诸多形式。截至2018年,有学者将我

---

① 李克强:《紧紧依靠改革创新,增强经济发展新动力》,《人民日报》,2014年9月11日。

② 宁波市编办、宁波市审管办、宁波市电子政务办:《服务零距离、办事一站通》,《宁波通讯》,2016年8月8日,第36页。

③ 黄松如:《探索建立"三联单"运行机制,全面推行权力清单制度》,《中国机构改革与管理》,2014年第9期,第18~20页。

④ 依附型指在权力清单中嵌入有关责任的部分事项,仅有权力清单之名;一体型将权力清单与责任清单置于一张表单中;独立型指在权力清单之外再独立设立责任清单。参见刘启川:《独立性责任清单的构造与实践:基于31个省级政府部门责任清单实践的考察》,《中外法学》,2018年第2期,第440~453页。

国各省级政府公布的清单形式归纳为三类,包括依附型、一体型与独立型,[④]具体分布如表 3.2 所示。

表 3.2 全国各省级政府"责任清单"公布情况

基本类型	省份
依附型	新疆、重庆、安徽
一体型	湖北、广西、辽宁、甘肃、云南、广东、天津、西藏、陕西、上海、贵州、宁夏、北京、内蒙古
独立型	江苏、浙江、福建、江西、山东、河南、湖南、海南、四川、青海、吉林、黑龙江、河北、山西

资料来源:作者自制。

2020 年 10 月,党的十九届五中全会通过的《中共中央关于制定国民经济和社会发展第十四个五年规划和二〇三五年远景目标的建议》中,在"全面深化改革、构建高水平社会主义市场经济体制"的部分提出,要加快转变政府职能,建设职责明确、依法行政的政府治理体系,深化简政放权、放管结合、优化服务改革,全面实行政府权责清单制度。至此,权责清单制度与政府职责体系构建的关系进一步明晰了。权责清单制度成为改革要素的综合体现。

二、把握偏离规律:以体制机制创新带动权力结构调整

"政府创新"并非一个新的概念。21 世纪以来,政府创新成为世界各国政治发展的一种普遍趋势。[①] 2000 年,中共中央编译局比较政治与经济研究中心等若干家权威机构联合设立了"中国地方政府创新奖",以此来鼓励地方政府积极进行制度创新。2002 年党的十六大,"创新"一词首次被写入党的报告;而 2005 年的《政府工作报告》则首次提出了"创新政府管理方式"的工作目标,由此可见"政府创新"对于政府发展的重要性。有学者指出,"中国的改革过程,实质上是中央政府推动制度创新的过程",是"新制度被构造和旧制

---

① 俞可平:《论政府创新的若干基本问题》,《文史哲》,2005 年第 4 期,第 143 页。

度被替代"的过程。①在这里,制度创新被定义为制度安排的积极变动和替换。事实上,政府制度创新与政府过程中的偏离是相伴相生的;新旧制度间的转换往往受到偏离的影响而产生不确定性的结果,而制度创新恰恰是政府主动把握偏离规律、尝试通过干预实现既定制度目标的方式。

本章对财政管理体制改革、事权划分、机构改革等领域的历史阶段与变迁进行了梳理,以此来大致概括中国政府职责体系的形成与构建过程。可以明确的是,中国政府职责体系的构建遵循着一个从被动形成到主动探索、从偏向问题导向到偏向发展导向的基本逻辑。在这一过程中,各类正向偏离行为的制度性转换效率在不断提升。

能够得出的两点经验性判断是:其一,以"确权"为核心的有中国特色的政府职责体系构建还处于初步探索阶段,需要在构建思路、具体方式等方面处理好阶段性与长期性之间的关系,而权责清单制度是实现这一目标的重要制度安排。

其二,无论是政府职责体系的构建,还是权责清单制度有效发挥其制度性功能,都既需要完备的顶层设计以实现统筹与整合,又需要地方不断进行实践探索以积累经验,即需要处理好顶层设计与局部发力之间的关系。回顾本章就中国政府职责体系与权责清单制度的形成过程划分的三个阶段,可以得到的结论是,权责清单制度是作为改革进程中的一项创新性制度安排逐步嵌入政府职责体系构建这一宏大任务的。在这一过程中,权责清单制度在地方的不断探索与中央的持续推进下逐渐实现制度性功能的变迁;也正是在这一过程中,"政府职责""职责体系"等概念相继形成,政府职责体系的构建逐渐成为政府改革的核心任务。

从"偏离驱动"到"刻画偏离",再到"把握偏离规律",这一归纳基本反映了研究的主要内容,在政府职责体系与权责清单制度的实践发展过程和政

---

① 郭小聪:《中国地方政府制度创新的理论:作用与地位》,《政治学研究》,2000年第1期,第67页。

府过程理论中的偏离假设之间搭建了桥梁，以此进一步说明了本书的核心观点之一，即对于改革过程中的正向偏离，现存制度和法律不具有纳入和吸收的主动性，需要通过体制机制创新进行人为干预，进而促使政府发展。

首先，相较于现存法律法规对政府权力的描述性规定，权责清单通过使其具体化的梳理更加全面和真实地反映了政府权力运作的实际情况，使得政府运行和改革过程中的偏离得以被发现和呈现出来。

其次，权责清单制度又不仅仅限于梳理和列举的功能，随着各领域改革的推进及其联系的不断加强，其制度性功能正在逐渐形成。权责清单制度不仅仅是反映现实政府运行的一种手段，更是把握其现实运行规律的重要手段；而正是通过把握政府权力的运行规律，才能够进一步通过有针对性的改革与调整，真正带动结构性的变化。

这里有两点需要注意，其一，权责清单制度在"刻画"阶段已经发展了一段时期，有所积累；在发挥制度性功能"把握"偏离规律方面，各地方也均有不同程度的实践，目前其发展处于"刻画"与"把握"的交叠期。下一阶段要围绕构建政府职责体系发力，还需要自下而上的进一步积累和自上而下的持续推进。其二，无论在"刻画"还是"把握"阶段，权责清单制度的构建都面临着一些亟待解决的困难与挑战，它们是其制度性功能得以有效发挥的主要阻碍。

第五节　权责清单制度实践中的梗阻与挑战

整体上，清单工作开展的现实梗阻有两个主要源头。其一，制度设计与制度执行之间还未形成良性的促进关系。制度自身的科学性、合理性、可操作性"对制度执行有着决定性影响"[①]。2018年中央编办下发的《关于深入推

---

① 麻宝斌、段易含：《再论制度执行力》，《理论探讨》，2013年第2期，第140~144页。

进和完善地方各级政府工作部门权责清单制度的指导意见》中明确指出,目前地方权责清单制度中存在"标准规范不统一、内容差异较大、权责事项不对等、监督问责不具体、实用性不强"等问题。作为清单工作的核心,权责清单制度设计层面的规范性和标准化不足,导致了执行层面出现的种种问题。反之,执行过程中出现的象征性执行、替代化执行、选择性执行①等问题,又导致制度设计依据不足,削弱了制度设计的科学性与合理性。其二,从中央和地方政府关系的层面看,地方在执行过程中"有意识但不主动"②,囿于中央政策或地方利益,总体上顾虑较大,在执行中缺乏动力;而中央政府在制度设计上的经验积累也因此受到影响,在制度优化中难以发力。基于"结构—过程—机制"的分析框架,可以将清单工作开展的现实梗阻归纳为三个层面的问题。

一、主动与被动:结构层面的动力问题

中国纵向五级政府有着不同的角色和地位,体现在政府的条块结构中,就形成了两个比较特殊的现象:其一,纵向不同层次政府之间清晰的级别划分在政府运行过程中占据着非常核心的地位;其二,长期以来的"职责同构"又使得各级政府间的职责分工具有相当模糊的特征。明确的权力归属强调了政府角色的独立性,而职责分工的模糊却形成了地方政府对中央政府政策制定的依附与中央政府对地方政府政策执行的依赖并存的局面,使得权力归属与运作之间在结构层面产生了比较大的张力。这一制度环境在很大程度上决定了各类清单工作的动力来源及清单式治理的发展趋向。

清单工作的动力来源,实质上可以进一步拆解为"主动"的动力与"被动"的动力。权力清单诞生之初,作为行政体制改革中代表性的体制机制创

---

① 吴明华、顾建光:《公共政策执行梗阻及其纠正》,《理论探讨》,2013 年第 5 期,第 154~157 页。
② 陶立业:《论地方政府权责清单制度的执行梗阻》,《学术界》,2021 年第 4 期,第 51~61 页。

新,得到了各级地方政府的争相学习、模仿与再创新。仅两年时间,全国已有30个省份完成了行政执法依据的梳理并向社会进行公布。[①]这一时期"主动"的动力完成了两个目标:一是促成了权力清单的大范围推广,大大提高了这一政府创新的知名度;二是在地方的再创新下快速形成了以权力清单和责任清单为核心的制度基础。但是一方面权力与责任清单本质上是对政府内部进行的权责整合,因而在实践中受到既得利益群体的阻碍而发展缓慢;另一方面,不同于同时期发展的政务服务体系建设,它无法在短期内产生明显绩效。加之前期的推广速度过快,很多工作停留在表面,学界和事务界对其有所争议,之后近五年时间,权力与责任清单制度建设也进入了短暂的"停滞期"。在这种情况下,制度推动的"主动"动力不足,"被动"动力转而发挥主要作用。2013 年,《中共中央关于全面深化改革若干重大问题的决定》中提出,要求地方各级政府及其工作部门推行权力清单制度,标志着权力清单制度在横向与纵向上的全面铺开;2015 年以来,中央持续发布相关文件以推进权责清单制度建设,党和国家的一系列重要文件中,也多次使用"积极推进""认真贯彻执行""列入重要议事日程"等表述,强调了权责清单制度在完善中国特色社会主义制度中的基础性和重要性。通过这一阶段的推动与"互联网+政务服务"的持续发展,清单式治理体系逐渐形成。

　　由于政务服务体系建设的自主探索空间大、不确定性较低、成效比较显著,地方政府转而在各类政务服务清单的建设中寻求"主动"的动力。事实上,权力和责任清单的基本性质决定,一方面,其在清单式治理中的核心地位并未发生改变;但另一方面,地方政府的工作开展依旧动力不足,其核心功能并未得到充分发挥。地方政府将清单工作重点放在政务服务类清单,对个人和法人办事有所便利;但是却在一定程度上削弱了权责清单的核心作用,对清单制度的发展走向有所影响。

---

　　① 参见《"权力清单"演进图》,中央政府门户网站:http://www.gov.cn/xinwen/2014-03/12/content_2636799.htm,2018 年 2 月 15 日,访问时间 2021 年 10 月 6 日。

总体来看,"压力型"政府的运作模式比较深刻地影响了清单制度推进的动力——无论动力是出自主动还是被动。可以看到,地方政府倾向于在绩效显著的改革中投入较大的精力,而以权力结构调整为内核的权责清单则主要依靠中央政府以政策文件的形式推动。显然,"主动"的动力更具可持续性,有助于清单制度的持续推进;而"被动"的动力,维持成本高,也很难保持长期的发力。面向政府内部的改革往往是缺乏主动性的。要充分发挥清单式治理,特别是权责清单的制度性功能,就必须创造改革推进的主动性,同时为"被动"的动力提供理论依据与支撑。

二、分工与合作:过程层面的规范问题

清单制度要发挥其制度性功能,必须依靠政府运行的动态过程。换句话说,清单制度一定是在现实政府的运行过程中发挥其制度性功能的。政府的运行过程,又在很大程度上基于各级政府在制度构建中的角色与分工。

现阶段,中央政府在清单制度的相关工作中,仍旧扮演着主要的推动者角色:通过各类政治性或政策性文件,以行政命令的方式推进着清单梳理与公布工作的开展。谈到制度性功能,就必须看到清单制度所具有的体系化特性。单独一张清单所发挥的功能是极其有限的;纵向各地与横向各级的全面覆盖,是制度性功能实现的基础。清单制度正是通过对法律体系及法律执行情况的全面反映,从而为中央政府的改革决策和制度设计提供依据。现实情况在于,中央政府在清单制度构建初期,还不具有足够的经验积累向社会和各级地方政府提供相关的法律文本。因此,中央政府的统合作用在制度构建初期并没有充分发挥的条件,因此也只能依靠强制性的行政命令形成制度构建的推动力。

相比之下,省级政府负责全省范围内各级政府清单的统筹与整合。由于各个省份之间社会经济、政府管理、具体需求等方面的差异,致使制度执行

产生了非常大的差异。无论是在过程例如梳理依据、权力划分标准等,还是在结果例如事项数量、列举形式等,不同地区之间都有着明显的差异。这是权责清单工作停留在简单梳理的水平上,地方政府转而聚焦于自主探索空间更大的政务服务类清单的主要原因。这在清单制度初期是常见的,也是正常的,但是这种状况不宜持续过久。对于省级以下的各级政府,其工作则兼具基础性和复杂性。地市级政府的地域特征比较突出,在制度创新和功能整合方面起着比较重要的作用;县级政府承担着相当大体量的执行性工作,既要承接上级政府下放的行政权力,同时还要完成对本级政府部门相关权责的梳理、清理和下放工作;而对于乡镇政府,其工作基本是依据上级政府确定的标准进行权责的梳理,没有太多自主决策的空间。

中国长期以来实行着一种中央政府和上级政府通过授权方式来调整其与地方政府和下级政府之间关系的授权体制,这种体制下权力的频繁变动在改革时期体现得更加明显。在清单治理中,各级政府有相对独立的角色定位,在相关工作中的积极性和主动性也有很大的差异;但同时,这项工作又是一体的,角色之间的相互关系使之形成了"牵一发而动全身"的整体性特征。这些工作涉及纵向职责的调整,也关乎横向部门的协调;既要考虑纵向各级政府的一致性,又要照顾不同地区间政府的差异性。由于《中华人民共和国宪法》对于各级政府的职责规定是宏观和模糊的,各级各类行政机关的组织法制又是相对匮乏的,总体来看,清单工作在执行过程中内容的不确定和频繁变动,正好与以行政命令为主导的授权体制间形成了呼应。因此,各级政府间如何保证合理、有效的分工与合作,就成为清单式治理在过程层面的主要问题。

转型期政府的改革总是具有不稳定性、不确定性等特点。针对权责变动,各地已经建立了相应的动态管理机制,试图通过"痕迹管理"的方式抓住改革的轨迹与规律,这是职责内容逐步走向常态化调整的显著成果。过程层面的规范程度决定了清单式治理的最终效果,在程序保障下科学合理的分工与合作是这一问题的关键。

三、灵活与稳定：机制层面的条件问题

谈论清单制度的机制问题，首先要明确一个前提，即清单制度与法律制度之间不是替代关系。更具体一些就是清单，特别是权责清单与法律文件之间不是替代关系。权力与责任清单和法律法规规章之间究竟是何种关系？特别是部分两单分设的地区，将"三定"规定作为责任清单的梳理依据，这个问题就更加突出了。有学者也由此提出应当对"依清单行政"予以警惕的观点。①从机制层面探讨清单制度的思路是，将清单实体视为行政机关自制的规范性文件，将重点放在清单梳理工作的功能上。这样既能够发挥清单作为规范性文件兼具灵活性和一定程度权威性的优势，又能够避免过度陷入对清单实体与法律法规规章之间关系的争论。

在清单制度与法律制度二者之间的关系上，一方面，权责清单梳理结果不应当完全作为执法依据，而更应当成为政府职责内部分工的参考。否则，清单就有在实体上替代法律法规规章之嫌。另一方面，清单制定又不能脱离法律制度，必须与法律法规规章，乃至"三定"规定、其他规范性文件之间产生相应的联系，否则清单也便失去了它存在的意义。事实上，仔细梳理便可发现，"依法行政"的根本问题在于法律制度本身。其固有的滞后性特征，加之中国法律体系还不成熟、立法发展时间较短等，是问题的根本所在。清单制度在执法过程中发挥着一定的辅助性功能，但并非其核心功能。其要解决的核心问题，在于如何规范法律制度，乃至如何协调法律制度与社会发展之间的关系问题。由此，如何为清单制度在灵活的特性与稳定的制度之间创造机制功能充分实现的条件，也就成为其机制层面的核心问题。

权责清单制度所要促成的目标，即构建具有中国特色的政府职责体系，

---

①　刘启川：《"依清单行政"之辨正》，《法学》，2022 年第 12 期，第 52~64 页。

对于中国政府发展具有重大的意义；而它本身对于改革各要素的综合，也使其成为改革的重要焦点之一。对于权责清单制度，要挖掘其功能得以有效发挥的机制，特别需要从动态的过程中去寻找。而正是由于上文中所提到的结构性问题和过程性问题，以及它们之间相互交织的关系，使得权责清单制度中的机制建设还缺乏一定的条件。所谓机制建设的条件，是指在以某一机制为核心的关系外建立促使这些关系优化的其他关系。以目前权责清单制度梳理各级政府权责时的动态调整机制为例，要更好地发挥动态调整的机制，就需要建立权责清单制度与政务服务网站建设和"痕迹管理"手段之间的关系。就目前来看，权责清单制度在构建政府职责体系中的核心机制还未能够很好地发挥作用，这与权责清单制度与法律制度、政务服务建设之间关系的匮乏、理不顺之间有着很大的关联。要以机制建设解决结构与过程的问题，需要创造机制发挥作用的条件，从而打破结构与过程的张力；反之，它才能进一步创造机制发挥的条件，促使政府走向良性发展。

根据上述分析，实践过程当中，权责清单制度面临着一些梗阻和挑战，但同时存在着的种种机遇也为其进一步优化创造了空间。可以初步得到的结论是：其一，权责清单制度建设并非一日之功，要在尊重客观发展规律的基础上，以时间换空间，应对能解决的问题，面对还需不断积累经验的问题。其二，在权责清单制度实践的梗阻与挑战分析中，机制建设的条件是最终的落脚点，足以显示机制建设在改革背景下和结构过程的互动中的重要性。随后的两章，笔者将顺着"结构—过程—机制"的框架思路，进一步剖析政府职责体系构建中的权责清单制度。

第四章

清单的必要性:权力框架转换下的 "职责同构"与"共生效应"

    权责清单制度是中国政府职责体系构建过程与改革手段的综合与集中体现。第二章的国别比较研究对德国、法国与日本等代表性国家政府职责体系的形成与改革过程进行了梳理和分析,得出"制度建设与体制机制创新的并重是典型国家政府职责体系形成和发展的主要趋势"这一结论;第三章的历史研究,则旨在通过分析历史和制度的演进,指出中国政府职责体系的发展从被动形成到主动探索、从以问题导向为主到以发展导向为主、从正向偏离的低效推动到高效转换的变化。权责清单制度的产生与发展,发挥着体制机制创新的重要功能。本章的目的在于深入剖析权责清单制度得以发展所依赖的环境,从而对其必要性形成理论和实践层面的支撑。

第一节 从"集分权"到"确权": 纵向政府间权力关系框架的转换

    笔者在构建"结构—过程—机制"的分析框架时曾指出,结构与过程分析是基础,同时也是分析展开的起点。权责清单制度的设计与执行,及其制度性功能的发挥,都是在中国政府与政治的基本结构背景下和运行过程中实现的。结构与过程的互动关系使得政府不断进入新的发展状态;通过将权责清单制度嵌入这一整体性的分析框架,能够避免陷入"就清单制度谈清单制度"的误区,真正从政府职责体系构建的视角下把握这一体制机制创新,从而在实践层面明确其对于政府发展的重要性,在理论层面回应政府过程理论中的偏离假设,对其进行发展与丰富。

一、"集分权"与"确权":权力关系框架的意涵

"单一制"和"联邦制"是区分不同类型国家权力结构形式的一组基本概念。它从根本上指出,在一个国家中纵向政府间权力的"授予"是自上而下的还是自下而上的。随着单一制国家和联邦制国家在政府具体职责配置模式上的实践不断发展,"集权"和"分权"逐渐成为描述纵向政府间关系的另一组核心概念。[1]有学者认为,"分权"和"放权"是中国政治话语体系中最为常见的两个概念,其中分权大致对应着地方自治含义的联邦主义和权力的下放;而放权概念则指向权力的授予和职责的委托。[2]也有研究依据权力的连续性和离散性对中国纵向权力划分体系中出现的"分权""放权""事权下移""授权"等概念进行了区别与划分,整体上将其归类为分权模式与代理模式。[3]可以看到,相关研究力图通过细化的分类和系统性的阐释来剖析纵向政府间出现的不同的权力配置方式。本部分所要讨论的"集分权"框架中的"集"与"分",首先并非指政权意义上的集权与分权;所谓"集分权"框架,毋宁说

---

[1]　Vincent Ostrom,*The Contemporary Debate over Centralization and Decentralization*,6 Pulius 21,1976:21.

[2]　陈明辉:《我国央地分权的模式及类型》,《地方立法研究》,2021 年第 4 期,第 25~43 页。

[3]　汤明磊:《分权、授权、放权和事权下移的概念辨析》,《中国机构改革与管理》,2014 年第 7 期,第 9~13 页。

是权力的"集中与分散"框架。①从政府职权与职责的角度讲,之所以采用"集中"与"分散"这组概念,是因为其包含着两层含义。

第一,这里的"集"与"分"是指权力在纵向政府间相对集中或分散的状态。中国自 1954 年 9 月第一次全国人民代表大会召开、进入社会主义建设时期以来,在纵向政府间权力配置上经历了较长期的"权力向中央集中或者向地方分散"②的反复,而这种状态背后恰恰体现了计划经济体制影响下的"条块关系"逐步发展为具有"职责同构"特征的中国纵向政府间关系结构的历史过程。③

第二,"集分权"框架中的"集"与"分"也指职权职责在纵向政府间配置中的动作。在这个意义上,它对应着中央集权与地方分权、上级政府对下级政府的收权与放权(包括授权),以及事权的相对上移或下移等一系列权力运作行为。基于以上两层含义,选择"集分权"框架有助于分析进一步展开。明确了"集分权"框架的含义,就需要重点探讨从"集分权"到"确权"的权力关系框架转换。作为整体性的框架,这种过渡和转换体现在理论研究层面,也发生在行政实践层面。

二、跳出"集分权"的分析框架:理论研究的新思路

在如何跳出"集分权"的分析框架来讨论中国纵向政府间关系和权力配置方面,理论界的相关研究可以归纳为两个方面。首先是对这种集分权关系本身的研究。早在 20 世纪 90 年代初期,王沪宁就提出了"集分平衡"的理

---

① 本文选择采用"'集分权'框架"这一说法,一方面是由于"集分权"的概念是中国较长一段时期内纵向尤其是中央与地方政府之间关系特征的概括,它具有一定的时代特征;另一方面,结合不同的语境,"集分权"向"权力的'集中与分散'"概念的内涵转换也便于理解不同历史时期概念变化所带来的权力配置方式等方面的实质性变化。

② 林尚立:《国内政府间关系》,杭州:浙江人民出版社,1998 年,第 289~293 页。

③ 张志红:《当代中国政府间纵向关系研究》,天津:天津人民出版社,2005 年,第 103 页。

论,尝试通过协同原则应对中央与地方关系中的某些失衡现象。①新的研究呈现两个趋势,其一是不再纠结于"集"与"分"、"收"与"放"的二元对立关系,如"选择性集(分)权"②的提出,就尝试以一种实用主义取向的模式,去涵盖中国政府运行过程中不同领域、不同程度权力集中或分散的可能性与合理性;其二是摆脱静态的"集"或"分"的状态,转而从行为和影响因素的角度描述这种互动关系。例如,有学者将相关研究归纳为权威主义的"命令-服从"模型、理性选择主义的"讨价还价"模型,以及非正式政治视角的"非制度化"模型等三类;③新的研究中提出的政府创新扩散中的"请示授权"④模式、应急政策执行过程中的"推拉式均衡"⑤模式,事实上都可以被视作通过从纵向各级政府具体的互动模式中展现权力关系部分特征的尝试。尽管研究同时也提出它们过度强调了某一方主体的利益,从而不能全面地展现现实中复杂的政治行为与活动。但总体来看,这一类研究都带有比较明显的行为主义特征,通过分析权力关系中中央与地方各级政府、"条条"与"块块"等不同主体的属性与特点,跳出"集分""收放"这样的简单化表述。

与之相对应的,是以"职责"或"任务"及权力运作特征为核心的研究,包括政府职责或事权划分研究、授权体制研究等。前者在跳出"集分权"的分析框架上已经有所积累,包括政府职责体系、"确权"⑥等一系列概念及划分政

---

① 王沪宁:《集分平衡:中央与地方的协同关系》,《复旦学报》(社会科学版),1991 年第 2 期,第 27~36 页。

② 李振、鲁宇:《中国的选择性分(集)权模式——以部门垂直管理化和行政审批权限改革为案例的研究》,《公共管理学报》,2015 年第 3 期,第 13~22 页。

③ 倪星、谢水明:《上级权威抑或下级自主:纵向政府间关系的分析视角及方向》,《学术研究》,2016 年第 5 期,第 57~63 页。

④ 郁建兴、黄飚:《当代中国地方政府创新的新进展——兼论纵向政府间关系的重构》,《政治学研究》,2017 年第 5 期,第 88~103 页。

⑤ 钟开斌、邱倩婷:《"推拉式均衡":一个中国特色应急政策过程模型》,《甘肃行政学院学报》,2021 年第 4 期,第 27~37 页。

⑥ 朱光磊:《政府职责体系建构中的六个重要关系》,《中国机构改革与管理》,2013 年第 6 期,第 33 页。

府职责具体手段①的提出等；后者的典型研究包括授权体制②、压力型体制③和行政发包制④等。这类研究以职责、任务为核心概念，并通过它们将各级政府联结成动态关系，实质上探讨的是职责关系，由此展现区别于对纵向政府间关系简单化的描述。

综合以上内容不难看出，在走出权力在纵向政府间"集分""收放"框架的过程中，从简单的"央地关系"转向具体的"政府间关系"是分析具体化的基础；而研究对象从"权力"转向"职责"，也体现了研究从注重权力归属向注重权力运作的实质性转变。从另一个层面看，"集分权"这一概念之所以在本书中被赋予框架性，还说明其在"集中"与"分散"这种状态与行为背后，更蕴含着对政府间关系深刻的体系化的思维与分析方式。有学者曾经在研究中国纵向政府间关系理论时，归纳出四种主要的分析模式并对其进行了分析，⑤本书也尝试基于以上提到的研究新思路对其做二次回应。

第一种是代理结构模式，它强调政府间行政权的转让和制度层面地方政府对中央政府的完全性依赖。研究借助英国学者贝尔匹特提出的"权术"概念，对传统代理结构模式进行了非正式和动态因素的补充；但同时也提到，此类研究过度强调中央政府的主导性而忽视了地方政府的自主性。而随着"集分权"框架的进一步发展，研究开始不再仅仅关注现实中地方政府与中央政府"讨价还价"的可能性，而是进一步关注政府间互动的必要性。例如上文提到的"请示授权""推拉式均衡"等。

---

① 如王浦劬提出的根据事性划分各级政府事权，参见王浦劬：《中央与地方事权划分的国别经验及启示——基于六个国家经验的分析》，《政治学研究》，2016 年第 5 期，第 44 页；楼继伟提出事权划分的外部性原则、信息处理的复杂性原则、激励相容原则等，参见楼继伟：《中国政府间财政关系再思考》，中国财政经济出版社，2013 年，第 1~58 页。

② 薛利强：《授权体制——当代中国中央地方关系的一种阐释》，《云南社会科学》，2007 年第 5 期，第 18~22 页。

③ 杨雪冬：《压力型体制：一个概念的简明史》，《社会科学》，2012 年第 11 期，第 4~12 页。

④ 周黎安：《行政发包制》，《社会》，2014 年第 6 期，第 1~38 页。

⑤ 张志红：《当代中国政府间纵向关系研究》，天津：天津人民出版社，2005 年，第 45~58 页。

第二种是理性选择模式，在政府间关系分析中，它指出组织交易成本和"委托–代理"关系中中央与地方政府的信息不对称。研究一方面强调了交易成本对于组织构建和改革推行的影响，另一方面也强调了打破信息不对称、建立透明的地方政府公共服务提供体系是理顺政府间关系的重要目标。对于这一模式，现有研究中职责的体系化与制度化、确权等内容可以回应组织构建和改革成本的问题；而对于信息不对称，现有研究的态度倾向于承认并接受其客观性，转而将信息复杂性等因素作为原则性的依据，为职责在各级政府间的划分寻求解决方案。

第三种是相互依赖模式。研究认为在具体的政府间关系分析中，财政资源和公共政策执行过程是政府间依赖关系产生的主要平台。尽管研究指出这种依赖结构是变化的，但它仍旧描述着一种单向依附的关系。随着研究转向各级政府在职责层面的分工与合作，相互关系中各个主体的独立性随之体现，而基于目标达成的合作或竞争也就不再具有自上而下或是自下而上的连续性依赖关系。这对于"集分权"框架向"确权"框架的转换是有所助益的。

第四种是集分平衡理论。研究认为它对于实现集分平衡状态的过程的分析，有助于思考中央集权和地方分权的整合中可能出现的阶段性问题。但是从政府职责体系构建的角度看，集分平衡理论仍旧未能跳出对集与分关系的分析。事实上，无论纵向政府间的关系处于何种状态，权力总是会相对集中一点或是分散一点。就这种状态分析这种状态的改善并不具有实践层面的指导意义——尤其是以政府职责体系构建为核心目标。

"集分权"框架的转变，在于权力的过分集中或过分分散在中国复杂的"条块体制"容易导致"一抓就死、一放就乱"的问题；而权力框架转换下政府职责体系的构建，就是要在避免讨论权力集中或分散状态的前提下，探寻职责在某个层级的相对稳定和达成这种状态的方式。

三、权责梳理与分领域推进事权划分:政府实践的新进展

理论层面的研究与政府改革的实践是在不断互动与验证中向前推动的。事实上,处于现实和复杂环境中的政府实践往往能够最先触发和迈进新的领域并为理论研究提供大量的素材,尽管这其中大部分客观和现实的进展通常是没有被意识到的。在中国纵向政府间关系调整的实践中,职责在政府改革中越来越居于核心位置,这是"集分权"框架向"确权"框架转换这一趋势的基础与集中体现。具体来说,它体现为三个方面。

第一,早在1988年,机构改革领域就提出政府职能转变是关键,这一命题随着政府职责这一概念的具体化而更加清晰和更具操作性;而这也恰恰体现出政府职能——尤其是更为具体化的政府职责,在连接机构、体制,乃至政府运行过程中的核心地位。职责这一要素为政府机构改革提供了囿于"集权"或"分权"以外的更为重要的依据。

第二,中国纵向政府间共同事权划分的不断推进,其核心就是政府职责在纵向维度上的配置问题。中国政府间大量的共同事权——特别是"一竿子捅到底"的共同事权,归根结底是单一制国家结构形式与长期计划经济体制下的政府"条块关系"相互磨合、加强而形成的;这也是"职责同构"中最值得注意和最亟待处理的部分。目前,各领域展开的事权划分改革对于"确权"框架的形成都是有所助益的。

第三,自2007年党的十七大报告首次将"政府职责体系"这一概念写入党的纲领性文件以来,构建并完善有中国特色的政府职责体系开始逐渐融入政府发展的方方面面。这种对于职责配置模式体系化、规范化的要求,以及相关改革举措的实施,都表明中国已经进入了权力框架转换的过渡时期。

(一)分领域推进财政事权与支出责任划分改革

1994年的分税制改革是中国纵向政府间关系变迁的一个关键性节点。

它初步建立起财政事权和支出责任划分的体系框架,为改革的持续推进奠定了良好的基础。在加快推进政府职能转变的改革背景下,调整纵向政府间关系的问题逐步成为不得不解决的问题而提上改革日程,与此同时,这一问题的处理也具备了一些基础性的条件。以党的十八大为关键性的节点,党的十八届三中、四中、五中全会相继围绕事权划分问题提出建立事权和支出责任相适应的制度、适度加强中央事权和支出责任及推进各级政府事权规范化法律化的要求。2016 年 8 月 24 日,国务院发布第 49 号文件《国务院关于推进中央与地方财政事权和支出责任划分改革的指导意见》。文件由五部分构成,分别对改革的必要性、要求与原则、主要内容、保障与配套措施及职责分工与时间安排做出了统领性的规定。

值得注意的是,《指导意见》在梳理改革所面临的主要问题时,除第一点"政府职能定位不清"主要涉及政府与市场、社会的关系外,其余四点——中央与地方财政事权和支出责任划分不尽合理、职责交叉重叠、省以下财政事权和支出责任划分不尽规范、部分财政事权和支出责任划分缺乏法律依据——均指向政府纵向间的职责划分问题。具体的改革时间表将事权划分改革分为三阶段:第一阶段截至 2016 年,选取国防、国家安全、外交、公共安全等基本公共服务领域率先启动改革;第二阶段为 2017 年到 2018 年,争取在教育、医疗、环境保护、交通运输等基本公共服务领域取得突破性进展;第三阶段为 2019 年到 2020 年,基本完成重点领域改革。① 2018 年到 2020 年,国务院办公厅相继印发文件就医疗卫生、科技、教育、交通运输、生态环境、公共文化、自然资源及应急救援等领域的财政事权和支出责任划分提出了改革方案,根据各领域相关文件对事项进一步分类,并对中央和地方应承担的支出责任进行了说明(参见表 4.1)。

---

① 《国务院关于推进中央与地方财政事权和支出责任划分改革的指导意见》,《中华人民共和国国务院公报》,2016 年第 26 期,第 16~21 页。

表 4.1　主要领域财政事权与支出责任的领域分类

时间	领域	分类
2018.02.08	基本公共服务	义务教育、学生资助、基本就业服务、基本养老保险、基本医疗保障、基本卫生计生、基本生活救助、基本住房保障
2018.08.13	医疗卫生	公共卫生、医疗保障、计划生育、能力建设
2019.05.31	科技	科技研发、科技创新基地建设发展、科技人才队伍建设、科技成果转移转化、区域创新体系建设、科学技术普及、科研机构改革和发展建设、科技领域的其他未列事项
2019.06.03	教育	义务教育、学生资助、其他教育
2019.07.10	交通运输	公路、水路、铁路、民航、邮政、综合交通
2020.06.12	生态环境	生态环境规划制度制定、生态环境监测执法、生态环境管理事务与能力建设、环境污染防治、生态环境领域其他事项
2020.06.23	公共文化	基本公共文化服务、文化艺术创作扶持、文化遗产保护传承、文化交流、能力建设
2020.07.10	自然资源	自然资源调查监测、自然资源产权管理、国土空间规划和用途管制、生态保护修复、自然资源安全、自然资源领域灾害防治、自然资源领域其他事项
2020.07.24	应急救援	预防与应急准备、灾害事故风险隐患调查及检测预警、应急处置与救援救灾

资料来源:笔者根据中华人民共和国中央人民政府网站文件库资料整理。

　　总体来看，财政事权与支出责任划分问题和推动二者相适应问题是两个相对独立而又彼此联系的问题。前者讨论政府职责的配置;后者则讨论关系的规范化。事权划分的不尽清晰成为优化二者关系的桎梏。因此有学者指出，"事权划分是规范政府间财政关系的一个中心问题"[1]"缺少明确的事权划分,规范化的政府间财政关系必然无法形成"[2]。回到对政府间关系的讨论,可以发现对事权划分的探索——特别是分领域推进的事权划分,已经开始逐渐走出对政府权力集或分这一状态的纠结,"确权"框架正在初步形成。

(二)权责梳理、"放管服"改革与政务服务领域的流程再造

以权力清单为载体对政府的权力和责任进行梳理,是对政府权力进行相对具体化处理的典型措施。权力清单制度的初创时期,正是政府"职能"向政府"职责"转变和深化的重要时期。事实上,权力清单时期,[1]清单本意上强调的是一个横向的"界限"或"边界"的概念,意味着行政权力的"合法行使范围","清单以外就是行政权力不能随意进入的范围";[2]作为一项制度阶段性的定位和目标,这里并不意欲讨论其正确性。相比之下,权力梳理工作所带来的客观产物,即对政府各部门、各层级职权职责的梳理,则对近十年来政府加快推进职能转变、政府职责体系的构建及纵向政府间关系的调整产生了深厚的影响。

其一,它是将中国所有法律法规规章对政府行政职权规定进行具体化和显性化的一个尝试。它为从实践层面跳出纵向政府权力的集分循环提供了一个可能的途径,即将权力的集分关系转化为职责的配置关系。同时,也正是延续着这一思路,权力清单制度也才得以逐渐向权责清单制度转型、向政府职责体系构建这一目标实现功能性的变迁。

其二,依托各省市政务服务网站的建立,碎片化的权责清单"组合"成了横、纵维度比较完整的清单体系。尽管这种清单体系在纵向职责的分工与联动上还有所不足,整体上呈现出"拼接"的特征。但正是这种体系化的"拼接",一方面体现出了职责一体化对于政府发展的必要性和重要性,另一方面又充分暴露出目前大量政府职责"一竿子捅到底"所导致的同构化与碎片化同时存在的问题。这使得改革出现了较为明确的抓手。

2016年5月9日,国务院召开全国推进简政放权放管结合优化服务改

---

① 权责清单制度的发展经历了若干次阶段性的变化,其功能也处于不断的探索和转变过程中,为了区分不同阶段的情况,本书选择在不同的语境下区别性地采用"权力清单制度"和"权责清单制度"的表述,以便进行更为准确的表达。

② 程文浩:《国家治理过程的"可视化"如何实现——权力清单制度的内涵、意义和推进策略》,《人民论坛·学术前沿》,2014年第9期,第90页。

革电视电话会议,指出深化"放管服"改革是中国政府行政体制改革的重要内容,对于加快转变政府职能、提高行政效能有着重要的意义。改革开放40余年来,围绕"放""管"和"服"展开的改革从未停止。有研究将其发展划分为20世纪70年代末到20世纪90年代末面向市场经济转型的改革阶段、21世纪初到2012年市场经济体制发育完善时期的改革阶段,以及2012年末以来"市场决定性作用"时期的改革阶段三个主要阶段,以此展现了不同时期"放管服"改革所面临的阶段性问题与取得的突破性进展。①

　　总体来看,"放管服"改革是一场从政府组织结构到权力运行过程的综合性改革;它推动了一系列地方政府制度创新的探索和相关改革的展开。如在放权领域,行政审批制度改革过程中取消和下放了千余项行政审批事项;多地在机构层面探索成立行政审批局、政务服务管理局等,尝试以牵头机构促使以行政审批事项为代表的政府权力进行规范与整合;在具体的政务服务流程上,依托"互联网+",各地推出"最多跑一次""零跑腿"等政务服务优化方案,其中以2017年2月20日浙江省人民政府发布的《加快推进"最多跑一次"改革实施方案》为代表。相较于分领域推进事权划分改革及权责梳理反映"集分权"框架转换的直接性,政务服务改革从另一个角度,即权力"结构-过程"的层面反映出"集分权"框架的变化与"确权"框架的逐渐形成。

　　从综合政府行政实践的进展可以看到,"集分权"框架向"确权"框架转变所带来的变化是实质性的。其一,"集分权"框架向"确权"框架的转换,反映出中国纵向政府间关系的调整过程从关注权力的相对集中或分散状态,转变为关注具体职责在纵向层面上的配置与有机衔接。其二,权力框架的转换过程,是政府发展过程中从重视权力归属向重视权力运行的体现。特别是随着各地政务服务大厅和政务服务网站的不断优化,政务服务领域的过程性调整反过来又为权力框架的转换提供了动力。其三,改革过程——特别是

---

① 李军鹏:《改革开放40年:我国放管服改革的进程、经验与趋势》,《学习与实践》,2018年第2期,第29~36页。

改革过程中多元化改革手段的运用得到了越来越多的关注。"集分权"框架下的管理和改革手段相对来说较为单一,它无法应对权力框架转换过程中所产生的问题,也难以提高改革效率。因此,在"确权"框架的形成过程中改革手段也自然主动或被动地出现了多元化、互补性的特征。在如何形成具有中国特色的纵向政府间关系这一问题上,改革过程愈加重要了。当然,本书所关注的主要问题,也恰恰是在这一过程中产生的——为何"集分权"框架向"确权"框架的转换放缓甚至推不动了? 其中的梗阻在哪里? 在不同的权力框架下,政府权力结构与运行过程之间呈现出怎样的牵制与互动特征? 在相对错位的过渡阶段这种特征又出现了什么样的变化? 本部分的核心关注点之一就是关系,在不同的主体、研究对象之间,正是由于它们相对独立又彼此联系,在现实运行过程中呈现出割裂、交叠、联系、互动等特征,才使得中国政府职责体系的形成过程独具特色。下文将进一步从结构入手,探讨权力框架转换下的"职责同构"。

第二节　权力框架转换下"职责同构"的适应性变化

"职责同构"的概念指纵向各级政府间在职责、机构上的高度统一。[①]一方面,它是以政府职责为视角对中国纵向政府间关系总体特征的一种概括,是这种关系的外在表现;另一方面,它也可以被理解为中国单一制国家授权体制下权力结构和权力运行过程的一种具体模式。它是特定结构和特定过程在特定政治环境下互动的产物。"职责同构"模式的主体是中国纵向间五级政府,内容包含它们制度性的结构关系与非制度性的行为互动;与此同时,它还受到"条块关系"、授权体制等制度性因素的影响,在"集分权"框架

---

① 朱光磊、张志红:《"职责同构"批判》,《北京大学学报》(哲学社会科学版),2005 年第 1 期,第 101~112 页。

向"确权"框架转换的过程中发生一定的回应性变化。也正是由于这个原因，这一概念的提出者也对其"批判"进行了再批判，提出这一概念本身的批判性有所下降。尤其是在当下的政治环境中，它仍旧具有较强的生命力。①之前的讨论中已经阐明，无论是理论研究还是政府发展的实践，都表明中国纵向政府间关系的调整与政府职责配置模式正在从一个权力的"集中–分散"框架转向权责"确认"的框架；而长期处于"集分权"框架下的"职责同构"模式却并未因权力框架的转换而立刻丧失活力，反而在渐进式的变化中获得了一定的自我调适能力。

一、总体"集分权"趋势下的领域差异与局部"异构"

长期以来，"集分权"框架下的"职责同构"为政府自上而下权力的相对集中或分散提供了极大的便利。从中央政府的角度来说，自上而下的"职责同构"在一定程度上是中国作为坚持党的集中统一领导的单一制国家的鲜明特点之一，各级政府能否做到"层层负责"而避免"层层推诿"，是决定"同构"作用发挥的关键因素，因而要对"同构"进行辩证地看待；②从地方政府的角度来看，作为中央决策的执行者，主动在机构层面选择与中央形成"对口"，能够保证其在获取资源或占据资源分配主动性中具有相对性的优势。③正是基于以上现象，部分研究开始发掘"职责同构"在当下政治环境中的积极作用，进而在研究过程中不再提及如何"打破""职责同构"，转而讨论"职责同构"的规范化问题，形成了"解析同构—合理确权—构建体系"④的总体

① 张志红：《中国政府职责体系建设路径探析》，《南开学报》（哲学社会科学版），2020 年第 3 期，第 10~18 页。
② 黄宏志：《关于政府职责体系构建研究的几个问题》，《中国机构改革与管理》，2019 年第 12 期，第 17~19 页。
③ 邱实：《同构视阈下的政府职责体系构建——理念转向、支撑条件与路径探索》，《南开学报》（哲学社会科学版），2021 年第 6 期，第 11~20 页。
④ 赵聚军：《在确权的思路下形成"职责同构"模式》，《财政科学》，2018 年第 1 期，第 62~63 页。

思路。在"确权"的思路下讨论"职责同构"的规范化与本书的主旨具有一致性；本章论述的核心目的之一，即在于区分"集分权"框架、"集分权"框架向"确权"框架转换，以及"确权"框架等不同历史发展阶段下"职责同构"的变化及其向"职责体系"的转变。这里有两点内容需要强调。

其一，"职责同构"这一概念的内涵是丰富的，"上下贯通""执行有力"等只能概括这种模式下政府运行的一部分特征。要在"职责同构"解构的基础上进行分析，就要明确其哪些部分是必须立马改变的，哪些部分是分阶段逐步实现改变的，而哪些部分是具有中国政治发展特色而应当保留并优化的。

其二，对不同权力框架下的"职责同构"模式进行差异化的研究，取决于不同国家结构形式下权力的根本问题。必须明确的是，单一制国家自上而下的授权是其本质性的特征，因而无论是权力的集中、分散或是确认，都必须以其为根本出发点。（这里关于单一制国家的结构形式值得补充的是，由于单一制国家的授权形式本质上决定了中央政府和地方政府在职责结构中的基本定位，就更应当把握权责清单制度的功能，在程序和过程上找规范的可能性。关于这一点，日本的机关委任事务制度改革中法定授权部分提供了非常好的思路和启发。）即便是单一制国家所实施的分权或是联邦制国家所实行的授权，也都因其有着权力授予方向差别，而或多或少存在着不同。明确这两点前提对于把握权力框架转换中"职责同构"的适应性变化是有所帮助的。

改革开放以来，政府的"职责同构"模式始终处于一个权力相对集中或分散的变化环境中。在政府权力总体上集中或分散的趋势下，不同领域在处理集中或分散的关系时，又呈现出既有区别又能够彼此相互联系的特征。例如在政治领域，干部人事的管理权限在纵向的管理层次及管理手段上都曾有过阶段性的调整，这使其经历了中央高度集中、逐步向地方下放及选择性地集中部分管理权限等不同阶段；[1]在财税领域，不同时期政策的摇摆性是

---

[1] 邱实：《中央与地方关系变迁的学理分析：基于治理权限"集中"与"下放"的视角》，《兰州学刊》，2020年第7期，第126~136页。

比较大的。但就目前主流的研究与官方文件来看，大体上能够根据不同时期政策的特征将其发展划分为"统收统支"时期、"分级包干"时期，以及分税制以来权力向中央适度集中时期等。特别是在新一轮财税体制改革过程中，对于政府财政事权和支出责任划分的强调已经与政府职责体系建设的目标不谋而合，已经充分体现出权力框架的新变化。相比之下，中央在经济管理、立法和行政领域上逐步赋予了地方政府更多自主性。在这种情况下，权力体系能够一方面避免"收得过紧"，另一方面避免"放得过散"；而不同领域间的相互配合与联系，不仅维持了权力体系的相对平衡与稳定，而且形成了改革不断推进的动力。

在这种环境下，"职责同构"的运行模式正是在不同领域间权力集中或分散的差异性与互补性中进行了自我调适。首先，为了应对纵向各级政府之间职责高度一致所带来的政策执行成本和效率问题，"职责同构"的政府运行模式中产生了一些相应的制度性安排。以基层治理中属地管理的规范化为例。中国大部分职能部门长期以来实行着"条块结合、以块为主、分级管理"①的属地管理体制，它"强调领导干部须对属地内的管理对象按标准和要求进行组织、协调、领导和控制"②。但传统的属地管理中不可避免地出现因地方和中央政策目标不一致而产生的种种问题。在"职责同构"的模式下，旨在解决这一问题的垂直管理改革又因部门将责任转移给地方政府，试图"压实责任"从而为基层治理造成了极大的负担。为了解决这种矛盾，属地管理规范化的过程中产生了诸多机制，"街乡吹哨、部门报道"机制就是典型代表。在不触及"同构"结构的前提下，它通过治理人员、职能和资源的下沉对属地管理进行了合理再造，在一定程度上缓和了属地管理与垂直管理的矛

---

① 尹振东：《垂直管理与属地管理：行政管理体制的选择》，《经济研究》，2011 年第 4 期，第 42 页。
② 杨凡：《属地管理原则"变形"的表现、根源及其矫治》，《领导科学》，2020 年第 2 期，第 89 页。

盾。①相似的还有部门的"垂直化"改革、基于治理单元调整的"网格化"管理
模式改革等。

其次,政府纵向间"职责同构"的总体特征,在不同地域间出现了相对
"异构"的差异化情况。局部"异构"的表现之一是各地政府职责与机构设置
的微小差异,这在权责清单梳理的结果及各地公开的"三定"规定中能够得
到部分体现;表现之二则在于政府履责方式的差异,它受到社会经济发展、
政府管理水平、地方发展需求等多方面因素的影响。局部性的"异构"是发展
的客观现象,也是政府"职责同构"的自我调适在非正式制度中的典型表现。
这些回应性的变化,使得"职责同构"模式在权力框架的转换中具备了一定
的灵活性。

二、中央政府主导下地方政府参与有效性的提升

前文提到,"职责同构"本身作为以职责为核心对纵向政府间关系结构
的概括,同时它也是一种具体的、动态的政府运行模式。在这种运行模式中,
纵向五级政府是核心的互动主体。可以说,正是在"集分权"框架向"确权"框
架的转换过程中,"央地政府关系"逐步细化为"纵向五级政府间关系";而纵
向政府间互动的模式,也同步发生了变化,即"职责同构"所发生的适应性变
化。之所以要强调"职责同构"作为关系结构特征和运行模式的两种含义,是
因为这里所要论述的关于各级政府间关系的变化,并不在实质上涉及职责
配置结构的调整,也即并不涉及"职责同构"在结构层面发生的变化;相比之
下,它所体现出的适应性变化——中央政府主导下的地方政府参与有效性
的提升—— 一方面是过程性的,具体表现为主体行为模式的变化;另一方面
大部分是非制度性的,尽管其中已经有不少行为模式被"固定"下来,得到了

----

① 吕德文:《属地管理与基层治理现代化——基于北京市"街乡吹哨、部门报道"的经验分析》,
《云南行政学院学报》,2019年第3期,第5~12页。

参与主体的"默许"。

无论是在各级政府的职责配置方面，还是在推动政府改革和发展的整体进程中，在中国，中央政府在制度层面和现实层面的主导性是一个基本前提。关于这一点，周黎安在概括中国政府运行机制的特征时提出的"行政发包制"中就有比较明确的说明。他在分析行政权的分配这一维度时指出，中国的行政发包制中委托方所具有的正式权威和剩余控制权，使其既有别于纯粹科层制中上下级之间的绝对控制关系，同时也与外包制中主体间相互平等的契约关系有着根本性的差别。①暂且不看"行政发包制"对于纵向政府具体行为模式中有别于科层制绝对控制特征的那一部分。无论如何，由于地方政府所有权力的授权都来源于中央政府，因此"正式权威"或是其所体现出的根本上的主导性，是分析展开所必须考虑到的前提。政府运行过程中的这种权威性和主导性不仅仅体现在中央政府对地方政府的互动关系中；事实上纵向每一级政府之间都能够体现出这种相对主导性。这种特殊性源自中国政治环境中对于"级"的特别强调和重视。"职责同构"正是在这种级别明确的政治环境中，发挥着重要的上令下行的作用。

但与此同时，中国渐进式的改革方式使得地方政府不仅承担着政策执行者的角色，还主动或被动地承担着政策和制度创新的角色。作为"中国治理实践中特有的一种政策测试与创新机制"②的政策试点，就特别地体现出中央与地方关系的权力结构中地方政府所承担的这种独特的角色。③党的十八大以来，中国的政治环境发生了一系列重大变化。在创新的结构条件和制度基础均发生显著变化的条件下，有研究认为，中国地方政府创新呈现出一种"请示授权"的新形态，即地方政府并不直接实施政策创新方案，而是通过

---

① 周黎安：《行政发包制》，《社会》，2014 年第 6 期，第 1~38 页。

② 周望：《如何"先试先行"？——央地互动视角下的政策试点启动机制》，《北京行政学院学报》，2013 年第 5 期，第 20 页。

③ Heilmann, Sebastian. Policy Experimentation in China's Economic Rise, *Studies in Comparative International Development*, 2008. 43(1):1-26.

请示高层级政府得到正式确认和授权并成为"试点"后进而展开创新实践。①
这种新形态的出现,一方面不同于以往地方政府的"自主探索"——有研究
对历年"中国地方政府创新奖"的追踪研究表明其持续性并不令人满意;另
一方面也不同于单纯的"设计实验"——相对忽视了地方政府在改革中获得
的越来越多的自主性。这种新形态的产生,体现出中央在互动关系中主导方
式的变化,典型地指出纵向政府间互动模式的变化对地方政府参与制度创
新程度和应对发展问题能力的有效提升。当然,这种在政策产生和执行上效
率的提升,是在不改变职责配置结构的情况下实现的;"职责同构"的上下对
口反而为请示和授权的过程提供了更为便利的渠道。

　　"行政发包制"的研究还指出另一个现象,即在内部发包的情况下承包
方所具有的实际上的自由裁量权和实际控制权。②这与上文提到的发包人所
占有的绝对权威之间形成了所谓的"集权-分权悖论"③。每一级地方政府在
运行过程中事实上都具有双重性。一方面它们作为单一制国家中由中央政
府授权形成的一部分,代表着一个整体性的政府;另一方面作为本地区经济
社会发展的管理者,又具有局部性的利益诉求。这种双重性在传统的计划经
济体制下几乎完全由整体性的那一面所主导。在向市场经济的转轨中,地方
政府被赋予了相对独立的利益和一定的自主权,这种双重性中自主性的那
一面就逐渐凸显出来。随着一系列以调动中央和地方政府"两个积极性"的
"放权让利"改革举措的出台,对于地方政府这种整体性与自主性之间的关
系处理也在不断寻求着更为优化的解决方案。地方政府在社会治理中参与
有效性的提高,解决了很大一部分"职责同构"模式下政策制定和执行的成
本与效率问题。但也恰恰是因为"职责同构"的模式在改革快速推进时期为

---

　　①　郁建兴、黄飚:《当代中国地方政府创新的新进展——兼论纵向政府间关系的重构》,《政治学研究》,2017 年第 5 期,第 8~103 页。

　　②　周黎安:《行政发包制》,《社会》,2014 年第 6 期,第 1~38 页。

　　③　周黎安:《转型中的地方政府:官员激励与治理》,上海:上海人民出版社,2008 年,第 326~331 页。

中央的干预和地方的参与提供了便利的渠道,"以各类政策性文件、规范性文件的出台为代表的行政手段成为制度调整优化的主要方式"①,使得政府间关系的调整在具备了较强灵活性的同时也面临着非正式化和非制度化所带来的风险。

三、政府纵向权力配置发展呈现螺旋上升的态势

在较长的一个历史阶段,中国政府在运行和改革过程中常常体现出一种"循环"的特征。首先,对于纵向权力关系的处理长期局限于"收放""集分"的思路。以著名的"中国特色的财政联邦主义"理论为例。它注意到,在中国,一方面,中央政府在政治上相对集权;另一方面,由于财政与行政上的分权对地方政府赋予了财政激励而呈现出一定的联邦主义色彩。②尽管这一研究还是以单一制和联邦制的特征来描述中国纵向政府间关系的,但正是基于这种集权与分权并存的现象,"集权–分权悖论"得以指出中国一方面通过中央下达文件和命令的方式形成了中央的相对集权,另一方面又因为地方享有的大量自由裁量权而形成了相对的分权。③在"集分权"框架向"确权"框架的转换过程中,这种"集分""收放"的特征还是很大程度上地保留了下来。

其次,"循环"的特征还特别地体现在某一时期机构改革的反复现象中。例如在能源领域,1982 年到 2008 年经历了多次行业部分设和机构单设的反复;再如食药监部门,也经历了多次的单列、拆分和撤并。总体来说,机构改革层面的反复现象体现出比较强的随意性,使得改革呈现出高成本、低效率

① 赵志远:《政府职责体系构建中的权责清单制度:结构、过程与机制》,《政治学研究》,2021 年第 5 期,第 92 页。

② Qian,Yingyi and Barry R. Weingast,Federalism as a Commitment to Market Incentives,*Journal of Economic Perspectives*,1997,11(4):83–92.

③ 周黎安:《转型中的地方政府:官员激励与治理》,上海:上海人民出版社,2008 年,第 326~331 页。

的特征；在机构数量上也呈现出"精简—膨胀—再精简—再膨胀"的循环圈。

最后，在处理"条块关系"中的垂直管理与属地管理时，改革也出现了反复的现象；周黎安在研究"条块关系"的变化时曾发现这种现象并称之为"体制回归"现象。①他在这里列举出的具体表现包括，2000年国家药品食品监管管理总局的成立将"块块"管理变为垂直管理，到2008年又回归了"属地发包"管理；而省级以下以垂直管理运行多年的工商和质检部门也在2011年回到属地管理。总体来看，无论是"集分""收放"的权力关系、反复调整的组织结构，还是"条块关系"调整中的"体制回归"现象，研究的核心观点在于中国政府运行过程中对于行政手段的应用过于宽泛和缺少约束，而这恰恰是"职责同构"运行模式的主要特征之一。②

事实上，所谓"循环"的特征，只展现了改革过程中的一个侧面。从循环主体本身的变化和循环过程整体环境的变化中，则能够看到改革所具有的螺旋上升态势。实践中，政府每一次改革对于权力的收紧或下放都会促使政府的职责关系发生结构性的改变，而这种改变是不可逆的。例如政府间机构设置上的"上下对口、左右对齐"。以往的机构改革中，除了源自既得利益者的梗阻而导致的机构数量再膨胀现象，地方政府为了获得必要的各类资源，也采取了主动与上级政府对口设置部门的策略；而在2018年的改革中，中央则主动要求地方强化"上下对口"的部门设置。这种机构设置的"循环"现象，是"职责同构"在缺乏清晰职责分工的前提下所进行的适应性调整，以此加大政策执行的力度和制度的弹性。之后，中央又强调了允许基层政府机构设置的"一对多"或"多对一"，充分体现出基层政府架构的重大转变。③

① 周黎安：《行政发包制》，《社会》，2014年第6期，第1~38页。
② 此外，笔者观察到，例如《宪法》《国务院组织法》《中华人民共和国地方各级人民代表大会和地方各级人民政府组织法》中对于政府纵向职责划分的规定长期以来没有发生实质性变化，其中"三定"规定的补充发挥了一定的作用，但同时也说明这种情况的存在有一定的原因。后文的"共生"理论将对此做进一步解释。
③ 张志红：《中国政府职责体系建设路径探析》，《南开学报》（哲学社会科学版），2020年第3期，第10~18页。

　　与此同时,以体制机制创新来弥补由于权力结构调整所产生的缺陷,已经成为改革中常见的做法。例如在政治领域,大幅度下放干部管理权限的同时,中央已经开始运用扩大干部交流机制、回避制度等方式来防范"地方主义"的产生。这种螺旋上升的态势,一方面体现出"职责同构"在发展中的适应性变化;另一方面也表明,随着政府职责体系的不断优化,"职责同构"所产生的适应性变化实质上为促进自身瓦解的要素的出现创造着条件。

　　基于上述分析,可以就权力框架转化下的"职责同构"模式得出三点总体性的判断。

　　其一,"职责同构"模式是历史发展的产物,经历了长期和复杂的历史性变化,因而即便是在权力框架的转换过程中,也能够实现适应性的调整,从而回应整体环境的变化,呈现出较为强大的生命力。

　　其二,"确权"框架下政府职责体系的构建是历史发展的必然要求,对于加快推进政府职能转变、理顺政府与市场社会关系,乃至促进政府发展具有必要性。而"职责同构"模式呈现出的诸多特征已经不再符合这一趋势,甚至成为政府发展的阻碍。

　　其三,从"集分权"框架向"确权"框架的转换,以及各领域改革的持续推进,对"职责同构"模式带来的客观冲击是不容忽视的。从"职责同构"向"职责体系"的转变是政府客观的发展规律,也是明确的政府发展方向。正是在客观发展的冲击与对固有模式的回应过程中,阻碍政府进一步发展的症结开始暴露出来。前文对"职责同构"在权力框架转换中的适应性变化的三点分析,均指向"职责同构"模式下政府运作的非制度化和行政主导性。由于缺乏立法程序和相应组织法的保障,政府职责划分的不清晰,使得"职责同构"尽管在权力框架转换下产生了适应性的调整、发挥体制优势的同时,也要承担不断增加的体制成本。它所带来的负面效应,会随着社会经济发展要求的提高而愈加凸显。因此,打破"职责同构",依旧是未来政府职责体系构建和优化的主要任务;而如何打破这种"同构"的运行模式,还要找到其背后的运行机制,即分析长期以来"集分权"框架为其创造的生存条件。

第三节　"职责同构"得以维持生命力的一种理论解释

在对中国政府发展进行"结构—过程—机制"的分析中,政府间的权力关系与相应的组织结构是比较容易观察到的;而现实运行着的政府的行为与动态过程,也可以通过合理的手段予以把握。相比之下,对于结构与过程之间的互动关系,乃至其背后发挥作用的机制,则需要通过理论抽象的方法从而认识和把握其规律性的部分。本书在搭建"结构—过程—机制"的分析框架时引入了"共生效应"的分析,认为"共生"是政府发展过程中某些"结构"上的特殊性与特定"过程"之间在互动中达成高度一致时所产生的。这事实上是在尝试揭示其背后的机制性问题。从这个角度来看,"共生"的引入是对"结构–过程"分析框架的进一步延伸,从而将"机制"这一关键性的要素纳入分析框架;从另一个角度来看,本书提出了一个对政府过程中的"偏离"假设加以丰富和修正的理论假设。现实运行中的政府过程中普遍存在着"偏离",它推动着政府的发展和制度的变迁。我们能够看到的往往是法律和制度对于某些负向偏离行为的纠正,但是对于偏离(大多是正向偏离)是如何推动政府发展的过程却没有系统性的研究。本书正是基于这个现象提出,对于政府过程中的正向"偏离",现存法律和制度并不具有使其合法化的主动性,因此需要以人为的干预作为促使这一过程发生的关键要素,这种所谓的人为干预普遍地表现为体制机制创新。至此,本章试图使这一理论假设与"结构—过程—机制"的分析框架相契合的这一目标基本得到了实现。

将"共生效应"引入对权力框架转换中"职责同构"的分析,具有一定的必要性。一方面,"共生"是对结构与过程互动关系中"二者高度一致"这种情况的提炼与概括。根据前文对于"共生"概念内涵的具体分析可以明确,相比于将这种特殊现象简单概括为"结构与过程的良性互动",它为"集分权"框架向"确权"框架转换下"职责同构"得以维持生命力的这一现象提供了更为细化和具体的分析手段。另一方面,它试图揭示结构与过程互动关系背后的一类逻辑,进而形成"结构—过程—机制"的分析框架,为权责清单制度的必要性及其如何打破这种旧的共生关系提供了理论层面的支撑。为了具体实现这一目标,研究将从以下几对重要的共生关系中寻求对"职责同构"在权力框架转换过程中得以维持生命力的解释。

一、缺乏法律程序保障的权力"收放"与组织机构间的"上下对口"

"职责同构"的运行模式能够在权力框架转换的过程中保持足够的制度弹性,应对政府转型过程中所面临的问题,这是其适应性调整结果的体现。至于其生命力的根本来源,则在于"集分权"框架下特定的结构与权力运作过程的互动。在"集分权"框架下,缺乏法律程序保障的授权、收权,与"职责同构"中机构间相对简单的"上下对口"关系产生共生效应。机构改革在很长一段时期内呈现的"精简—膨胀—再精简—再膨胀"现象就是其典型体现。

中国长期以来实行着一种中央政府和上级政府通过授权方式来调整其与地方政府和下级政府之间关系的"授权体制"①,这种体制下权力的频繁性变动在改革时期体现得更加明显。依据授权的范围和程度,这种授权体制呈现出三类形态,分别为全面性的授权、局部性的授权和个体性的授权。②所谓

① 薛立强:《授权体制:改革开放时期政府间纵向关系研究》,天津:天津人民出版社,2010年,第31页。

② 薛立强在其对"授权体制"的研究中将其概括为全面授权、倾斜授权和个别授权,并根据具体形态特征和不同历史时期的表现对其进行了阐述。本书关注这种授权体制的过程性特征,并将这种"各级政府上下级之间的授权"的特征作为一种"单一制国家中各级政府权力均源自中央政府授权"的根本性特征的延伸,因此这里主要从政府过程的角度讨论"授权体制"与集分权框架下的"职责同构"之间的关系。

全面性的授权,是一种普遍性和大规模的权力下放,相对而言具有制度化的特征。从广义政府的角度来看,这种全面性的权力下放涉及干部人事管理权限、经济管理权限,以及立法层面的相关权限;从狭义政府的行政层面来看,2002 年到 2012 年,国务院分六批取消和调整行政审批项目 2497 项,占原有总数的 69.3%(具体数据参见表 4.2),在这之后对于行政审批事项的调整也未就此停止。

　　总体来看,这种全面授权的形态相对应的是集权或分权的总体趋势,具有比较鲜明的阶段性特征和相对的稳定性。所谓局部性和个体性授权,则是基于地方发展不平衡的客观规律并带有一定的试验色彩。其中,局部性授权往往体现着政策发展的战略性,个体性授权则体现出一定的改革性和试错性。这三种授权形态相互影响、相互叠加,有时也会发生形态间的转换。例如,个体性授权的经验得到时间的检验后就有可能转化为局部性或是整体性的授权。也有相关研究将中国的授权体制概括为"相机授权体制",即"中央政府根据不同的时机、环境有差别地决定对地方授权的内容、程度和方式的央地权力配置体制"[①]。前者的重要贡献在于注意到授权体制在所有上下级政府间的作用,而不仅仅存在于中央与省级政府之间;后者则指出授权体制"相机"的这种特质,并将其放在央地权力配置体系中予以考察。在改革时期,特别是在政府自我改革进入快速推进的时期,授权体制平衡了政治与行政体制中的相关要素,因为其灵活性而赋予了制度一定的弹性。当然,也恰恰是这些特征,使得这种体制在缺乏法律程序保障的环境下对权力的收放——特别是在职责体系的构建上——过于随意,带来了体制规范性的难题。

　　[①] 郭剑明:《相机授权体制下我国央地关系中的潜规则现象及其矫治——兼谈分税制后"驻京办"问题的实质》,《浙江社会科学》,2010 年第 6 期,第 25~32 页。

表 4.2　国务院六轮行政审批制度改革的具体数据

时间	行政审批项目处理(项)			
	取消	改变管理方式	下放	合并
2002 年 11 月	789	–	–	–
2003 年 2 月	406	82	–	–
2004 年 5 月	409	39	47	–
2007 年 10 月	128	8	29	21
2010 年 7 月	113	–	71	–
2012 年 9 月	171	9	117	17

数据来源:根据中华人民共和国中央人民政府官网数据整理。

　　在"授权体制"中,分级授权下的"职责同构"是现行"条块关系"模式的主要机制。①在"职责同构"的格局下,大部分事权是由中央和地方共同行使的,具体事项由地方分级管理,中央负责宏观指导和监督协调;这实际上形成了"每一级政府大体上都要管所有事情"的结构。上文中提到,机构改革虽然呈现出反复的现象,但是各阶段的原因有所差异;尤其是政府职能转变越来越成为改革的关键,这体现出改革螺旋上升的态势。尽管如此,随着中国政府改革不断加快推进政府职能转变,加之地方政府间发展差距的扩大,无论是横向上政府职能的边界还是纵向上政府职责的配置,都面临着比较频繁的变化。

　　与此同时,《宪法》对于各级政府的职责规定是宏观和模糊的,各级各类行政机关的组织法又是相对匮乏的。在"条条"的钳制和资源的诱导下,机构设置就倾向于形成简单的"上下对口"结构,以便于提高改革进程中权力收放的便利性,以行政命令为主导的授权体制得到了相应的保障;而行政命令"上下贯通、执行有力"的客观要求,也在客观上加强了组织结构的对口,使得权责不清晰、不协调的情况进一步加重了。近年来,中央文件多次提到要着力解决政府机构设置和职责配置"上下一般粗"的问题,尝试从结构层面

————————
　　① 周振超:《条块关系的变迁及其影响机制——基于政府职责的视角》,《学术界》,2020 年第 5 期,第 24~31 页。

入手进行调整;但其背后涉及的资源调配等过程性问题,以及二者之间形成的共生关系,往往将结构调整拉回原始的起点。要解决这一问题,还需找到打破这一共生关系的突破口。

二、地方性和行政立法的规范性与"条块分割"的结构关系

1979 年,中国建立了"二级立法体制",立法权由中央和地方两级立法主体分别掌握和行使;[①] 2015 年,《中华人民共和国立法法》修订,地方的立法权限进一步扩大, 设区市的人民代表大会及其常委会也拥有了制定地方性法规的权限。而所谓行政立法,[②]则是指"享有行政法规制定权的国务院,享有规章制定权的各个部委,省、自治区、直辖市、设区市的政府依法制定、颁布具有普遍约束力的行为规则的活动"[③]。1978 年恢复法制建设后,中国的立法体系得以快速建立。到目前为止,中国现行有效的行政法规数量为 717 件;[④]行政立法无论是在数量还是在功能发挥上, 在整个法律体系中都有着举足轻重的地位。对于幅员辽阔、地方经济社会发展区域性差异较大的中国来说,地方性立法和行政立法的存在显而易见是非常必要的;然而由于其产生时间不长、基础相对薄弱,但发展又格外地迅速,致使其在规范性上出现了诸多问题,面临着很大的挑战。随着改革的深入推进,改革过程却出现了缺乏整体性和系统性的问题,致使改革成本相对较高、改革却收效甚微。这恰恰与地方性立法和行政立法的庞杂和不甚规范,与政府"职责同构"中的"条块分割"之间产生的共生效应相关。

地方政府立法权限的直接法律依据来源于《立法法》对地方性法规可调

① 孙国华主编:《中华法学大辞典·法理学卷》,北京:中国检查出版社,1997 年,第 286 页。

② 本书所选取的"行政立法"概念,是基于外观或主体的判断,即只有行政机关的立法行为才叫作行政立法。

③ 刘莘:《行政立法研究》,北京:法律出版社,2018 年,第 7 页。

④ 截至 2022 年 1 月 4 日,在北大法宝网上可检索出现行之有效的行政法规数量为 717 件。

整的事项给予的授权。它具体体现在四个方面：其一，作为法律、行政法规的实施条例和实施办法；其二，针对本地方的特殊性事项，不必也不可能通过制定法律和行政法规进行规定的，由地方性法规进行规定；其三，综合性地运用有关的几个法律、行政法规从而解决地方性的特定问题的，可以由地方性法规进行规定；其四，改革中选取地方作为试点的情况下，制定适用于全国范围的法律、行政法规的条件尚不成熟，地方可以先行制定地方性法律法规，待有关法律、行政法规出台后再相应进行修改或予以废止。①

关于《立法法》对于地方性立法的相关规定，有研究将其中问题的症结总结为"法律对地方立法权限的模糊规定与严格解释"②。所谓模糊规定，主要体现在对中央专属立法、地方立法范围，以及地方立法手段的规定中采用的一些用词具有很强的模糊性，如"基本制度范畴""地方性事务"等；而所谓严格解释，则主要是指全国人大常委会法制工作委员会对于相关法律内容进行了从严解释。这就使得地方性立法在调整对象和调整手段上受到了比较大的限制，因而在地方立法的实践过程中就比较容易在平衡现存制度的合法性、稳定性与改革的合理性、风险性之间产生种种问题。例如，为了避免风险，横向的省级立法上产生了大量在标题、结构、规范内容、条文表述上大同小异的重复性法规，③加之内容上受到比较大的限制，造成了数量规模上过于"庞杂"、内容上缺乏功能性的"景观式立法"等问题；再例如，地方政府出于改革创新、利益争取、执行便利等目的，在模糊"空间"内进行的相关立法可能出现超越其立法权限的现象。这类问题也较为常见地出现在行政立法过程中，毕竟行政立法在本质上来讲是一种执行性的立法。

现实中，尽管《立法法》的修订对于相关立法的改变、撤销制度进行了一定程度的完善，但由于立法程序性要素尚不够健全、立法变动和撤销的成本

---

① 杨景宇：《关于立法法和监督法的几个问题》，《北京人大》，2013年第6期，第4~11页。
② 向立力：《地方立法发展的权限困境与出路试探》，《政治与法律》，2015年第1期，第68~78页。
③ 江材讯：《地方立法数量及项目研析》，《人大研究》，2005年第11期，第28~32页。

相对比较低,致使一些程序上的规定受到了比较大的束缚,地方性立法和行政立法质量良莠不齐。特别是近年来全国人大常委会法工委越来越频繁地发布对地方立法违法立法的督办函,[①]都表明这一问题的存在及越来越得到重视的现状。

与地方性立法和行政立法模式相对应的,恰巧是中国政府关系结构中最为复杂的"条块关系"。在政府运行过程中,"条块关系"的复杂性体现在其中的诸多内在矛盾上。事实上,"条"和"块"的根本矛盾还是中央与地方各级政府在管理模式上的矛盾,特别地体现在决策、执行、监督的一系列环节中。中央试图通过"条条"的垂直管理加强权威性,但实际上又因为执行的成本、"条条"自身管理中出现的问题等因素而丧失了一定的权威;地方虽然在权力关系和职责配置等方面处于被动地位,但是在实际运行过程中却有着诸多的主动性,但过大的灵活性又会激化地方政府与部门之间的矛盾。特别是在"职责同构"的模式下,这种矛盾又有所加剧。地方性立法和行政立法作为"条块关系"调整的一种手段,发挥着"稳定器"的作用。

但在上述问题的影响下,"条条"倾向于以业务指导、政策影响和资源控制等多重手段干预"块块"。以行政立法领域为例,虽然行政规范性文件不是行政法规,但是作为一种行政命令,在"上下一般粗"的"职责同构"模式中却发挥着重要的作用。因此,缺乏统筹设计、规范性不足的地方性和行政立法,实际上加剧了"条块分割"的程度。而针对行政部门职责分工的相关立法因为改革期职责频繁调整而丧失了稳定性和严肃性,特别是在一些所谓的地方性事务上,在中央与地方事权存在大量交叠的情况下,地方性立法往往会产生困扰。这种束缚和束缚下所产生的"主动"行为又会损害相关立法的整体性和规范性。在"条块分割"的管理体制与地方性和行政立法未能规范发展的共生关系中,缺乏法律和组织保障的分散化改革必然会面临"地方主义"

---

① 沈春耀:《全国人民代表大会常务委员会法制工作委员会关于 2020 年备案审查工作情况的报告》,《中华人民共和国全国人民代表大会常务委员会公报》,2021 年 2 月 18 日。

"部门主义"的难题,呈现碎片化的特征。

三、行政权的无序扩张与政府职责的模糊划分

在现代国家发展的过程中,由于社会经济发展和政府管理的需要,行政权或多或少具有扩张的倾向。西方资本主义社会中行政权的发展经历了三个主要的阶段。在传统农业社会,行政权还未在政权体系中获得独立的地位。由于政府的管理和服务等职能都还从属于它的统治职能,加之宗法权力、个人权威等因素的压倒性力量,行政权往往处于非常隐性的地位。随着工业社会的发展,行政权成为独立的体系,并经历了消极行政和积极行政的两个重要阶段。自由资本主义时期是消极行政主要的阶段。由于自由放任的意识形态占据主流,行政机关最大限度地控制着自身的权力,将行政活动尽可能压缩在比较狭窄的范围。①随着 20 世纪资本主义社会进入积极行政时期,行政权的发展呈现出两个特征。一方面,随着法治建设的完善,行政权越来越受到法律和相关制度的制约;另一方面,对社会福利和公共服务的关注也使得行政权开始渗透到社会的各个角落。随着后工业时代的到来,行政权进入了一个新的发展阶段。它开始强调政府与社会关系的平衡;但如何在行政权的新形态下对其进行制约与规范,也成为政府发展面临的新问题。中国社会长期处于"两化叠加"的发展阶段,因而行政权的变化历程也呈现出其特殊性。

与西方资本主义国家不同,在中国行政权并未经历消极行政权和积极行政权的发展阶段。计划经济时期的中国实行了一套高度集中的政治经济管理体制,行政权渗透在社会事务的方方面面,构建了一个职能无所不及、无所不包的全能型政府。随着社会主义市场经济体制的逐步确立、完善,政府开始在一些领域内逐渐退出,还给市场和社会部分独立发展的空间。从行

---

① ［日］室井力主编:《日本现代行政法》,吴微译,北京:中国政法大学出版社,1995 年,第 11 页。

政权扩张的范围来看,中国由计划经济体制向社会主义市场经济体制的变化似乎恰恰与西方国家在调整政府干预社会范围的变化相反。事实上,中国的历史发展使其行政权的扩张呈现出两点特殊性。

其一,尽管政府对市场和社会的干预范围大大缩减了,但计划经济体制下行政权主导的特征却深刻地遗留在政府运行的模式中。正是由于这个原因,中国出现了与其他国家不同的"二元法治"社会。与法律制度相对应地,出现了"文件治国"的现象,大量种类丰富的文件①不仅在处理政府内部关系上发挥着重要的作用,也越过这一边界对社会和市场的"私权利"边界产生着重要的影响;而与此同时,立法、经济等调整社会关系手段的运用却显得有些"经验不足"。

其二,行政权的主导性深刻地体现在政府管理体制中。在政府内部,上下级别分明的体制特征尤其明显,为以行政命令为主导的管理方式提供了制度环境,在政策的"上令下行、执行有力"上扮演着重要的角色。从某种角度看,"职责同构"模式也是行政权内部扩张的制度表现之一。

前文已经提到,中国纵向政府间职责的划分模糊是"职责同构"模式的主要特征之一。与行政权无序扩张的特征相结合,这种职责划分的模糊化就在政府运行过程中体现出一种"都能管"与"都不想管"并存的现象。所谓"都能管",即在职责和机构"上下一般粗"的条件下,上级"条条"具有影响和控制地方政府的实际权力,而照搬政策、"条条打架"等问题的产生,又将这种体制所产生的弊端全部转嫁给了基层政府。在行政命令的主导下,"条块关系"中的协同因素越来越少,领导要素越来越多。②而所谓"都不想管",则突出体现了现行体制中权、责、利不统一的现象。为了"压实责任",一些职能部门将职责范围内的事情打包下压到基层政府,通过文件命令、考核等多重手

---

① 此处采用行政规范性文件,区别于包含行政立法的广义规范性文件。

② 周振超、王京菁、王琦君:《解决形式主义官僚主义突出问题,切实为基层政府减负》,《重庆行政》,2021年第4期,第35~38页。

段施加压力,致使其往往在人力、物力、技术等能力不足的条件下执行任务,甚至在不具备执法权限的情况下实施执法行为。这种情况下,自上而下的履职不力和责任推诿又造成了职责结构的破碎化。可以看到,正是由于权责划分的模糊性,使得行政权在政府管理过程中大为扩张;而也正是由于缺乏制度化的保障,这种模式下的改革更易出现反复性和随意性,为合理配置各级政府职权、明确职责划分带来更大的困难。

以上三对共生关系,并不能概括权力框架转换过程中"职责同构"模式下结构与过程的所有共生现象,它们仅仅是本书抽象出的三对较为典型的关系。现实政府运行过程中,它们相互交织、相互影响,共同形成了"职责同构"生命力的源泉。同时,上述内容也并非完全否定"职责同构"模式。随着权力框架的转换,脱离"集分权"框架的"职责同构"必然发生新的变化,也正如上文所述,"职责同构"的适应性变化正是为促进其本身瓦解的要素创造着条件,"职责同构"的"重构"必然成为未来政府发展趋势。我们必须明确"职责同构"模式中哪些部分"存在且合理",哪些部分需要外力干预予以"打破"。

至此,本书也由对"结构"的剖析进入了最后一部分的关键性内容——对"机制"的分析。本章旨在论述权责清单制度存在的必要性,虽在这一部分几乎未谈及权责清单制度,但又在每一环节论述了其在政府职责体系构建与优化中的必要性,也即遵循"结构—过程—机制"的分析逻辑,从结构与过程的互动关系入手,说明了体制机制创新对于瓦解旧关系、构建新关系的必要性;在理论层面,回应了现有政府过程理论中"偏离"假设对于解释体制机制创新的必然性方面的不足,并从如何通过体制机制干预实现政府发展的视角给予了补充。

第五章

制度性功能的发挥：
权责清单制度的三个核心机制

通过将机制分析引入"结构–过程"的分析范式，能够形成"结构—过程—机制"的分析框架，以此来解释存在于结构与过程互动关系中的某些现象。在"结构—过程—机制"的分析框架中，机制一方面被作为研究的落脚点，这在现存共生关系的打破与新关系的建立，关键在体制创新及相关运行机制的发挥，而这恰好为权责清单制度的必要性上提供了理论上的支撑；另一方面，它又作为解决结构性问题和过程性问题的出发点，使研究能够从权责清单制度这一体制创新中发掘其核心机制，通过剖析制度产生、执行、优化等把握它是如何发挥作用从而调节结构与过程的互动关系，进而实现其制度性目标的。

第一节　权责清单制度与"偏离"假设分析

权责清单制度是一个涉及法律制度、政务服务、政府间关系等多方面、多领域的综合体；从另一个角度来说，权责清单制度的产生与发展过程也恰巧反映出服务型政府建设、"放管服"改革、编制机构改革等各领域改革在当下正呈现出相互联系更为紧密的趋势，构建政府职责体系越来越成为各领域改革所要解决的关键性问题。权责清单制度与改革密不可分，而改革过程恰恰又为"偏离"假设分析提供了最佳依据。

一、作为创新性制度安排的权责清单制度

对于"偏离"假设的回应，首先强调现存法律、制度的惯性和稳定性，它既表现在对负向"偏离"行为的纠偏，也表现为对正向"偏离"的"抵触"。其合理性在于，无论是法律还是其他制度，作为规则中相对稳定的那一部分，必须就"偏离"行为保持其权威性，而不是随之随意摆动。这是它们的定位和功能所决定的。但是它也有矛盾性的一面。这在于，要想实现政府发展就必须不断推动改革，而改革往往需要对现存法律和制度进行一定范围和程度的突破。中国率先在经济领域内进行的渐进式改革影响了整体的改革模式，其特点在于它是增量改革、试验推广式改革及非激进式改革，在我国特定的改革条件下具有低成本性和可控性；[1]但这也决定改革中"偏离"行为产生的机会较多，尤其是一些正向的"偏离"，往往会以改革的经验或成果呈现出来，需要加以把握和制度化，避免反复改革的低效和成本损失。

其次，回应强调要想使正向"偏离"纳入现存法律和制度，促使它们产生有效互动从而带动制度的结构性变迁，应当进行合理的人为干预。而当下的改革环境中，典型的人为干预方式就是体制机制创新。制度创新能够在改革"偏离"中出现新要素时，最快和最大限度平衡其合理性与合法性之间的关系，并对其作进一步反应，包括对其进行制度化。

从"偏离"的角度来看，中国政府职责体系的构建过程有两个显著的特

---

① 林毅夫、蔡昉、李周：《论中国经济改革的渐进式道路》，《经济研究》，1993年第9期，第3~11页。

征。其一，广义上政府职责配置模式在中国正进入一个职责体系构建的阶段。一方面其他国家并没有确切的经验可供借鉴，另一方面如何形成比较合理且动态调整的职责配置也还需要长期的经验积累。由于要打破旧的职责配置模式、构建全新的体系，从所处的阶段来看，职责体系的变动比较频繁、力度较大、速度较快，因此要把握其中出现的种种"偏离"现象，就对体制机制创新提出了很高的要求。

其二，政府职责体系构建的核心在于职责，其本身具有变动的特性。当前，众多领域改革的关键都开始汇集到政府职责这一核心要素，政府职能转变、职责调整"牵一发而动全身"。从上文的分析中不难得出这样的结论，即权力框架转换下的"职责同构"模式，使得中国改革整体上存在过程迅速，但反复性比较强、稳定性比较差的特点。在职责体系构建方面，特别地就出现了法律制度安排和改革实践之间出现了错位和断层的情况。

权责清单制度的产生为二者之间形成有机衔接提供了契机。首先，它是作为一项制度创新而出现的。其他国家在政府职责配置的过程中并未采用清单列举的方式对政府职权职责进行梳理，主要是由于中国与它们在国家结构形式、政府运行模式及法律制度等相关制度之间有着或多或少的差别，前文的横向比较与对中国政府运行模式中都对此有所解释。权责清单制度作为一项创新性的制度安排，它有针对性地尝试解决这一具有中国特殊性的问题。

其次，权责清单制度把握了改革的核心要素——政府职责。制度化的权责清单作为一个基点，能够联动机构和行政体制改革;[①]在实体结果呈现上，它涵盖职权目录、职权事项、法规依据、办事流程、责任承担、运行方式等内容。从现代政府职能、机构、体制、过程的四维分析框架来看，它抓住了作为逻辑起点的政府职责。

---

① 陶立业:《地方政府权责清单制度基础性效用分析》,《理论探讨》,2021 年第 4 期,第 152~160 页。

最后,权责清单制度本身兼具动态性、灵活性与一定的权威性,能够兼顾制度的稳定性和改革的不确定性,吸纳改革过程中的正向"偏离"因素。权责清单不同于法律法规,这是其灵活性的来源;它对文本中的权责与现实中权责的双向梳理,以及动态调整的特性,是其动态性的来源;而中央政策文本中对其多次强调,以及它以法律法规作为梳理依据,又使其具备一定的权威性。它既能够充分利用行政规范性文件的特性发挥对于政府内部职责划分的功能,又能够通过与法律制度的区分,避免对于私权利领域的干预。总体来看,权责清单制度作为创新性的制度安排,在政府职责体系构建的全过程发挥着关键性的干预功能。

二、权责清单制度的关键:核心机制作用的发挥

前文曾指出过,权责清单制度功能的发挥,有赖于一个重要的前提,即权责清单制度与法律制度之间是有机衔接关系而不是替代关系。从对象上来看,权责清单属于行政部门自制的行政规范性文件,虽然在实践中其效力间接及于外部,但主要还是对内面向行政机关;从内容上来看,行政机关有权在合理限度内对其进行控制与调整,但规范设定应当在法治框架之内。[①]一旦将权责清单与法律法规等文件置于同一层面进行分析,就会产生替代关系的问题。

首先,权责清单梳理结果的实体不应成为执法依据,而只能作为政府内部职责分工的参考依据。否则,权责清单就有在实体上替代法律法规之嫌。

其次,权责清单制定过程又不能脱离法律制度,必须在实体上与法律法规规章乃至规范性文件产生相应的关系,否则又会产生"两层皮"的问题,极大地减损了这一制度创新的制度性功能。目前针对权力清单实体,尤其是就其合

---

① 刘启川:《权责清单优化营商环境的法治构建》,《江苏社会科学》,2021 年第 6 期,第 129~137 页。

法性与编制过程,主流研究的看法是从编制依据的角度将权力清单与责任清单区分开来;前者编制主要依据法律法规和规章,而后者则可以将国家政策和规范性文件纳入其中,编制依据差异较大(参见表 5.1)。其实不难看出,依据各类文件编制权责清单只是权责清单制度的一个侧面。其中究竟是哪个环节在发挥着实质性的作用?哪些环节不仅为基层政府带来了额外的工作负担,而且还引发了新的问题?这是有必要在权责清单制度的研究中深入分析的。

表 5.1 中国省级政府权责清单编制依据

编制依据	省级政府
法律、法规、规章	湖北、湖南、海南、广西、内蒙古、上海、云南、西藏、山西、陕西、青海、新疆、辽宁、吉林、河南等
增加行业相关规范性文件或国务院规定	内蒙古、河北、甘肃、浙江、福建、天津、重庆、江苏、山东、四川、贵州等
增加编制	广东、北京、宁夏等
增加相关政策	江西、安徽等

资料来源:参见刘启川:《权责清单优化营商环境的法治构建》,《江苏社会科学》,2021年第 6 期,第 134 页。

基于权责清单制度与法律制度之间的衔接关系,可以认为机制建设是权责清单制度得以发挥制度新功能的关键。机制建设强调权责清单制度在过程中所发挥的作用,在一定程度上降低了实体文本在制度建设中的重要性,避免了围绕其定位、法律属性等问题产生争议而带来的不必要的麻烦。从这个角度来看,权责清单制度由行政机关自制的出发点是合理的,它是作为一种职责调整手段而出现的。其编制过程中与法律法规等相关文件之间产生的关系是合理的,但这里更加强调它们之间的相互作用;其衍生形式无论是在标准化还是在多样化上也都具有了一定的合理性和发展空间,标准化在职责配置、执法程序等环节发挥作用,而多样化则在政务服务、地方差异中体现出来。除此之外,权责清单制度作为行政机关的自我革命,也通过与法律制度的互动关系,带动了政府整体权力关系和权力运行模式的改革。完善机制与权责清单制度的灵活性、动态性等特征具有一致性,从机制的角度出发对权责清单制度进行完善,无论是在理论还是实践层面都具有比较强的说服力和可操作性。

如前所述,权责清单制度之所以能够发挥制度性功能,形成法律、制度与政务服务和行政实践之间的桥梁，有赖于其构建和执行过程中机制作用的发挥。本部分将权责清单制度发挥功能的三个核心机制概括为反馈机制、巩固机制和调配机制,并逐一对其进行解释和分析。

第二节　反馈机制：改革对象的体系化

权责清单制度的构建和完善是一个系统性的工程。这种系统性一方面体现在它的构成单位：横向覆盖 31 个省级行政区划单位,使得不同区域发展的差异造成了权责清单本身的复杂性；纵向覆盖从中央到地方的五级政府——有的地方本着权力公开、规范的态度,甚至列出村、社区这类群众性自治单位的"小微权力清单"。这是其制度化的主要表现之一。另一方面还体现在它的构成内容。根据各级政府在政务服务网站上公布的权责清单具体内容,可以看到它与政务服务体系和法律制度之间有着相当紧密的联系。[①]权责清单制度中的反馈机制正是基于这一系统化的前提而体现出来的。

一、反馈机制的内涵解读

反馈机制是指在政府发展尤其是政府职责体系构建的过程中，权责清单制度通过促进其所涉及的各个单位、内容要素之间的相互沟通与影响,从而使改革对象和改革手段趋于体系化的机制。就连接各个单位和要素的这个特点来说,它发挥着一种类似于"桥梁"的作用,这主要是强调相关要素之

---

① 朱光磊、赵志远：《政府职责体系视角下的权责清单制度构建逻辑》,《南开学报》(哲学社会科学版),2020 年第 3 期,第 1~9 页。

间需要这样一种制度化的沟通渠道;但它在运行着的政府过程中,又不仅仅局限于这种"桥梁"作用的发挥。"反馈"一词本身还强调其作为一项体制机制创新在这个过程中所体现出的主动性和积极性。这一点也恰恰证明了文章在理论层面剖析政府过程中的"偏离"假设时所提出的观点,即体制机制创新的一个重要价值就在于它相对于既定法律和体制所产生的能动作用。

反馈机制针对的主要是如何解决改革过程中对象的碎片化问题。从政府"条块结构"上来说,"各主管部门和下级政府自成体系,各自为政,从各自利益出发,相互封锁,彼此掣肘,形成条条分割、条块分割和块块分割"①。这种长期存在的结构特点,加之职责同构的运行模式,造成了职责上相互依赖又相互分割并存的情况;从制度间关系来看,各领域改革在构建政府职责体系这一共同目标上,还缺乏关键结点。尽管"政府职能转变"的提出提供了一个正确的思路与方向,但还不足以构成具体的抓手;从权力运行过程来看,决策与执行等环节之间还存在着各种错位、滞后等片段化的问题。在权力运行的全过程层面还没有形成各个环节的有效衔接,权力闭环还未形成。

双向性是反馈机制的首要特点。作为控制论的基本概念之一,"反馈"这一概念本身就在强调通过比较系统输出与期望行为之间的偏差,从而纠正这种偏差,以获得预期的系统性能。因此,反馈的一个重要功能就是通过过去的行为来调节未来的行为。之所以强调双向性,是由于从狭义角度来看政府发展的不同部分都是相互联系却又具有独立性的小系统。例如,建设政务服务体系与建立健全法律制度、推进机构改革之间虽然有着各种联系——比如随着"互联网+"的广泛应用,它们对网络的依赖都有所增强,但彼此又都有着各自的主体和侧重点。反馈的双向性是指,不同系统的输出在通过权责清单制度的整合后不仅更有效地传递至新系统,并且能够调整和优化新的系统。这也恰恰反映出反馈机制的另一个特点,即与信息反馈相伴随的能

---

① 刘智锋主编:《第七次革命》,北京:经济日报出版社,1998年,第378页。

动性,它促进了参与反馈的各类系统的共同发展。当然,这也有赖于清单其他两项机制的共同作用。

根据上文,在权责清单制度中,反馈机制首先起到了促进各要素之间聚合的作用。从权责梳理、清理到公布等的一系列动作,调动了各级政府、各个部门及围绕政府职责展开的相关工作。特别是对现有法律法规规章中具体行政行为的梳理、分类、归集等,无形中扩展了权责清单制度的影响范围,将除行政权力以外的更多权力要素纳入其中。

其次,反馈机制弥合了各系统之间的稳定性差异。各个系统在稳定性上都存在不同程度的差异。法律法规的立改废释遵循严格的程序,变动性比较小;机构改革、"三定"规定等政策性变化有其规律性,相比于法律法规稍具动态性,但是相比政务服务、"互联网+政务"等一线实践工作却要稳定得多。权责清单制度的反馈机制为这种差异性的弥合提供了可能性,为系统间有效衔接和相互影响创造了条件。

二、反馈机制的具体表现

各省的政务服务网站是权责清单公开的载体。截至 2022 年 1 月 18 日,31 个省级行政区划单位的政务服务网站中均公布了权力与责任清单。其中,18 家[①]政务服务网站将清单列为政务公开的一部分;其余 13 家[②]政务网站则将其列为服务清单的一部分。根据清单形式的差别,主要分为权责一体和权责分列两种情况。事实上,无论是权力与责任清单融合还是二者分列,在具体内容上可观察到的根本性区别并不大。单列的责任清单中首先包含着权力事项的相关信息,如权力名称、实施主体、权力编码、权力依据等内容。若

---

① 包括新疆、安徽、湖北、甘肃、广东、西藏、陕西、上海、北京、浙江、福建、江西、湖南、河南、海南、四川、青海与河北。
② 包括重庆、广西、辽宁、云南、天津、贵州、宁夏、内蒙古、江苏、山东、吉林、黑龙江与山西。

没有在责任清单中列明,也能够在相应的权力清单中查找到相关信息;责任信息部分主要包括责任事项、责任部门、责任设定依据、追责情形等内容。这在权责一体的清单中也能够找到对应的信息。当然,各省也存在具体内容上的差别,如江苏省在责任清单内还列举了职责边界、免责情形等。现有研究对一体型权责清单的诟病主要有以下四点。

其一,权力事项列举受到"9+X"权力类型的限制,无法涵盖所有政府职责;其二,囿于对法律性文件的整合,无法像独立型责任清单那样有效回应现实需求;其三,一体型的清单限制了二者各自的制度优势,影响了其功能的最大化发挥;[①]其四,出于权力清单与责任清单在依据、逻辑等要素上的根本性区别对一体型清单的合理性进行批判。之所以要提到权责清单构造上的这一问题,是因为反馈机制首先就涉及权责清单的构成要素问题。这里提出这个问题,并非要否定探讨权责清单列举形式对于特定政府发展目标的意义。

从权责清单制度的反馈机制出发,无论是单列的还是融合型的权力与责任清单,主要包含两部分内容,体现两种导向。第一部分内容是基本信息。以一项具体的权责事项为基准,基本信息包含职权的基本信息与职责的基本信息两部分。即便是一体型的权责清单,也并不意味着须要遵循死板的梳理工作标准。以设定依据为例,只要统一标准,权力事项与部门职责的设定依据完全可以分别梳理。"职权与职责之间只是一个问题的两个方面,它们来源相同、内涵相关、外延一致、互为依托"[②],既然权力与责任清单的列举都是以某一项职权为出发点的,那么就不存在谁依附谁的问题,关键在于标准的统一和信息的准确。值得注意的是,作为基本信息的一部分,越来越多省份的清单将职权的行使层级这一信息纳入其基本信息构成要素。例如,江苏、安徽等地在具体的行政权力事项中列举了权力行使层级的信息;而北京

[①]　刘启川:《权责清单优化营商环境的法治建构》,《江苏社会科学》,2021 年第 6 期,第 129~137 页。

[②]　柳砚涛:《论职权职责划及其在授益行政领域的展开》,《山东社会科学》,2009 年第 2 期,第 80~82 页。

则在对行政权力事项进行分类时就区分了市级独有权力、市区共有权力和区级独有权力三类。这种对政府职权职责在纵向维度上进行区分的做法,对于为科学、合理划分职责,加快政府职责体系的构建是大有助益的。总体来看,权责基本信息部分是权责清单的基本组成部分,它是权责梳理所产生的结果。一方面,它对于具体某项行政行为具有约束和规范的作用;另一方面,相关条目汇聚在一起又具备了体系化的特征,因而它是管理导向的。

权责清单的第二部分内容是办事指南。独立型清单地区的这部分内容包含在权力清单中。通常,网站通过"办事指南""目录清单"等方式引导有需求在网上办理或查询相关办理手续的个人进行操作。办事指南部分一般包括基本信息、设定依据、申请条件、申请材料、办理流程、办事评价、常见问题等板块,可直接进行在线办理、在线预约或在线评价。由于这部分内容和政务服务建设的关联性强,直接面向有需求的办事个人与法人,因而其服务导向就格外突出。它所产生的一个直接影响,就在于各地政府在这部分内容的要素、形式等方面的建设上有着比较强的多样性和创新性。根据上述两部分内容不难看出,一份权责清单的编制涉及政府发展方方面面的要素,其中最为明显的就是它与法律制度和政务服务体系建设的紧密关联。

反馈机制在权责清单制度与法律制度之间的关系上,经历了关键性的转变。在权责清单制度构建初期,政务服务网站作为权责梳理结果的公布载体,主要发挥着政府对外信息公开的功能。这一阶段,政府的职权梳理工作是单纯按照"依法梳理"的原则进行的,强调"法无授权不可为"的精神;法律制度的功能主要体现在为行政职权的梳理提供依据。权责清单编制管理的相关文件中出现的常见表述是"依据相关法律、法规和规章,全面清理各类行政职权、梳理权力运行流程"等。随着权责清单制度与权责清单文本的法律属性逐步实现了区分,权责清单与法律法规之间的关系愈加得到重视,"清单之外无权力"的说法开始遭受质疑。权责清单制度的构建开始由一项单纯的行政活动,转而成为兼具行政和法律属性的活动。①权责清单制度与法律制度之间互动性的典型体现,在于《国务院部门权力和责任清单编制试点方案》中提出,在全面梳理政府职权的过程中"需要对有关法律、行政法规进行立改废的,同时提出相关建议"②。党的十九届三中全会通过的《中共中央关于深化党和国家机构改革的决定》中更是明确强调,要"全面推进政府部门权责清单制度,全面清理部门规章和规范性文件"③,将权责梳理工作的反向作用范围进一步扩大至规范性文件。2021 年 8 月 11 日,中共中央、国务院印发《法治政府建设实施纲要(2021—2025 年)》,《纲要》提出,要"加强规范共同行政行为立法,推进机构、职能、权限、程序、责任法定化","完善立法工作机制,统筹安排相关联相配套的法律法规规章的立改废释工作","加强行政规范性文件制定监督管理,健全行政规范性文件动态清理工作机制"。④这与权责清单制度和法律制度之间反馈机制的功能发挥具有相当高的一致性。

从另一方面来看,权责清单制度与法律制度之间的相互作用并非没有依据和支撑的"空转",而这个依据恰恰来自政务服务实践过程中的经验积累。事实上,权责清单中"办事指南"的部分,正是权责清单制度建设得以接触市场和社会并与之发生互动的最前线。根据浙江省政务服务网站公布的权责清单调整情况的数据,自 2014 年 11 月至 2022 年 1 月,涉及权责事项变化的记录达到了 1901 条;⑤调整事项均对职责状态、实施主体、行使层级和事实依据等内容进行了详细的记录和说明。这种实践经验的积累,对于法

---

① 王克稳:《行政审批(许可)权力清单构建中的法律问题》,《中国法学》,2017 年第 1 期,第 89~108 页。

② 《国务院办公厅关于印发国务院部门权力和责任清单编制试点方案的通知》,《中华人民共和国国务院公报》,2016 年第 2 期,第 39~41 页。

③ 《中共中央关于深化党和国家机构改革的决定》,《人民日报》,2018 年 3 月 5 日。

④ 《法治政府建设实施纲要(2021–2025 年)》,《人民日报》,2021 年 8 月 12 日。

⑤ 数据来自浙江政务服务网站:https://www.zjzwfw.gov.cn/zjzw/item/list/adminrightsbg.do?webId=1&pageno=191&pagesize=&ql_kind=&ouguid=&fromdate=2021-01-21&todate=2022-01-21&shiji=12,访问时间 2022 年 1 月 18 日。

律法规的调整,特别是对于国务院组织法、地方各级政府组织法的优化与完善都有重要的意义。若能够持续完善权责清单制度的反馈机制,面向社会公众和市场主体的政务服务建设,与法律法规规章,乃至规范性文件之间的互动关系将能够实现进一步规范化与透明化。

前文提到,权责清单制度蕴含的机制之所以能够发挥作用与动态运行的政府过程是分不开的。因此,反馈机制的作用发挥还体现在权责清单的编制过程中。

首先,权责清单编制的主体是多元化的。以天津市为例,根据中共天津市委机构编制委员会于2020年3月26日印发的《天津市政府工作部门权责清单动态管理办法》,天津市建立权责清单管理联席会议制度,由机构编制部门、司法行政部门、政务服务部门、发展改革部门、财政部门等机构组成。其中,机构编制部门作为主管部门负责协调推动、动态调整和公布的工作;司法行政部门负责清单合法性的审核;政务服务部门负责行政许可类职权的审核与调整;发展改革部门和财政部门负责对行政职权的合理性和必要性进行审核;其余行政职权行使机构也可针对清单提出调整意见。尽管参与清单编制的机构还有限,特别是地方人大囿于清单性质等种种因素还未充分发挥其作用。但这其中涉及的要素已经较单纯的政务公开或政务服务有所扩展,体现出很强的综合性与协调性。

其次,权责清单编制程序正在逐步体系化。一方面,反馈机制体现在纵向各级政府编制工作的有机联动中。安徽省编办于2020年5月28日印发并实施《安徽省权责清单动态调整管理办法》,根据构建"全省一单"权责清单制度体系的要求,制定了即时动态调整与年度集中调整相结合的工作规则,将"放管服"改革、法律法规对于权责配置的调整与权责清单的动态管理相结合。另一方面,权责清单作为行政规范性文件,同改革实践与政务服务发展的变动性都是比较强的;相比之下,"三定"规定的稳定性更强,在市级层面,以市委、市政府名义印发的"三定"规定印发周期基本为五年,不设改的单位发文周期可能更长;①而法律法规和规章则因为立法程序的限制和本身的权威性而更具稳定性。正是在这种客观条件下,权责清单在编制程序中通过反馈机制弥合了不同系统之间稳定性的差异。当然,要进一步发挥反馈机制的作用,还应当更加重视政务服务体系建设的一线工作。它不仅发挥着经验积累的作用,还承担着成果检验的任务;形成双向反馈的闭环,将有助于缓解政府"条块分割"的矛盾,助益整体性政府的建设。

第三节　巩固机制:改革进程的稳态化

　　权责清单制度的完善是一项长期性的工作,伴随着改革的不断推进,其中的部分工作内容已经实现了常态化。从行政法学的研究视角来看,权责清单制度不仅仅是一项行政自制活动,同时也可以被视作一项准立法活动。它的调整对象既包括行政组织行为,也包括抽象行政行为和具体行政行为。②在行政权的末端,它聚焦于行政职权向行政行为的转化过程;在行政权的中部,它又通过一系列的程序对行政职权的合法性和规范性进行判断,并对出现的问题进行纠偏。与此同时,它还通过反馈机制将这一实践所积累的经验传递至立法领域,最终实现对权力结构、运行过程及其相互关系的优化。可以看到,正是由于不同环节在形式、性质上的差异,使得权责清单制度兼具了行政手段的灵活性与立法手段的稳定性。基于这种"一体两面"的特性,可以提出权责清单制度功能发挥的巩固机制。

---

① 俞扬:《权责清单制度在机构编制法定化背景下的方向和定位》,《行政科学论坛》,2020 年第 7 期,第 36~39 页。

② 刘启川:《权力清单推进机构编制法定化的制度构建——兼论与责任清单协同推进》,《政治与法律》,2019 年第 6 期,第 13~25 页。

一、巩固机制的内涵解读

《汉语大辞典》中"巩固"一词被解释为"在原有基础上更加不易破坏、不易动摇";同时,它也有"使坚固、使牢固"的动词含义。无论是世界上哪一个国家、哪一个地区,或是哪一个领域,在政府发展的过程中都要面临改革所带来的风险和不确定性;而由于前文提出的权力框架转换下"职责同构"所呈现出的种种结构性和过程性特点,这种改革中的不稳定性在中国的政治社会环境下有其自身的特点。在宏观层面渐进式改革的原则指导下,中国改革往往不会出现大规模的动荡和不稳定;但在管理体制和权力运作层面上,随意性和反复性的情况则时有发生。有研究提出,"当代中国立法与改革的关系,是对立统一的矛盾关系"①,总结、探索和把握改革时期立法的特点、规律是很有必要的。在政府职责体系的构建过程中,如何将改革成果通过立法等多元化的渠道固定下来,最大化地平衡改革中的风险与效率,是权责清单制度优化的主要目标之一;而这也正是巩固机制的主要内涵。

巩固机制对于破解职责体系构建过程中缺乏法律程序保障的授权、收权与"职责同构"中机构简单上下对口形成的共生关系具有重要的意义。政府职责在纵向维度的调整和变动有一定的合理性,特别是在经济社会快速发展、政府职能转变加快的条件下,职责的合理调整和变动有助于满足市场和社会发展的需求,提升行政管理体制的效率。但这种调整和变化需要合理的范围、合法的程序及科学的控制,否则就会走向另一个随意化的极端,从而降低制度效率。立法作为一个关键性的巩固手段,它是"将在国家生活和社会生活中占据主导地位的社会主体的意志,上升为国家意志"②的过程。但

① 刘松山:《当代中国处理立法与改革关系的策略》,《法学》,2014 年第 1 期,第 74~92 页。

② 周旺生、朱苏力主编:《北京大学法学百科全书(法理学 立法学 法律社会学)》,北京:北京大学出版社,2010 年,第 555 页。

我们要注意到,立法手段与改革实践之间客观存在着一定的时滞性。如果随意将改革实践通过立法手段上升为法律文件,则法律制度权威性受到损害的风险就会大大增加;只有经历了长期检验的、具有广泛适用范围的部分,才有可能上升为法。在中国政府的组织特别是职责层面,缺乏一部对纵向各层级政府职责进行明确划分和规定的政府组织法。尽管"三定"规定长期以来承担着这一功能,对部门职责、内设机构、人员编制等内容进行着规定,但它作为行政规范性文件也存在相对原则笼统、法律效力不充分、格式化明显等问题。就这一方向,已经有不少研究依据权责清单制度与"三定"规定的性质、结构、功能等方面提出要推动二者有效衔接的思路。[①]事实上,权责清单制度中巩固机制作用的发挥,就在于其将行政手段的灵活性、将立法手段的权威性和稳定性集中于一体。根据前文所述,二者单独发挥作用,都会面临各自的问题;而将二者相结合的权责清单制度,不但在一定程度上规避了这些问题,还产生了"1+1>2"的效应,促成了改革进程的稳态化。

二、巩固机制的具体表现

巩固机制尤其针对增量改革,天然地聚焦于改革中出现的新要素;同时,它也注重存量基础,新要素的纳入是对基础牢固性的重大考验。就目前来看,巩固机制已经具备了有效发挥作用的基础。

首先,在制度结构层面,权责清单制度已经在主体、内容等方面实现了体系化。这在上文中已进行了详细分析,此处不再赘述。值得注意的是,在权责清单制度的文本和形式上,各地政府的实践都有或多或少的差异。尤其是"两单合一"和"两单分离"差异的长期存在,实质上体现了权责清单制度构

[①]　赵守东、高洪贵:《地方政府权责清单的治理思路——以有为政府为分析框架》,《行政论坛》,2021年第2期,第142~146页;陈向芳、江胜超:《论权责清单同"三定"规定的制度衔接》,《福建江夏学院学报》,2019年第5期,第39~45页。

建中行政手段的大量保留。这对于充分发挥地方政府的积极性和创造性,以及进行自上而下的制度整合是有优势的。

其次,在职责配置层面,经过了十余年对权责梳理、清理的工作,各地区、各层级政府已经大体上形成了可见、可查的职责表。尽管存在诸多问题,但相关工作已经能够以此为基础展开。

最后,在配套机制层面,动态管理机制、公开机制、监督机制、考核评价机制等一系列辅助性机制的建立和完善,使得权责清单制度在整体性和完备性上大为提升。基于以上条件,巩固机制对于改革进程稳态化的保障具体表现可以从三个方面进行总结。

第一,权责清单制度调和了改革实践和政府职责法制化之间的关系,在巩固机制的作用下对纵向政府间职责的配置与优化,得以逐步纳入法制化轨道。政府机构改革是与职责相关的改革实践的典型代表,它的可见度较高,同时又因为涵盖职能转变、机构设置及人员编制管理等方方面面的问题,因而能够在一定程度上反映政府职责配置上的变化。不仅仅是对于中国,以撤销合并部门、裁减公务人员为主要内容的机构改革,在世界其他各国都是行政管理体制改革的重要内容;但与此同时,相关研究也提出,就其效果来说,机构改革往往是最不成功的改革。[1]就机构改革的内容来说,其复杂性不言而喻。

从政府职能转变的第一个层面来看,机构改革要处理政府与市场、社会之间的关系。无论是对宏观调控职能的优化、对社会管理和公共服务职能的加强,还是从"十六字"职能丰富为"二十字"职能,都体现为一种横向上以职能变化为核心的机构设置。从政府职能转变的第二个层面来说,机构改革还要调整纵向各级政府之间权责划分、优化权力的运行机制。特别是对于处在

---

① Guy Peters, Government Reorganization: A Theoretical Analysis, *International Political Science Review*, vol.13, no.2, 1992, pp.199–217.

"两化叠加"时期的中国政府,构建一个"规制—服务型"的政府①仍然是行政管理体制改革的重要任务之一。这要求政府既要处理好面向市场和社会的服务问题,也不能因此而忽视了以权力结构优化为核心的管理问题。事实上,在如何处理政府与市场和社会的关系这一问题上,已经有比较明确的思路和方向,剩下的主要是具体的技术性问题;而如何处理好纵向政府间的职责关系,则制约着中国政府的发展,也影响着前一个问题的解决。从历年的机构改革来看,一方面改革精力重点放在职能内容的变化上,在"上下对口、左右对齐"的机构设置模式影响下,这一问题没有发生质的改变;另一方面,对纵向政府间职责关系的处理也一直没有较为具体的解决思路,因而各领域尽管展开了事权划分改革,但在机构改革层面体现得还不多。

针对机构改革如何完善相应制度和机制建设、实现改革的期望目标,有学者曾提出"机构改革是否也需要进行改革"②的命题。早在 1975 年,邓小平就提出了"编制就是法律"的著名论断;③这一提法也奠定了源自 1988 年机构改革的"三定"规定在政府机构改革中的重要地位。正是由于中国政治环境的特殊性,要想实现授权体制下的制度化分权,特别是在保证中央权威的前提下,通过这种制度化的分权调动各级政府的积极性,提高制度向管理效能的转化率,如何促进"三定"规定的作用发挥就成为关键性的问题。

相较于权责清单,"三定"规定有较强的权威性和稳定性,与法律法规之间的关系更紧密。例如,编制机关通过机构改革方案确定的机构数量、名称,以及"三定"规定所明确的机构职责,就能够对新组建的机构进行登记、核发组织机构代码或统一社会应用代码,从而正式形成新的国家机构、法律主体;再如,"三定"规定还承担着将法律层面上笼统的"管理部门"具体化为特

---

① 朱光磊、孙涛:《"规制—服务型"地方政府:定位、内涵与建设》,《中国人民大学学报》,2005年第 1 期,第 103~111 页。

② 周志忍、徐艳晴:《基于变革管理视角对三十年来机构改革的审视》,《中国社会科学》,2014年第 7 期,第 66~86 页。

③ 《邓小平文选》(第二卷),北京:人民出版社,1994 年,第 20 页。

定政府机构的功能；甚至在法律缺位的情况下，"行政系统应该管但没有管或未来将要管的经济社会事务"①也要先纳入"三定"规定。尽管如此，由于历史定位以及侧重于行政资源分配的特性等原因，"三定"规定在改革实践与法律制度之间的衔接功能并没有完全发挥出来。相比之下，权责清单制度更能够反映实践层面行政职权的调整和变化。权责清单制度如能够实现与"三定"规定的有效衔接，"三定"规定的内容就会得到进一步细化，改革成果也将得到巩固。巩固机制就是在权责清单制度与法律制度之间再引入"三定"规定这一中间要素，从而连接政府对外的职责履行与对内的职责分工，最终促成职责配置的法制化。

第二，权责清单制度的重要内容之一在于其所形成的动态管理机制。对于权责事项的新增、取消、合并、拆分、下放与承接、废止、划转、内容变更等，依托"互联网+政务"的权责清单能够实现全过程的记录。浙江省政务服务网站专门设立了"权责清单变化情况"的版块，对权责事项的调整进行记录。它对一项权责的事项名称、在用状态、类别、实施主体、行使层级、实施依据及修改时间等内容作了修改前和修改后的对比说明。②安徽省商务厅于2021年9月公布的《省商务厅权责清单即时动态调整情况表》，也对权责事项的权力类型、权力名称、子项、事实依据、调整类型、调整意见及理由等情况作出了说明。③

目前，权责清单动态调整日志台账还未形成内容、形式统一的公布标准。但各地方政府公布的权责清单管理办法已经纷纷开始将"权责事项变更记录"的要求列入其中。权责清单制度的动态管理过程，实质上具有"痕迹管

---

① 郭卫民、刘为民：《"三定"的功能与完善途径》，《中国行政管理》，2011年第11期，第34~36页。

② 浙江省政务服务网站：https://www.zjzwfw.gov.cn/zjzw/item/list/adminrightsbg.do?webId=1&pageno=191&pagesize=&ql_kind=&ouguid=&fromdate=2021-01-21&todate=2022-01-21&shiji=12，访问时间：2022年1月21日。

③ 安徽省商务厅网站：http://commerce.ah.gov.cn/public/21711/120553391.html，访问时间2022年1月21日。

理"的特征。所谓"痕迹管理",是指借助于痕迹进行管理,其中痕迹是指在行政行为中产生的台账、文本、表格、图片、影音等可视化载体。①权责事项调整的记录目标比较单一,操作相对简单,基本不会形成负担。因此,对权责清单事项调整实行标准化的"痕迹管理",能够在避免"重'痕'不重'绩'、留'迹'不留'心'"②的形式主义的同时,增强改革过程的可追溯性。由于改革过程"有其名必有其实",加之其公开环节引入的多方监督,巩固机制作用的发挥就势必能够有效减少改革过程中的反复性和随意性。

第三,权责清单制度将程序性要素③引入了改革进程,巩固机制使得权力法定与改革合法性之间的紧张关系得到了一定程度的缓解。"集分权"框架下的"职责同构"之所以会导致权力收放和机构设置之间形成共生关系,与程序性要素的缺乏不无关系。在权责配置的过程当中,总体来说结构性的要素比较多,程序性的要素偏少。例如,机构设置和编制管理的相关文件往往对于机构及其所承担的职能、机构人员配备及履职情况的监督检查等内容有原则性的规定;一旦政府运行起来,"职责同构"的运行模式就会因权力归属问题而产生职责边界模糊、权责不一致等问题;更不要说改革过程中出现的种种变化和不确定所带来的规范性问题。权责清单编制过程中加入的办事流程图、事中事后监管等程序性的制度设计,一方面为改革新要素的纳入提供了空间;另一方面又对其进行了控制——特别是在"放管服"改革的持续推进过程中,机构职责的变动能够以合理、科学的方式巩固下来。对权责清单制度程序性要素的强调,指明巩固机制并非对改革新要素的无条件全面接收。恰恰是通过权责清单工作的展开,对改革成果进行了首要的检验。

---

① 颜昌武、杨华杰:《以"迹"为"绩":痕迹管理如何演化为痕迹主义》,《探索与争鸣》,2019 年第 11 期,第 112 页。

② 习近平:《努力造就一支忠诚干净担当的高素质干部队伍》,《求是》,2019 年第 2 期。

③ 参见刘启川:《共通性:权责清单与机构编制法定化关系解读》,《内蒙古社会科学》(汉文版),2019 年第 5 期,第 99~104 页。

第四节　调配机制:职责层次的动态化

权责清单制度是构建有中国特色的政府职责体系的重要手段,因而与其在特征上存在一致性的部分。构建政府职责体系并非一劳永逸的工作,特别是在加快政府职能转变的过程中,横向整体政府的职能变化、各部门之间的职责配置,以及纵向各级政府间的职责划分,都面临着不同程度的调整。事实上,政府职责的动态变化,在世界各国、各个时期都是政府发展所要面临的客观现象。出于政府职责体系优化和完善的目标,如何实现将这种客观存在着的、反映着改革进程的动态化调整进行常态化控制,是权责清单制度发挥制度性功能所要实现的目标之一。这主要反映于权责清单制度的第三个核心机制,即调配机制。

一、调配机制的内涵解读

政府的基本职能虽然是作为一个整体存在着的,但它也是"某种结构,包含着若干个方面、若干个层次"[1]。特别是对于中国政府这样从中央到地方具有五个级别的多级政府结构,政府职责在纵向层面的划分和动态调整就显得尤为重要。就如何处理中国政府管理幅度和管理层次之间的关系这一问题,学界的观点主要强调减少政府的行政层级,对政府管理体制进行扁平化的改革。事实上,随着权责梳理工作的不断展开,各级政府的权责事项通过梳理和公布的工作正逐步纳入一个相对完整的职责体系;围绕政府职责提出的"职责层次"这一概念,也为这一问题的解决提供了全新思路,即能否

---

[1]　朱光磊主编:《现代政府理论》,北京:高等教育出版社,2006年,第72页。

在保障多层级政府结构性优势的同时,对政府职责进行以"层次"为主要结构的差异化配置。从政府间事权划分的角度来看,中国目前面临的"纵向政府间共同事权过多"这一问题的症结也在于此。所谓"共同事权"多,指的主要是"一竿子插到底"的共同事权。在政府的现实运行过程中,仅靠某一级政府独立完成的工作是非常有限的。大部分工作不仅需要横向部门间的配合,也需要纵向某几级政府间的分工合作。这是一种职责层次的思路,它与党的十九届四中全会提出的"构建从中央到地方权责清晰、运行顺畅、充满活力的工作体系"①要求之间也有着高度一致性。当然,要形成分工合作、相互协调的复杂职责层次,并不是短期能够完成的工作。这里就能够体现出权责清单制度的调配机制所发挥的两个重要作用:其一在于"打破",通过对"一竿子插到底"的共同职责进行调节和重新配置,它的功能在于打破权责划分不清晰的现状,在反馈机制和巩固机制的配合下,构建以职责层次为主要结构的职责体系;其二在于"维持",调配机制是动态性与秩序性的统一。它表现为对职责的动态调整,背后却在维持结构的秩序。在形成相对稳定的职责层次后,它将持续通过与另外两项机制的合作,实现各层次和层次间政府职责的动态调整,保证职责体系的弹性与科学化发展。

如上文所述,调配机制维护的是动态调整下的制度秩序,动态管理与制度构建是相生相辅的关系。这一特点使其有助于瓦解权力执行过程中行政权的无序扩张与职责划分不清之间产生的共生效应。调配机制的"打破",是以职责层次的"构建"开始的。一方面,通过权责清单制度形成的制度性框架,以行政命令内部主导为主要表现的行政权扩张被约束于合理的范围;另一方面,行政职权职责在纵向上划分的清晰化,则进一步为行政权行使的规范化创造了条件。调配机制的"维持",又是以职责的动态调整为表现的。只有符合经济社会发展和政府改革规律的职责配置,才能够真正形成兼具韧

---

① 《中共中央关于坚持和完善中国特色社会主义制度,推进国家治理体系和治理能力现代化若干重大问题的决定》,《人民日报》,2019 年 11 月 6 日。

性和科学性的职责体系。

　　总体来说,调配机制可以就以下两点予以总结。第一,增强政府职责体系的动态性,是以相对稳定的职责层次结构为基础的。围绕"职责层次"的划分,对政府在职责上的"同构"进行解构,不仅相对降低了政府层级结构问题的解决难度,也符合当下阶段政府运行的客观规律,有助于形成各级政府间的分工合作与伙伴型关系。

　　第二,具体来看政府职责体系的动态调整包括职责在"层次间"和"层次内"的调配。在职责层次间,权责互动主要体现为纵向的"大"调配,即以权责的"事性"为基础,在各领域形成错落而有序的职责层次结构;在职责层次内部,权责互动则体现为纵向的"小"调配与各级政府的自我调整。二者之间相互协调、共同作用,就会形成秩序稳定、动态优化的政府职责体系。

二、调配机制的具体表现

　　以宪法和法律的形式对各级政府的财政权限、基本权利义务关系作出明确和详细的规定,是发达国家的普遍做法。[①]相比之下,中国在政府间财政关系,特别是省及省以下各级政府间的职责配置方面以立法方式明确的规定就比较少。这其中掺杂着历史性的、结构性的、过程性的种种因素。相关法律的制定或修改并非一蹴而就,对于一部关于各级政府职责科学配置的法律法规更是如此。权责清单制度中反馈机制和巩固机制的作用,为法律法规制定的经验积累和逐步成型在过程层面提供了思路和可能性。但未来科学化的职责体系将是什么形态? 如何从当下的职责配置模式入手形成理想的职责体系形态? 这就需要调配机制的参与。

　　从"打破"到"维持"的过程,在逻辑顺序上有先后,即从总体上来看是从

---

① 楼继伟:《中国政府间财政关系再思考》,北京:中国财政经济出版社,2013 年,第 261 页。

一种职责配置形式向另一种形式的转变;从时间顺序上来看,它们又是同步进行或实现的,权责清单编制过程中具体工作相互联系、相互影响。权力事项库(目录)的建设,是调配机制发挥功能的基础。较早开始启动这一工作的是浙江省。2015 年 11 月 20 日,浙江省政府办公厅发布了《浙江省政府部门权力清单管理办法》①,其中对浙江省行政权力事项库进行了比较明确的说明。它指出,行政权力事项库是行政权力网上运行的基础数据库,主要纳入基本信息和运行信息两类行政权力信息。其中,基本信息包括行政权力的名称、编码、类别、实施依据等;运行信息则包括主体、收费依据和标准、办理机构、办理时限、办理地点、联系电话、监督方式、常见问题、运行流程和服务表格等。依据这两类信息,权力事项库也分为基本目录库和权力运行库。不同地区、不同层级的政府部门行使的同一项权力,在基本目录库中被赋予了统一编码;各级政府对职权的梳理结果自主上传进入权力运行库;实际运行中需要使用的信息必须从基本目录库中下载,它与各级政府部门的权力清单是自动关联的。在信息库的建设和维护方面,省政府办公厅主要负责建设和管理事项库信息系统;省编委办负责基本目录库的维护、管理;各级政府部门负责对权力运行库的维护、管理。

2021 年,青海省政府第 93 次常务会议审议通过《青海省各级各部门(单位)权责清单通用目录》②,明确提出了权责清单的标准化、规范化任务。《通用目录》以"同层级部门间可横向对比、本部门系统内可纵向衔接"为原则,统一了省、市州、县三级权责事项的名称、类型、依据、编码等基本信息。青海省的《通用目录》由省委编办成立的工作专班牵头编制,编制期间多次征询相关部门意见,经过省司法厅和省政府审改办的合法合规性审查,由省政府

---

① 《浙江省人民政府办公厅关于印发浙江省政府权力部门权力清单管理办法的通知》,浙江省人民政府网站:http://www.zj.gov.cn/art/2015/11/20/art_1229019365_61463.html,访问时间:2022 年 1 月 24 日。

② 《规范和完善全省各级各部门权责清单制度,不断提升政府部门工作效能》,《青海日报》,2021 年 12 月 16 日。

推进政府职能转变和"放管服"改革协调小组专家组评估论证,最终经省人民政府常务会议审定后确定公布。以省政府为主导建立权责清单事项库或目录,是权责清单编制工作在信息标准化和规范化方面所取得的重要进展。事实上,从法律法规向行政职权的转换过程中,难免会出现理解上的偏差,进而造成作为权责梳理主体的各级政府在事项列举上的困难。往往同一个权责事项,不同地区、不同层级之间编码不同、依据不同、内容不同。这反映在权力运行过程中就会造成法律向行政职权、行政职权向权力执行转化的多重偏差。

项目库的建设,是权责梳理结果通过多轮、动态的自下而上汇总和自上而下整合的互动过程。在这一过程中对权责不对等、不一致、不匹配等问题进行纠正,实质上已经体现出调配机制的内核。除此之外,前文中提到的动态调整机制,也与权责清单制度的调配机制紧密相关。一项具体工作背后往往有多重机制在发挥作用,权责清单的动态管理工作就是典型的例子。从巩固机制的角度来看,其作用的发挥表现在"痕迹管理"上;而从调配机制的角度出发,权责事项的动态管理,则直接反映了权责事项在纵向各级政府间的调整与配置。应当注意的是,这种动态变化往往是借以政府内部的行政命令或政策实现的。要使调配机制的作用得到更有效的发挥,还需要反馈机制和巩固机制的配合,逐步实现职责调整过程的制度化。

调配机制的阶段性结果与进一步作用的对象,是以职责层次为核心的政府职责体系。这是对权责清单制度中调配机制内容的延伸。尽管分析重点并不在于中国政府职责体系将会是一个怎样的具体形态,但这部分内容与调配机制的对象之间有着重叠关系,即关于"层次间"和"层次内"职责调配的分析将涉及什么是所谓"职责层次"的问题。因此,这里将以调配机制功能的发挥为视角,对这一形态原则性的内容作分析。对于以职责层次为核心结构的职责体系,研究已经有所积累。比较典型的是朱光磊和杨智雄提出的

"职责序构"模式①。它以各级政府职责的"归位"为目标,从横向和纵向、对外和对内两个维度对复杂的政府职责进行了分类整合。在横向层面,它以履责主体为标准将政府职责划分为过渡型职责、差异型职责和核心型职责,体现着"序构"状态的"序列"含义;在纵向层面,即政府职责的内部划分方面,以从上至下逐步增强异构性为标准将职责划分为纵贯型职责和层次型职责,体现着"序构"状态的"次序"含义。职责序构的研究在静态的结构划分和动态的变化过程两个维度上构建了一种理想型的职责体系形态,使得职责层次和职责体系的概念更为立体化和清晰化了。

也有研究从职责同构和职责异构的对比出发,形成了一种基于新的纵向政府间关系模式的职责配置结构。吕同舟将这种新的关系模式称为"嵌套型异构"②,形态和运行两个维度对这种结构进行了阐释。从形态上来看,它是按照一定标准将政府职责划分为各层级政府共同承担的部分和仅由部分层级政府承担的部分。从运行上来看,它强调按照实际需求将执行权分解至若干政府层级。它的依据在于中国"几乎所有公共事务的决策权都在中央,而其执行权则落在地方上"③。

相比于职责序构,它聚焦于政府内部职责的划分,形成了更为具体的职责层次样态;同时,它提出的一个关键性思路在于,与西方国家依据不同公共事务类别在纵向各级政府之间划分职责不同,中国的特点还在于职责构成要素在纵向各级政府间的划分。这就进一步体现了职责体系构建的复杂性和特殊性。从这个角度来说,它与核心问题之一——"如何形成有中国特色的政府职责体系"有着高度一致的方面。除了具体形态的构建,也有一些

①　朱光磊、杨智雄:《职责序构:中国政府职责体系的一种演进形态》,《学术界》,2020 年第 5 期,第 14~23 页。

②　吕同舟:《嵌套型异构:关于中国纵向政府关系结构的理论探索》,《公共事务评论》,2020 年第 6 期,第 24~31 页。

③　刘尚希等:《明晰支出责任:完善财政体制的一个切入点》,《经济研究参考》,2012 年第 40 期,第 3~11 页。

研究是从职责划分的原则出发的。具有代表性的如王浦劬从"以事性定权属"的角度出发,认为可以从政治属性、经济属性、民族属性、国家发展战略属性等方面对公共事务进行权重赋分,从而影响纵向政府间的事权划分。[①]楼继伟则以中国政府间的财税关系为基点,提出各级政府间的事权划分应当以外部性、信息复杂性和激励相容为原则。[②]

以上研究明确了两个非常关键的问题。其一,权责清单并不是代表中国政府职责体系中那张最终的"权责配置表"。职责体系构建所要形成的职责配置表,并不是一项一项具体的事项,它是涵盖从决策到执行、从职责配置到权力运行、从层级关系到伙伴关系的全方位、内容丰富的立体体系。当然,这也从另一个角度明确了权责清单制度与法律制度之间的关系,再次印证了二者之间不应当成为一种替代性的关系。

其二,权责清单制度是一个手段,以职责层次为核心的职责体系构建研究为这个手段作用的发挥提供了一个大致的目标。这也恰恰就是本节所论述的调配机制所要发挥作用的重要对象之一。无论是从事性的角度还是从职权构成要素的角度来看,这个职责体系都是以五级政府及其纵向关系为载体而形成的。基于这一点,职责层次的形成也就有了理论依据。前文中以事性为主的变动性划分,实质上就说明了职责层次间"大调配"的必要性。除此之外,职责层次内部的调配,特别是以职责构成要素为主的、运行性的划分变动,则为"小调配"作用的发挥提供了空间。总而言之,权责清单制度中调配机制作用的发挥,体现出很强的阶段性与层次性。

权责清单制度的三个核心机制之间是相互作用、形成合力的。它们对应着权力框架转换下"职责同构"模式中的旧的政府运行机制。一方面,它们要

---

① 王浦劬:《中央与地方事权划分的国别经验及其启示——基于六个国家经验的分析》,《政治学研究》,2016 年第 5 期,第 44~58 页。

② 参见楼继伟:《中国政府间财政关系再思考》,北京:中国财政经济出版社,2013 年,第 267~273 页。

替代那种旧的机制,从而打破和瓦解旧的共生关系;另一方面,它们要纳入政府发展过程中的新要素,发挥对政府过程中"正向偏离"的干预性,从而形成中国特色政府职责体系下新的平衡关系。这就从机制层面说明了权责清单制度作为一项体制机制创新在政府发展中存在的必要性和重要性。

第五节　关于完善机制建设的一般性总结

对中国政府职责体系构建中权责清单制度的分析,以"职责同构"这一结构性特征为起点,剖析了"集分权"框架向"确权"框架转换下"职责同构"模式运行中结构要素与过程要素互动而形成的共生关系,最终以作为干预性体制创新的权责清单制度中核心机制的分析为落脚点。这足以说明机制建设对于职责体系构建,乃至中国政府发展的重要性。

一、体制机制创新重要性的不断提升

改革开放以来,中国政府进行了诸多制度层面的改革,特别是在经济制度和行政管理制度方面实现了很多关键性的转变。相比之下,体制机制建设方面可进一步发展的空间还很大。一方面,随着社会基本制度的不断完善,体制机制优化的环境已经相当成熟了。在这种条件下充分发挥体制机制建设的作用,将能够促使制度优越性和体制设计有效性得到最大程度的发挥。另一方面,在面对一些阶段性问题与过渡性问题的时候,制度建设上不易做大的调整。特别是对于政府运行中各部分、各环节之间相互联系、影响、作用、制约的关系来说,往往其中一个因素或环节的变动都会引发整体性的改变。在这种情况下,基本制度往往因顾及整体的稳定性而难以作出针对性的调整。随着局部性问题的累加,又会影响到系统整体的功能发挥。这时候,体

制机制的设计和创新就能够发挥相应的功能,通过其自组织的特征,有针对性地对系统内部和系统间的关系进行调整与优化。机制建设对于当下中国政府的发展及政府职责体系的建设具有关键性的意义,这可以从以下三点展开。

其一,中国改革对象的复杂性,要求通过机制完善和优化调整各个系统和系统间要素的互动关系。改革开放以来,中国政府改革的一个明显的特点是,改革过程吸纳了越来越多的要素,改革对象变得越来越复杂。从计划经济体制向社会主义市场经济体制的转变,使得政府与市场和社会的关系发生了根本性的变化,改革对象也由相对独立的领域变为相互联系着的复杂系统。机制建设的核心在于过程与关系调整。特别是在复杂关系中,针对制度的改革往往较为宏观,涉及一些不必要的要素,也因此而面临着更大的阻力和困难。机制建设的优势也正是在于它在处理复杂关系时能够在利用和把握规律的基础上实现有选择性地调整,因而既能够发挥相应的功能,也能够降低阻力。

其二,中国改革过程的灵活性,要求以机制建设解决过渡性和阶段性的问题。制度和体制机制都有面向改革要素之间关系的特征,其区别在于:制度建设往往注重如何固定和制度化各要素之间的关系,相对宏观;而体制机制建设则更注重如何通过微观调整来协调要素间的关系。随着中国制度环境逐渐为政府发展设定了相对稳定的阶段性规则与框架,体制机制就要发挥其技术性和局部性调整的作用。当然,二者之间有着非常明显的制约关系。当阶段性的体制机制完善到一定程度,还会带动制度产生进一步的优化,从而为机制创新释放更大的空间。

其三,政府职责体系建设的特点及其涉及的核心要素,都与体制机制建设有着高度的一致性。首先,政府职责体系既涉及政府内部各级政府、政府各部门之间权、责、利等方面的关系,又涉及政府外部对市场、社会的关系,同时还涉及立法、行政、司法等不同领域的关系。只有把握住机制功能发挥对于关系调整的关键作用,才能够逐步实现结构性的调整。其次,无论是各级政府、各类职责,还是不同的系统,它们在稳定性上都有比较大的差异。体制机制建设可以避免改革过程中的"一刀切",基于差异性、阶段性的特征从而推动政府的不断发展。

二、体制机制创新的特点及其发挥的作用

现有研究中提到的"体制机制创新"将"体制"一词和"机制"一词连用,并非没有道理。前文指出,体制建设和机制建设的共同点之一,就是二者均面向制度要素间关系发挥作用。根据帕森斯的结构功能主义,结构依靠制度来维系存在,制度依靠结构发挥作用。[①]无论是体制还是机制的作用发挥,都是在制度这样一个宏观、基础层面下实现的。之所以将体制和机制的概念并列在一起,是由于二者之间存在特定关系;正是通过这种关系的连接才使得体制机制创新能够发挥作用。具体来说,体制是一种规范意义上的概念,它是一系列规则、安排的综合,是一种关系架构,具有相对静态和整体性的特征。随着改革的深入推进,各地方和中央政府的积极推动下形成了一系列体制创新。例如行政体制改革过程中的权责清单制度、行政审批局等,尽管名称各异,但其实质都是创新性的体制安排,核心是对原有制度要素的结构性改变或在原有的制度结构中增加新的要素。相比之下,机制的本质是规律。无论是在旧的制度环境,还是在体制创新后的新制度环境中,各主体都是遵循某一种机制运行着的。由于新机制替代旧机制而展现出的机制层面的"创新",是作为体制创新的结果出现的。机制直接具备的客观性与局部性,以及间接具备的主观建设性与整体性,能够更好地反映它与体制间的关系。

其一,机制的本质特征是规律性,但也有间接能动性的一面。首先,机制

---

① 刘少杰主编:《国外社会学理论》,北京:高等教育出版社,2006 年,第 165 页。

概念的阐释通常强调三点内容：一是事物变化的内在原因与规律，二是外界环境的作用方式和影响，三是事物变化的表现形态。"人们的实际政治生活过程是有规律的，而这种规律是完全可以被认识的……各种因素对政治生活过程的制约都有它们的内在机制可以被认识。"①这表明，具有客观规律属性的机制是可以被认识并利用的：这种客观规律性首先体现在其作用的发挥上，即一切制度要素都须遵循机制规律从而实现运转；其次，这一规律性也体现在人们可以经过深入剖析对其进行认知与把握。有观点认为，机制是客观的、规律性的，因此我们无法"建设"机制或对机制进行"创新"。这种观点具有一定的合理性。它看到了机制作为客观规律不以主观意志为转移的一面。但事实上，由于机制与体制之间的紧密关系，使得机制又间接地具有主动性和可建设性的一面——当政府通过体制创新对"偏离"中的政府加以干预，改变其制度环境，就会间接改变政府运行所遵循的机制。而当这种新的机制发挥作用时，它又承担着调节和优化结构关系的功能。这说明，机制实现其功能的环境发生变化时，新的机制就会逐渐替代旧的机制发挥作用。因此，可以通过体制创新来间接实现对机制的"建设""创新"，政府体制机制创新的提法也就有据可循了。

其二，机制既有局部性的特征，又有间接层面整体性的功能。通常来说，制度是一种整体性关系的架构；相较于体制机制来说，它所涉及的范围是全局性的，因而制度改革是长期而复杂的过程。体制机制创新往往是对制度环境的局部改变。从相对的宏观与微观层面来说，体制设定规则框架，而机制在现有框架内发挥作用。二者之间的关系在于，体制为机制功能的实现设定了一种前提和基础性的环境。当然，单纯这样理解体制与机制的关系，可能会陷入层次维度的简单化思考，即认为制度的变迁、体制性的调整和机制的变化仅仅是程度范围上的差别。事实上，机制所具有的动态特征，会将体制

① 朱光磊编著：《政治学概要》，天津：天津人民出版社，2008年，第21页。

机制创新的功能拓展至政府权力结构框架与其运行过程相互影响的层面。从机制功能的角度,当新的机制产生后,它可以促使相应的系统内关系不断固化或稳定,甚至对其进行修补和完善;随着新机制运行越来越稳定,这种变化就可能从局部的调整逐渐扩展至制度整体性变迁,从而实现以"点"带"面"的作用。

体制与机制概念的内涵,以及二者间相互区别联系的特征,赋予了政府体制机制创新理论上的支撑,从而为其现实合理性提供了依据。在面对政府运行中出现的"正向"偏离时,政府以体制创新的方式对其进行干预,从而改变政府运行机制的环境,带来机制本身的变化。这种变化一旦发生,又会反作用于作为环境的制度结构。值得注意的是,政府体制机制创新与政府创新行为也应当有所区分。在过程上,后者以行政手段为主导,具有一定的非正式性;而前者则要求正式的程序,同时将立法作为一项重要的环节纳入其中。在结果上,后者的不确定性较强,总体来说还是一种局部性或地方性的自主探索;而前者强调创新所引发的实质性变化。以权责清单制度为例,通过上文的分析不难看出,它正是通过体制层面的创新,在政务服务体系和法律制度体系之间引入了新的要素,从而改变了这种旧的要素关系,带动了机制的改变;典型地以"政府职责"这个"点"为基本的作用对象,带动政府权力关系结构和权力运行过程的整体性变化,进而推动了政府的发展。

三、机制优化的关键:为其作用发挥创造条件

通过对体制机制内涵、特点及其作用发挥途径的解读,可以得出这样的结论,即机制优化的关键是为其作用发挥创造良好的条件。在本书中,"结构—过程—机制"既是一个分析权责清单制度的框架,同时也是一种分析的逻辑视角。从制度性的结构到运行性的过程,再到新旧两种结构与过程背后的机制,是对权责清单制度本身及其与制度环境的互动做剖析。联系上文的

内容,一项体制机制创新在改变了初始的要素关系后,如何进一步对其进行优化和完善呢?以权责清单制度来看,事实上,目前对于权责清单制度优化策略的主要研究是从两个角度出发的。其一,从权责清单制度本身的具体工作出发。例如,权责事项梳理过程的标准化、规范化;权责清单编制与公布的透明化、程序化;权责清单形式是以两单分离还是两单融合为优?其二,从权责清单制度的外部影响环境出发。例如,权责清单与"三定"规定之间如何形成有效衔接?权责清单的形式对优化营商环境的影响如何?权责清单制度的法律定性如何——这实际上是探讨权责清单制度与法律制度之间的关系应当如何优化。研究所做的贡献之一在于提出权责清单制度的三个核心机制,从而将对权责清单研究的焦点引向其内在机制;贡献之二在于为对策研究的两个角度提供了一个关键抓手,即权责清单制度的优化策略与所有机制完善的关键相同,是为其作用的发挥创造条件。一方面,这对权责清单制度的优化策略进行了整合,使其在这一标准下的分类更具层次性;另一方面,这个结论实际上遵循了"机制—过程—结构"的逻辑顺序,与以机制完善带动结构调整的观点具有了一致性。

在本章的最后,还有一点需要解释。在权责清单制度研究的初始阶段,研究面临着一个"大对小"和"小对大"的问题。所谓"大对小"的问题,是指从"大"的整体结构入手,能不能将其连接到具体"小"的权责清单制度?而所谓"小对大",则是指以权责清单制度这样一个"小"的切入点,是否能够最终得到解决"职责同构"这一结构性问题的"大"结论上?通过本书第四章和第五章两章的论述,这一问题应当能够得到解决。从"结构—过程—机制"的逻辑来看,政府职责体系的"大"问题中所包含的结构性问题和过程性问题,都通过具体的"职责"连接到了作为阶段性、过渡性的"小"的体制机制创新——权责清单制度;而从"机制—过程—结构"的逻辑来看,也正是权责清单制度中机制作用发挥的方式,将二者联系了起来。"大"与"小"之间是否匹配的问题,正是在这个过程中得到了解决。

第六章

权责清单制度完善与优化的思路和对策

由于权责清单制度在理论和实践中，都还存在着诸多未解决的问题——特别是对其制度性功能的有效和充分发挥，还有着很大的空间。这导致权责清单制度在实践中常常遭遇"用处不大""白忙活""完成任务"等质疑；在理论研究上，也呈现出碎片化、抓手不明确，以及对行政实践的指导性不强等特点。如前文所述，现有研究针对权责清单制度的完善已经提出了许多具有针对性的对策建议，实践探索也一直都在进行中。出现上述问题的主要原因在于，实践方面，权责清单制度因为效果显现比较慢、建设周期比较长、政府层级间互动配合要求高等往往变成了政务服务建设、政府信息公开等工作的"附属品"，并没有在真正意义上实现它与法律制度、政务服务体系建设等其他系统之间互动影响的制度性功能；理论研究方面，权责清单制度的研究往往是以权责清单制度作为起点向后研究，探究其背后一般性内涵的研究还比较少。因而在不同的目标下会产生相应的对策建议，研究也因此产生了几条主要的脉络，但相互之间还缺乏系统性整合。本章将从基本的思路转变、核心的转型路径及具体的优化措施三个维度，对权责清单制度的完善与优化提出针对性的建议。

第一节 权责清单制度优化的基本原则

从广义的视角来看，权责清单制度是调整中国纵向政府间职责配置模式和权力运行过程的一个阶段性的、通过经验积累而形成的手段；因此，权责清单制度的优化和完善问题，也就是如何使政府职责体系的形成和改革过程更为高效和科学的问题。

一、坚持以职责为关键探索改革路径

将权责清单制度置于政府职责体系构建的背景下是研究的基本视角，也是重要的前提。它以职责要素为核心，将权责清单制度所涉及的不同系统、不同主体联结了起来。在对其本质的分析上，本书指出权责清单制度实质上是一个手段，是政府过程中对产生的"偏离"加以干涉的一种体制机制创新，它所反映的是中国特色政府职责体系的构建和改革过程；因此将权责清单制度的完善和优化路径锁定在过程性的功能优化上。基于"结构—过程—机制"的分析框架和逻辑，权力框架转换下的"职责同构"成为结构分析的切入点，最终得到权责清单制度的完善应当以发挥其核心机制作用作为着力点这一观点。因此，"职责"不仅仅是分析逻辑的起点，更是分析框架形成的基础。

政府职能转变是中国政府改革路径的一条主线。从内容上来看，不同阶段的政府职能都在含义和侧重点上有所不同；从形式上来看，政府职能的转变则经历了从被动调整到主动改革的过程。1978 年党的十一届三中全会后，社会各方面形成了"社会主义现代化建设是我们当前最大的政治"①这一共识。"以经济建设为中心"的要求,以及改革过程中作为先行者的经济体制改革,都将政府职能的全部外在聚焦于传统计划经济的政府职能向逐步适应社会主义市场经济的转变上。在当时的经济社会发展阶段,政府除经济建设以外的很多其他职能确实是很难突破那种环境而凸显出来的;但这并不代表其他的政府职能是不存在或是不重要的,它恰恰反映出如政府的行政管理职能、公共服务职能等,要么是处于从属的地位主要服务于经济发展的需求,要么是表现手段过于单一从而很难真正发挥相应的作用,总体上呈现出被经济体制变化和不断产生的社会问题推着走的被动特征。从被动向主动的转变,正是在经济体制改革进入了一个相对稳定但又面临着瓶颈的阶段而发生的。相对稳定,是为政府其他职能的显现和得以被认识创造了条件;而面临瓶颈,则是因为经济体制改革开始越来越受到其他相关配套改革的束缚,政府不得不开始发现和重视以多元化的手段调整愈加复杂的社会关系。随着政府发展开始摆脱单一的经济建设逻辑、转向政府自身的发展逻辑,政府职能在表现上也开始得到了细化,直到2002年党的十六大报告第一次提出"完善政府的经济调节、市场监管、社会管理和公共服务职能"。2004年2月21日,时任总理温家宝的一次讲话中提出了"服务型政府"②的概念,对政府职能转变提出了新的要求;也正是在同一时期,政府职能的内涵得到了进一步的细化。

　　政府职责概念从职能概念中相对独立出来,使得以政府职能转变为核心的改革路径逐步开始呈现出一体两面的特征。以往讨论政府职能的概念,往往对应的是政府与市场、社会之间职能边界的划分问题。从国家本质的视角来看,它关注的核心在于国家的阶级性和社会性,仍旧是面向政府与其他利益主体之间关系的问题。职责概念的独立化,使得政府职能转变的另一面

---

① 《邓小平文选(一九七五——一九八二)》,北京:人民出版社,1983年,第149页。

② 温家宝:《深化行政管理体制改革,加快实现政府管理创新》,《人民日报》,2004年3月1日。

得以揭示,即政府职责的内部划分与配置。加快政府职能转变是对作为整体的政府提出的要求。对于"职责同构"模式下的中国来说,"正是要尽快将职责同构带来的消极影响,以重新划分中央与地方政府间职责配置的形式予以协调和化解"①。作为政府职责在政府过程中的具体体现,政府事权划分的相关工作已经在基本公共服务领域展开。可见,当前中国政府职能转变的核心,已经开始转向政府职责在结构和过程上的优化问题;而恰恰是各级政府职责内容的优化、履责方式的变化,反过来又促成了政府职能中调整社会关系的那一部分,即功能的优化。

权责清单制度在处理政府职责问题,特别是纵向政府间职责划分和配置问题上,具有天然的优势。从纵向政府间关系来看,它在明确政府各级、各部门职责的同时,又通过体系化和制度化将其联系起来,符合整体性政府建设的要求。这对形成分工明确、协同合作的政府间关系有所助益。从现代政府分析的要素来看,它抓住了政府职责这一核心要素,将机构、体制、过程联系起来。仅仅在一项权责事项所包含的信息中,就能够通过主体部门、权责依据、权力运行流程图,以及责任相关事项等反映出机构、体制和过程之间的关系。而它们恰恰是以职责作为起点的。因此,在权责清单制度的优化和完善中,必须要继续坚持以职责为核心的改革路径,从而实现政府职责体系构建的目标。

二、兼顾改革过程中的"继承"与"突破"

与中国各领域的改革相同,权责清单制度也是具有渐进性特征的变革过程。这一点在其制度性功能的不断变化和探索中,就有非常明显的体现。权责清单制度是"国际贸易和投资领域中'负面清单'形式在我国行政领域

①　朱光磊主编:《地方政府职能转变问题研究:基于杭州市的实践》,天津:南开大学出版社,2012年,第117页。

的运用"①。诞生之初,它的主要功能就通过依照法律法规对政府权力进行全面梳理,从而摸清政府的权力家底,将其进行公开;而权力流程图的这一创新形式,不仅起到了压缩权力寻租、贪污腐败空间的作用,更是对优化面向行政相对人的政务服务过程做出了相当大的贡献。一项制度的功能之所以会发生变迁,无外乎是其自身或是其所处的环境发生了变化。这一点在权责清单制度的功能变迁上尤为突出。

首先,权责梳理工作是一个不断积累的工作过程。随着各级各部门政府相继展开权责梳理工作,产生的相关问题和解决措施不断推进着整个制度的变化。例如,梳理标准的差异问题,要求权责清单制度自上而下形成标准化的操作;再例如,在梳理和清理依据上所产生的问题,促成了权责清单制度和法律制度之间由单向依赖关系变为了双向互动关系。在这一过程中,自下而上各级政府、政府各部门的梳理成型的权责清单,也成了权责清单得以体系化和制度化的基础。这使得清单制度发生了质的变化。只有个别地区或是某级政府列举权责清单,在制度功能上是远远无法与纵横覆盖五级政府、全国各地的权责清单体系相比的。与此同时,权责清单制度创立的过程,还产生了大量新的制度创新。由于中央政府在推行权责清单制度的过程中,为地方政府赋予了很大的探索和发展空间。因而权责清单制度的发展也具有了更大的可能性和弹性。地方政府之间通过模仿、学习等机制,由基础的权力清单和责任清单衍生出了众多具有创新性的做法,很大程度上丰富了权责清单制度的功能。

其次,除了对权责事项存量的梳理和清理,对新产生或是发生变化的权责事项的动态调整也是权责清单制度的重要功能。而正是通过这个特点,权责清单制度在与法律制度、"三定"规定之间相互关系上的功能又得到了进一步的挖掘。

---

① 范柏乃、张鸣:《加快政府职能转变的实现路径:四张清单一张网》,浙江:浙江大学出版社,2016年,第17页。

在权责清单制度的制度性功能的变迁过程中,有着很明显的继承性。在职责配置的功能上,权责清单经历了比较长的时间才开始探索与"三定"规定的衔接;而这又是在多地将"三定"规定纳入责任清单梳理依据的基础上才得以展开的。这种继承性一方面是对制度变迁过程中经验的积累,另一方面也反映出改革过程的循序渐进。特别是在职责的纵向配置上,在缺少制度化分权的经验下急于将阶段性的权责配置制度化,很可能会带来更大的问题。①当然,制度功能的变迁更不能缺少突破性的变化。例如在权责清单制度与法律制度的关系上,如果始终以法律法规作为权责清单制度的梳理依据,而不考虑政务服务实践通过权责清单对权责变化的影响,那么权责清单制度与法律制度之间的关系也无法得到突破。一个比较有趣的现象是,在权力清单和责任清单的发展过程中,中国的公共领域内逐步兴起了一种精准化导向的清单式治理模式。②伴随着权力和责任清单产生了一大批各类清单。除了权力和责任清单外,各省的服务清单(或政务公开)栏目下都设立了种类繁多、功能各异的清单。③这类清单大都有比较明确的针对性,从政府职责体系构建的视角来看,它们更多是服务导向的;应当与作为清单式治理主轴的权力和责任清单严格区分开来。

综合来看,未来权责清单制度的发展,还应当处理好改革过程中"继承"与"突破"之间的关系。对于功能的实现不可急于求成,不追求一蹴而就,在工作开展的过程中多注意积累经验和材料,为进一步改革的展开打下基础、造就条件;同时,对于限制制度功能实现、核心机制作用发挥的不利因素,也要敢于突破传统认知和既得利益阻碍,从而推动权责清单制度的优化和政

---

① 苏力:《当代中国的中央与地方分权——重读毛泽东〈论十大关系〉第五节》,《中国社会科学》,2004 年第 2 期,第 42~55 页。

② 李珍刚、古桂琴:《清单式治理在中国公共领域的兴起与发展》,《江西社会科学》,2020 年第 8 期,第 182~191 页。

③ 如便民服务的"跑腿次数清单""就近办清单"等,行政审批事项的"容缺受理事项清单""通办事项清单"等。但事实上,就目前各地政务服务网站的运行状况来看,很多清单的设立仅仅是有"名"而无"实",网站运行也时常出现不稳定的现象。

府职责体系的构建稳步前进。

三、注重改革举措中的"叠加效应"

改革自始至终都是一个综合性的过程，尤其是对于权责清单制度这样本身涉及主体多、涵盖范围广、囊括要素复杂的综合体。权责清单制度的功能发挥体现在对于不同系统之间关系的影响，反之也依赖不同系统之间的相互作用。因此，权责清单制度的完善与优化，只解决权责清单本身的问题是远远不够的。其有效性没有得到充分发挥，不仅在于清单编制本身，"还受到制度构建、制度运性、制度环境与制度相关方等综合因素的影响"①。忽略改革过程中各个系统及其相关工作之间的关系，往往会陷入"头痛医头、脚痛医脚"的误区，甚至对问题产生的原因形成错误的认识从而产生新的问题。例如在权责清单梳理之初，各地权责梳理的结果在数量上产生了非常大的差异。结合当时"简政放权"这一改革背景，不少地区错误地将梳理结果数量作为权责清单优劣的唯一评判标准，出现了"唯数字论"的现象。事实上，数字确实反映出政府权力事项层面的一些差异性问题，但"唯数字论"的做法忽略了权责梳理与标准化之间的关系，没有考虑行政立法和地方性立法方面的问题，反而导致部分地区为了所谓"政绩"好看、"改革力度大"而玩起了"数字游戏"，采用合并、拆分、改变标准等手段在权力事项上大做文章，削弱了改革的真正成效。事实上，考虑工作之间的"叠加"效应，也再次说明一项制度创新中的核心机制如要发挥作用，对其条件的创造有着非常关键的意义。那么对于权责清单制度，以下系统的变化应当得到重视。

首先是"放管服"改革的行政实践体系。邓小平在谈到"简政放权"改革时在强调应当将解决党如何善于领导的问题放在第一位后，进而提出："第

---

① 宋林霖、黄雅卓：《政府责任清单制度有效性分析——基于新制度主义政治学的视角》，《南开学报》(哲学社会科学版)，2021年第6期，第21页。

二个内容是权力要下放,解决中央和地方的关系,同时地方各级也都有一个权力下放的问题。第三个内容是机构精简,这和权力下放有关。"[1]改革开放以来,中国在"放管服"改革上所取得的成绩是显著的、表现是多方面的。以加快政府职能转变为关键,机构改革不断深化细化,探索实行了职能有机统一的大部门体制等诸多有重要意义的改革措施;围绕"简政放权"这个核心,行政审批制度进行了大刀阔斧的改革,在优化审批与监管的关系上进行了一系列探索和尝试。这些改革举措是各级政府权责配置和调整的主要经验来源,特别是对于政府内部权责结构的优化有着不可忽视的意义。

　　其次是"互联网+政务服务"平台的建设。互联网技术是政府改革工作展开的重要工具,对于政府的组织结构、职能体系和权力运作方式的革新与再造提供了可能。随着国家一体化政务服务平台建设的完成,31个省级政府均在政务服务平台上实现了省、市、县三级平台的全覆盖。作为各类清单的公布载体,"互联网+政务服务"平台促成了清单制度的多元化发展和创新。它将权责清单的权力事项与网上申请办理的政务服务建设连接在了一起,目前各地政务服务事项的网上可办率已经超过90%。同时,大数据技术的应用,也使得政府能够实时掌握政务服务一线的相关数据,从而为组织结构与管理流程的调整提供科学化的依据。当然,互联网平台建设与大数据应用在达到有效实现数字治理的目标上还有距离,自身也存在着体系不匹配、关系不通顺、流程不协调等诸多问题。[2]特别是互联网技术的应用对权责清单制度部分功能的掩藏和假性替代,都有必要引起重视。

　　最后是法律制度,特别是以行政立法和地方性立法为代表的授权立法制度。中国的授权立法始于特别授权或是专门授权,按照授权主体可以划分为全国人大常委会授权、国务院授权、国务院部门授权、省级人大及其常委

---

① 《邓小平年谱》(下),北京:中央文献出版社,2004年,第1137页。
② 江小涓:《加强顶层设计,解决突出问题,协调推进数字政府建设与行政体制改革》,《中国行政管理》,2021年第12期,第9~11页。

会授权、设区市的人大及其常委会授权五类。①随着法条数量的增加,立法领域出现了数量庞杂、质量良莠不齐等问题;加之中国特殊的"二元法治"现象,大量规范性文件、一般性的内部文件也成为管理的主要手段。随着依法治国、依法执政的要求不断提高,授权立法在主体、范围、内容等方面受到一定的约束;特别是立法程序得到了越来越多的重视,这对于权责清单功能的发挥提供了很大的空间。

四、避免过度强调制度创新的"特色"

中国广阔的地域上,地方发展的巨大差异与单一制的国家结构形式这一对特殊关系,从根本上就决定着中国政府的发展环境,及其政府管理体制和具体运作模式与世界其他国家相比有着鲜明的特色。具体来看,中国政府间复杂的"条块关系"、纵向政府间"职责同构"的基本特征,以及授权体制下的相对集权与分权,这些既是中国政府特色的表现,同时又是衍生出更多具有中国特色的体制机制创新的原因。这一点在权责清单制度的构建上体现得尤为明显。除了外资引进和国际贸易领域实行的"负面清单"和"正面清单"外,世界上其他各国均没有以清单的方式列举政府职权和职责的先例,权责清单制度完全可以说得上是中国在政府管理模式上的首创。但也因为如此,针对其的理论研究和行政实践往往缺乏抓手,从而在一味强调"特色"却又抓不住"特色"要害的情况下,致使其被架空,相应的制度功能也无法得到有效发挥。权责清单制度构建过程不能脱离现实,也不能脱离阶段性的条件而设定过高的目标。否则,不仅达不到改革的目的,还会使权责清单制度的构建成为一种带有运动式治理特征的任务,为政府管理带来负担,特别是对任务纷繁复杂的基层政府造成运转上的困难。

---

① 刘莘:《行政立法研究》,北京:法律出版社,2018年,第98~103页。

　　首先,权责清单制度作为一项制度创新,并不是凭空而来的。它是立足中国基本国情和发展的阶段性特征,经过了长期的经验积累而产生的。作为历史制度发展的产物,是它一般性的第一层体现。它对于权责清单制度优化和完善的要求,就在于要从其实质去把握权责清单的实质性内容。这在前文的分析中已经有所提到,即权责清单制度的实质是中国政府职责体系构建背景下改革推进的一种手段,更进一步说,它是通过对政府发展过程中所产生的新要素进行干预,从而对旧的制度进行调整进而促使制度变迁的一种手段。从这个角度来看,尽管中国的各个历史阶段、世界上各国的政府制度与发展模式都不尽相同,改革过程也有所差异,但它们都在改革过程中或多或少采用了各种促使政府职责配置模式向着某个方向发展的干预措施。这就将权责清单制度置于了一个更加一般化的维度,这对于把握其本质从而发现其优化路径是有所助益的。

　　其次,权责清单制度中的要素是具有一般性的。最基本的如一项具体的政府职责、权责主体、权责依据、权力运行流程等;相对延伸的部分如职责边界、追责情形等。可以看到,当这些基本元素被剥离出来,我们就能够在不同时空中寻找到类似的参照物。如在德国,除了联邦和州的专属事项,也有大部分事项是需要各级政府合作完成的。可以看到在这里,德国在纵向上也存在政府间职责的划分和相应的责任主体。差别就在于德国在《基本法》中对各级政府的职责划分是比较明确的,纵向各级政府间以合作关系为主,而中国的上下级政府间则是以隶属关系为主。通过这样的比较,我们可以发现当一项制度创新的一般性要素被剥离出来,重要的组合方式和特别的影响因素也就能够得到揭示。这一点对于改善权责清单制度功能实现的环境和条件具有重要的意义。

　　对于如何处理"一般"和"特色"之间的关系,历史总结和经验借鉴是两个具有启发性的思路。在如何处理纵向政府间关系的问题上,毛泽东曾经指出,"我们的经验还不多,还不成熟……要总结经验,发扬成绩,克服缺点",

同时"对这个问题,资本主义国家也是很注意的。它们的制度和我们的制度根本不同,但是它们的发展经验,还是值得我们研究"①。这提示我们,根据本国的制度变迁总结经验,对制度进行扬弃式的创新,是形成特色的重要方式;而在共同的发展规律下比较其他国家和地区的一般性做法,也能够避免因过于强调特色而偏离发展规律。

第二节　注重权责清单制度发展中的三对重要关系

权责清单制度的完善和优化还应当在以下原则的指导下,具体处理好发展过程中的三对重要关系,这包括时间安排上长期性与阶段性的关系、地域上一般性与特殊性的关系,以及工作结构上自上而下和自下而上的分工合作关系。

一、平衡发展中长期性与阶段性的关系

构建具有中国特色的政府职责体系是权责清单制度的核心目标,而实现这一目标,以及对实现这一目标的手段进行优化的进程,是长期性与阶段性的辩证统一。特别是对于一个比较复杂的事物,它的发展总是由若干个存在差别、矛盾各不相同的阶段而组成的。政府发展,特别是政治系统的变化,往往是一个非常漫长的过程。即便是在当今经济社会发展迅速、各领域改革都在加快推进的环境之下,对政府系统的变化做阶段性的划分,也往往是以五到十年作为一个基本单位的。针对中国纵向政府间的职责划分和配置问题,2002年党的十六大报告中就指出,要"依法规范中央和地方的职能和权

---

① 中共中央文献编辑委员会:《毛泽东著作选读》(下册),人民出版社,1986年,第730页。

限、正确处理中央垂直管理部门和地方政府的关系"①。但事实上,这一问题至今仍未能得到有效解决,纵向政府间关系的调整依旧是贯穿于中国行政管理体制改革的核心问题。可以明确的是,权责清单制度的内核恰恰就是对政府内部的权责进行调整与重塑。因此,这就决定了它在发展过程中的阶段性更加凸显,也因而在其发展过程中阶段性与长期性的矛盾就更加突出。比较明显的就在于,由于它功能发挥的周期较长,短期内难以呈现出明显的绩效,这导致它的长期定位容易受到环境变化和其他政治目标的影响而经常性的调整和摆动。特别是它的功能发挥对政府内部利益关系的调整影响很大,因而受到既得利益的阻碍也就尤为明显。这也就对平衡其发展过程中的长期性与阶段性的关系提出了更高的要求。

首先,权责清单制度的长期性体现在它的制度定位上。对于职责体系的形成来说,摸清政府权责家底、厘清政府权责边界的工作是一项基础性的工作。特别是在中国的纵向政府间关系模式之下,除去部分领域中央实行垂直管理模式外,"一竿子捅到底"的共同事权涉及大部分领域;在上下级政府的行政隶属关系中,地方政府的全能性更是造成了权责划分的困难。要想实现事权科学划分、财政事权与支出责任相适应的改革目标,中央的顶层设计就需要靠权责清单制度的执行积累大量的经验,在长期的摸索中逐渐找到合理的划分方案。

其次,权责清单制度中的反馈机制和巩固机制要发挥作用,需要协调各个系统之间的关系,而这并不是短期内能够实现的。对于中国这样一个泱泱大国,地区发展的差异性和政治系统的复杂性,使得中央政策的弹性空间往往比较大,各领域的改革也是有所差异的。在这种情况下,各个系统之间的关系需要得到长期有效的协调与整合,在没有更为有效的手段的情况下,权责清单有必要也应当在较长的一个时期内承担这一重要功能。

---

① 江泽民:《全面建设小康社会,开创中国特色社会主义事业新局面——在中国共产党第十六次全国代表大会上的报告》,北京:人民出版社,2002年,第35页。

再次,正如前文所说,权责清单制度的目标是对政府内部最为核心的权力结构做调整,因而所面对的抵触和阻碍是可想而知的。特别是在地方政府间以竞争为主导的大环境中, 对于一项占据着一定的人力和物力成本却在短期内无法发挥明显功能的体制创新, 地方政府在执行过程中 "沉默的抵抗"也在客观上增加了这一工作的长期性。从这一点也可以看出,由于权责清单本质上还是政府在行政权力上的自制行为, 党中央和国务院主要以发布政策文件的方式予以推进, 这在增强其权威性和严肃性方面还有很大的局限。尤其是在各类工作中,"一把手"的态度和精力投入在很大程度上决定了这项工作的地位,因而也决定了它的进展;而不同地区工作的进展差异,又反过来增加了这一系统工作的长期性。

最后,清单制度的长期性还体现在今后的发展过程中,一部分工作有必要实现固定化和常态化。例如通过权责的梳理,制定权力运行流程图以实现政务服务的目标,这一工作已经基本实现了常态化,这与服务型政府的建设目标具有一致性;再如,将"三定"规定纳入责任清单编制的依据,有效促进了编制法定化和法治政府的建设,与依法治国目标也是一致的。从这个角度来看,应当把握权责清单制度的长期性,这对于明确其属性、对其进行合理定位以及把握其发展规律都是有益的。

同时,权责清单制度优化也要注重阶段性的调整。首先,在权责清单制度的形成过程中,这种阶段性的特征就已经有所体现。从最初以阳光行政和公开信息为核心的权力清单, 到开始涉及权责一致和打造责任型政府的责任清单,再到以权责清单制度为核心、多元化清单提供服务的清单式治理模式,这种制度功能变迁的过程本身就是阶段性矛盾变化的体现。

其次,阶段性的部分也涉及各个领域改革的推进情况。行政体制改革作为一个综合的矛盾体发展时,不同阶段下所体现出来的主要矛盾是不同的。当权责清单还未形成体系,不具有整合性的功能时,信息公开就是它的主要方面;当权责清单制度化并具有一定的基础时,服务于职责体系的优化就成了它的主要方面。当然,这并不代表着它就丧失了其他的功能,只不过是此时它们是以矛盾的次要方面体现出来的。

再次,动态调整的管理模式也放大了权责清单制度的阶级属性。无论是从微观的权责事项调整来看,还是从职责配置表的形成来看,这种阶段性的动态调整也恰恰符合政府职责发展的阶段性特征。

最后,从另一个角度来看,权责清单制度中部分工作的常态化,也是其宏观意义上阶段性特征的体现。权责清单制度是一项手段而非一个目标。职责体系构建的目标实现、职责体系优化的新问题和新矛盾,以及权责清单自身部分内容的常态化,都可能促使新的体制创新替代它。

综上所述,在权责清单制度的完善过程中,要平衡好长期性和阶段性之间的关系,从而一方面对其属性定位有正确的认识,另一方面形成具体和科学化的制度设计。

二、把握地域上一般性与特殊性的关系

虽然中国实行着单一制,但由于幅员辽阔、资源禀赋和政策差异等因素往往会导致其面临着与联邦制国家经常性遇到的"中央与地方、地方与地方之间的财政不平衡以及由此所造成的权力潜力的显著差异"①相同的状况。一方面,这种地域发展的不平衡有其客观性与规律性;另一方面,它对地方政府发展的价值导向、权力结构,以及运行模式等方面都有着深刻的影响。有观点就认为,特别是中国"职责同构"的政府运行模式,成了维持甚至扩大地区发展差距的内在体制。②可以明确的是,这种客观存在的差异性与中国单一制国家下的政治环境和政府体制之间确实存在着一定的张力;在这种情况下,如何协调二者之间的关系、在保证中央权威的前提下促进地区的协调

① 王丽萍:《联邦制与世界秩序》,北京:北京大学出版社,2000年,第134页。
② 张志红:《当代中国政府间纵向关系研究》,天津:天津人民出版社,2005年,第334页。

发展,对政策的制定执行、制度创新及其机制完善提出了较高的要求。权责清单制度以政府职责为核心,涉及政府运行的方方面面;反之这些方面的差异性又会反映在权责清单的编制过程和文本呈现中。从权责清单制度的本质来看,它要进行整合的首要前提是反映和呈现这种差异,将政府职责的现实运行状况进行全景式的展现;在此基础上,它才能够发挥主动性的作用,通过机制与各个系统之间相互配合,对政府职责进行整合与体系性的优化。因此,权责清单制度的优化要注意把握地域维度上的一般性与特殊性关系。

在谈到权责清单制度在地域上的一般性和特殊性时,有一点区分是要明确的。即此处的一般性和特殊性均是指权责清单制度本身的属性,而非其所反映对象的属性。例如,根据同样的梳理标准和梳理依据,A 地区本级政府梳理公布 1000 项权责事项,而 B 地区本级政府梳理公布 3000 项权责事项。这并不属于本部分内容所讨论的特殊性的意义。这里的实质问题是:权责清单制度的哪些部分应当做标准化的顶层设计? 哪些部分可以允许地方政府合理发挥主观能动性和创造性? 权责清单制度得以在各个地区成功推广,是在最大程度上保留了其内核;地方政府在执行权责清单制度时,有一些共性的做法、遵循着一些相同的原则,这些都是一般性的体现;在具体的内容上,各地又都具有很强的主观性,使呈现出来的形式、结果都存在差异。这是特殊性的体现。

通过对 31 个省级网站公布的权责清单进行比较和分析,本书认为在权责清单制度的推广和形成过程中,在构成要素层面还没有做到类型化和差异化的区分,总体来说标准化的要求还不够。对于权责清单制度,放宽政策弹性有其合理性的一面。例如在采取"两单融合"还是"两单分列"的问题上,至今还没有统一标准。虽然从技术操作层面来看通过清单内容要素区别的方式,"两单融合"并不存在太大的困难。但这种形式上的差异给地方政府和学界留下比较大的探索和研究空间;并且就目前实施情况来看两单是否合并还没有产生根本性的影响。再例如,就权力清单部分网上申办的版块来看,各地存在或多或少的差别。作为权责清单制度的衍生内容,政务服务版块内容的多元化与个性化,符合地方发展差异的规律,且对其进行标准化对于制度整合的意义并不大。服务型政府的建设需要人性化的服务理念。但与此同时,服务型政府建设还需要制度化的管理理念,政策弹性过大也有不合理的一面。例如,在梳理和公布形式上,31 个省级政府部门网站在公布清单时均采取了按行政权力类别划分和按部门划分的形式, 行政权力类别却未达成统一标准。事实上,按照行政权力类别划分本身的意义仅在于便于权力事项的归类;各地的划分差异反而造成了统计上的困难,"数字游戏"的问题也由此产生。再例如,权责梳理依据也没有进行必要的标准化。如前文中提到的,在责任清单的梳理上,不同地区在依据上还存在比较大的差异。在权责事项呈现及其依据的关系上,其实存在一个对依据合理的"理解"与合理的自由裁量权问题。如何能够平衡标准化与合理差异,合理限制地方政府权力的同时最大化调动其积极性,还需要靠权责清单制度执行继续积累经验,在技术操作层面多下功夫。

　　从根本上来说,这里既涉及一个有效性的问题,又涉及一个积极性的问题。从中央政府的角度来看,进行充分的制度整合、促使地方政府依法行政,是有效性的实现;从地方政府的角度来看,地方的利益和发展得到满足、在中央政府的授权下有效行政是积极性的体现。可以看到,二者的交汇点即在于对地方政府行政有效性的满足。那么从权责清单制度出发,就应当在尊重地方发展特殊性的基础上,在必要的要素上实现标准化。这样做,一方面提高了政务服务的便利性,能够满足地方政府提高办事满意度的需求,有效发挥其积极性;另一方面提高了制度整合的有效性,能够实现中央政府的政策目标。值得再次强调的一点是,在地域维度一般性与特殊性关系的问题上,应当牢牢把握权责清单制度是手段而非目标的原则。权责清单制度的执行是政府职责体系构建的基础和依据,而非政绩的表现。如果为了权责清单呈现上的整齐划一和"好看"而进行"一刀切",就必然会陷入形式主义的窠臼。

三、协调自上而下与自下而上的分工关系

纵向五级政府是权责清单得以体系化的载体。"中央政府、地方政府、社会公众和市场要素之间的互动支撑了权责清单制度的运行。"①其中政府面向市场和社会的部分，是权责清单制度在政务服务体系建设上的延伸，而纵向政府间的内部互动则是其核心。权责清单制度要实现促使政府在纵向上形成分工与合作的关系，而其本身的优化和完善也需要各级政府充分发挥上下联动的作用。要使反馈机制、巩固机制和调配机制有效发挥作用，就要注意各级政府的角色定位和角色转换。这其中既包括自上而下的设计、规划和推动关系，也包括自下而上的积累、传递和参与关系。这种结构上的分工关系实际上与上文所提到的两对关系之间也是相互呼应的。例如，针对地域上一般性与特殊性的标准化问题，哪些要素应当实现标准化，在这里就涉及自上而下的规划设计和自下而上的经验积累。仅靠地方政府的探索和实践难以实现要素在全国层面的统一和标准化；但是中央要对制度做标准化的设计，也不是"拍一拍脑袋"凭空想出来的，需要以地方的实践和经验积累为基础。不难看出，这项工作也恰恰反映出平衡权责清单制度中长期性与阶段性的问题。

首先，分工关系影响着权责清单制度推进的动力源、压力源和它们作用的方式。前文在分析权责清单制度的变迁过程时，曾提出推进这一制度的过程中在结构上存在"压力面"和"动力面"的问题。"压力主导"和"动力不足"的问题在一定程度上就反映在纵向各级政府的分工和角色转换问题上。在分工层面，中央政府的二重性体现的是比较明显的——一方面承担着制度执行者的角色，需要对国务院各部门的权责进行梳理和清理并予以公布；另

---

① 王辉、张继容：《政府权责清单制度的历史变迁与完善策略》，《改革》，2022年第1期，第129页。

一方面还承担着以政策文件等手段推进地方各级政府执行的推动者角色。主要问题在于,其一,手段相对单一化。目前还是主要以党中央和国务院的一系列重要文件为推动清单制度执行的主要手段,制度设计的具体标准还是以省级政府的文件为主。其二,整合能力还有所欠缺,地方政府的行政实践在提供成熟的整合经验方面还有差距。相比之下,地方政府的角色还过于单一,主要是执行者的角色,在向上做反馈方面面临着能力不足、渠道匮乏等难题。可以理解的是,越是基层政府越是承担着纷繁复杂的执行性任务。无论是"上面千根线、下面一根针",还是"上面千把锤、下面一根钉",实质上都在描述基层政府由于工作忙、压力大、任务重、问责多而导致工作负荷高、压力大的现象,反映的是权力运行体系和权责不匹配等问题。但是在权责清单制度的工作上,这也恰恰反映出基层政府作为实践一线所具有的重要性。可以说,权责清单制度在层级分工上有着很明显的"两头重"特点,其中"一头"是指中央和省级政府分别在顶层设计和制度整合上的重要功能,"另一头"则是指基层政府在行政实践一线的经验积累和反馈功能。要在"压力面"和"动力面"上发生实质性的变化,就一定要处理好这种分工关系。

其次,要配合阶段性的变化完成角色的转换,这对于转变单一化的施压方式有着重要的意义。相较于党中央和国务院的"热切期望",地方政府的改革实践效果却不尽如人意,制度效果与预期目标之间存在一定的差距。[1]这也与各级政府角色转换不及时,以及相应的方式转变不到位有关。中央政府在制度创新初期使用一定的强制性手段进行推广是毋庸置疑的,对于党中央和国务院对制度执行的指导和监督都是重要且必要的。但随着权责清单制度基础的不断形成,各级地方政府在相关工作中遇到了一些瓶颈,其角色似乎一直未发生明显的变化。在权责清单制度对于政府职责体系优化的功能定位和在其本身的要素完善上,中央政府还没有采取较为明确的举措。对

---

① 宋林霖、黄雅卓:《政府责任清单制度有效性分析》,《南开学报》(哲学社会科学版),2021年第6期,第22页。

于政府职责体系优化这项复杂且艰巨的任务来说，任何自上而下明确决定的做法都需要慎之又慎。但是依循着阶段性的原则，顶层设计也不妨在能够把握住的技术操作层面上向前走一些。这或许能够推动地方政府在经验积累上迈出一大步。

最后，对于自下而上的参与关系，还有一点值得强调，即要自下而上逐步实现"参与"并向"合作"的关系努力。纵向政府间关系的调整与职责体系的形成，从本质上要求这种单一化的行政隶属关系作出改变。但是要改变这种"级别"分明的纵向关系绝非易事。实际上，淡化级别分明的行政隶属关系、发展府际关系——尤其是纵向间府际合作关系，与维护党中央权威和集中统一领导之间并不矛盾。正如邓小平曾提到"权力必须下放，但这是在集中统一领导下的权力下放"，纵向政府间也一定要形成分工合作的关系，但这种分工与合作也是在授权体制下对单纯的行政隶属关系进行改良而实现的。

这种良性的府际关系不仅有助于提高中央政府制度整合的能力，更能够提高地方政府对中央决策执行的有效度。这对于权责清单制度的优化也是至关重要的，特别是对其机制发挥作用提出了很高的要求。在权责清单制度中，一是在于以"参与"作为切入点，逐步实现"合作"的目标。例如有研究就提出在权责清单编制上，省级以下政府在省级人大常委会的牵头下，本地区人大、政府及其职能部门都要参与权责清单的具体工作。这种多条线关系的引入，对于弱化行政命令和控制的主导性有所助益。这也正是第二点，即以纵向关系中权力运行方式的变化促使形成"合作"关系。之所以要对纵向分工关系做自上而下和自下而上的划分，就在于它们不仅仅是静态的结构关系，也是动态的运行关系。它们是权责清单制度完善与优化的具体策略形成所不可忽视的重要内容。

第三节　权责清单制度完善和优化的具体建议

制度创新不仅仅是技术操作层面的调整和优化，更为核心的是发展角度和思维方式的转变。正是因为在新的环境和条件下，政府旧的模式运转有效性降低了，系统之间传统的机制已经完成了打破上一阶段制度结构的历史任务，反而成为发展的阻碍性因素。制度创新的产生为新机制的发生创造了可能性。在具体建议方面，本书首先强调"过程为先"，就是由于研究从根本上转换了对权责清单制度的研究视角，以过程性功能而不是结果性功能来探讨其作为制度创新的价值和意义。也正因此，本章的最后部分将落脚点放在权责清单制度核心机制的发挥及其有效发挥所需的条件创造上。跳出传统的分析模式对权责清单制度的完善和优化提具体建议，既要考虑权责清单制度中各种要素的优化，也要考虑对其所处的制度环境和系统间关系进行调整；既要考虑其基本的定位和编制程序上的完善，也要站在发展的角度给出可能的策略选择。

一、厘清并规范清单系统内部及其与相关系统间的关系

在以权力和责任清单为起点的发展过程中，清单治理体系逐渐发展成了一个复杂而多样的体系；特别是随着服务型政府建设的不断推进，以及各地方政府在政务服务体系建设上倾注的精力越来越大，清单体系整体的专项服务倾向也越来越明显。有研究提出，由于专项的清单是基于政府间原本的横向职责配置情况而设定的，因此它的构建"对于政府间职责的配置与调整助益比较有限"，甚至"使得责任清单制度更加难以发挥制度的整体性功

能"。①这种专项服务清单的大量出现,已经成为各地政务服务网站建设的一个趋势,也构成了其中的一个主要板块。

事实上,在政务服务体系建设的领域,这种专项清单作为"互联网+政务服务"的一种手段,对于管理上提升有效性以及服务上提高行政相对人的满意度都是毋庸置疑的。它们与权力和责任清单是两种相互区别,而又有所联系的体系。就其区别来说,权责清单是职责导向的,而专项服务清单是服务导向的;权责清单除信息公开功能外主要面向政府内部,而专项服务清单主要面向市场和社会有办事需求的个人和法人;权责清单是整体性且注重不同地区和层级间要素统一化的,而专项服务清单则是专项性并且可以根据地方特点充分实现多样化的。除了以上根本性的差别,在内容、形式等诸多具体的细节方面,它们都有所差异。

就其联系来说,首先,根据部分地区的做法,大部分专项清单的事项是根据不同的依据,如"跑腿次数""是否通办"等,从通用的权责清单目录中提取出来的。当然,部分服务类清单还将不属于政府行政职权的便民服务事项,这恰恰说明了两套系统的差别。

其次,专项服务清单是权力和责任清单在政务服务体系的延伸,对权责清单制度的发展有着非常重要的补充作用。特别是在权责清单制度发展过程中遭遇动力不足问题的情况下,各类服务性清单为权责清单还能够持续存在提供了除强制性压力外的巨大动力。目前主要存在的问题在于,随着地方政府将更多的精力投入在见效更快的政务服务体系建设上,权责清单制度的功能有被过度的服务导向所引导的趋势,以至于对内的职责配置和作为改革手段的制度性功能在很大程度上被抑制。因此,厘清并规范清单体系内部的关系——实际上二者也可以被视作权责清单体系和政务服务体系之间的系统间关系——对于权责清单制度的完善是非常必要的。在对其定位

---

① 宋林霖、黄雅卓:《政府责任清单制度有效性分析》,《南开学报》(哲学社会科学版),2021 年第 6 期,第 26 页。

上,研究认为,应当将这种清单体系称为以权责清单为主体、专项服务清单作为精细化治理工具的清单体系;在发展路径上,也由此形成"以职责划分促进服务"和"以服务实践反馈职责划分"的两种互补导向。特别是对于完善权责清单制度的反馈机制来说,应当对政务服务一线的工作反馈给予更多重视,将权责清单制度打造为畅通的反馈渠道;同时将政务服务体系作为政策调试和职权调配结果的"检验场",做好政策落地和执行检验的任务。

在与法律制度的关系上,权责清单文本正在逐渐实现比较明确的法律定位,即行政自制的规范性文件;更为关键的问题是如何在与法律制度的互动中把握权责清单制度的法律定位,特别是在其与"三定"规定的衔接上发挥好其在"预立法"阶段和作为"准立法"手段的功能。在清单产生后的阶段里,关于"依清单行政"这一说法产生了诸多不同的声音。有的观点认为"依清单行政"的做法有使清单僭越法律之嫌;而也有观点认为"清单之外无权力",二者之间实际上没有根本性的矛盾。实际上,之所以产生清单,恰恰在于依法行政的过程中,首先在"是否依法"的环节出现了问题,其次在"如何依法"的环节出现了问题。这其中既有执行过程中的扭曲问题,也有法律细化和理解的问题。因此,如果能够从"以权责清单展现权力运行全貌"的起点出发,反向推动行政权执行、行政职权和法律制度之间的关系调整,则一方面避免了对清单文本的法律定位之争;另一方面充分发挥权责清单和行政实践对法律制度的能动作用,有效利用了权责清单制度与法律制度之间的关系。这对于促使权责清单制度中三个核心机制的发挥有所助益。

二、加强省级政府的统筹能力与"权责事项库"的标准化建设

权责清单制度的标准化问题一直以来都为实践和研究所关注;实际上问题的关键在于标准化和弹性化之间的张力。目前已经有地方政府采用了"通用目录"的管理方式,但是其探索和推广还不足,特别是在省级统筹上与

实现制度功能的预期还有很大差距。事实上，早在 2017 年，广东省佛山市就针对全市具有行政职权的行政机关、群团、事业单位实行了全面的通用目录管理制度。通用目录以划分同一事项的层级职责分工为核心目标，主要对市县(市、区)两级的权责进行划分。依据法律法规规定，它将每一项职权划归为市级专属、区级专属和分级管理三类。从分级结果上来看，分级管理，即同一事项不同层级政府共同管理的占目录事项总数的 81%，工作重点也自然落在了层级间的职责划分上。针对这一问题，佛山市市级政府发挥了充分的统筹作用，对职权涉及法律、法规、规章、规范性文件中有层级划分依据的，一一进行列举；对没有明确层级划分依据的，市级统筹编制划分说明并在机构编制部门审定后实施。从佛山市的经验出发，有两点问题是值得注意的。

在一个"金字塔型"的结构中，随着层级的上升，同样工作的复杂性和难度是呈几何级增长的。特别是到省级政府，一方面，它所面对的省内差异是相当大的，对整合与协调工作提出了比较高的要求；另一方面，所要处理的任务量也是巨大的，对其人力物力也是一种挑战。

但是从另一个角度来说，省级政府作为政府结构中，特别是在地方政府层级中处于相对高层位置的主体，在权责清单制度中统筹工作上被赋予了非常大的优势。由于"职责同构"的模式下各级政府大体上管着相同的事，这在一定程度上减轻了权责事项标准化的困难，主要任务也就转向了任务的层级划分。而此时，职责体系构建中的"大层次"和"小层次"也就能够发挥相应的作用。也就是说，省级政府要充分发挥其在标准制定和统筹整合方面的作用，对于职责的层级划分，只需要明确本级政府所在层次与相邻层次的关系即可，而无需对下级政府层次内部的职责划分进行过度干涉。

在中国，由于法律地位上地方政府的权力是来自中央的授予，因而在纵向维度上下级政府与上级政府之间并不存在严格意义上不受干涉的制度性分权。政府的实际运行过程中，上级政府的不干涉主要是出于约定俗成的习惯、成本收益衡量等软性约束。这是明确划分各级政府职责的组织法形成所要面对的最大困难。权责清单制度的意义也正是从过程层面首先让这种结构相对清晰地呈现出来,进而通过核心机制的发挥对职责结构进行调整。因此在现阶段,省级政府"权责事项库"的建设对于增强后续中央对于制度的顶层设计和整体性整合都具有重大的意义。由省级政府进行权责清单制度要素的标准化确定是比较合理的。向下来看,就这项工作来说,省级政府在管理层次和管理幅度上都处于一个比较合理的位置。尽管前期统筹的工作有一定的难度,但是为了在整体性上发挥权责清单制度的整合功能,应当尽可能地克服人力和物力上的困难。省级政府可以在市级政府的基础上总结经验,先行制定部分统一标准,从而在一定程度上缓解下级政府在编制过程中理解偏差和差异化过大的问题,进而减轻省级政府的统筹难度。例如青海省 2021 年 12 月公布的《青海省各级各部门(单位)权责清单通用目录》,就是以省委编办牵头,通过试点的方式反复审核、征求意见最终形成的。这证明了省级政府牵头这一工作的可行性。向上来看,无论是进行区域间比较,还是中央政府进行进一步调整,省级政府的统筹都是有基础意义的。一方面,省级政府在经验积累的基础上与中央进行联动,对于中央政府比较省际差异、进一步统一标准是重要的,特别是对于中央政府改变单一化的政策干预手段有着积极意义。另一方面,省级政府的"权责事项库"是中央政府构建职责体系做顶层设计和规划的重要前提和必要条件。

三、在清单编制程序中对更多相关主体施加影响

不少政府工作往往在开展中强调吸纳更多的参与主体,从而增强工作的科学性与合理性。权责清单制度的功能发挥,同样是一个反作用的过程,需要通过多主体参与的编制过程,逐步扩大影响范围,从而吸纳更多主体参与并接受调整。一份权责清单通常是以政府行政部门为主,通过上下反复论证修订形成的。以 2015 年陕西省编办公布的一份省级政府各部门权力清单

编制程序为例,它涉及的核心主体包括省级各部门、联席会议办公室和省政府。具体过程以省级政府部门上报职权清理资料为起点,联席会议办公室提出初审意见后反馈省级部门;省级政府部门根据反馈意见进行补充答复后再次上报资料;这一环节,联席会议办公室会组织专家学者、人大代表、政协委员、市县政府和企业单位等对权力和责任清单进行审核论证,并将各方意见汇总整理后再次返回省级部门;省级部门完善相关资料后第三次上报;联席会议再次研究后形成最终的权力清单,报省政府核准并通过门户网站等载体向社会公布。相较于 2020 年青海省《通用目录》的形成,整体过程和参与主体并没有明显的变化。随着权责清单制度中责任清单部分与"三定"规定的关系愈加紧密,编制部门已经积极参与到责任清单的编制工作中了。有研究将政府责任清单的编制程序总结为"三上三下",即从政府办公厅印发关于清单编制的工作方案和总体要求开始,到最终编制机构完成对责任清单的最终审查并向社会公布,这期间清单经历了往返三次修改与调整。尽管权力清单和责任清单由于依据不同因而涉及主体有所差异,但事实上权责清单制度的整体性发展,尤其是它与法律制度之间日益紧密的关联性,都要求更多主体参与其中并受到相应的影响。

从权责清单制度对于授权立法中合法性审查的视角来看,有研究就认为,尽管其本身"并不是合法性审查机制的有机组成部分,但是推行权力清单制度能产生甄别法律规范合法性的实际效果"[1]。这实际上就要求权责清单制度的影响范围应当进一步扩大。对于地方人大及其常委会是否应当参与权责清单制度编制这一问题,很早以前就有学者提出"省人大常委会对地方政府上报的权力清单及其运行图进行审核""省以下各级人大应当参与具体编制工作"[2]的观点。但出于权责清单作为行政自制规范性文件的定位考

---

① 王太高:《合法性审查之补充:权力清单制度的功能主义解读》,《政治与法律》,2019 年第 6 期,第 8 页。

② 林孝文:《论地方政府权力清单的法律属性》,《求索》,2015 年第 8 期,第 96~99 页。

虑,各级人大应当如何参与权责清单的编制过程？如何将各类主体的参与过程合理化？这都应当纳入考虑范围。也正是由于这一问题的复杂性,致使实践中大部分主体的参与还是停留在意见征询的环节。

根据前文对于权责清单制度在各个系统间机制作用发挥的分析,应当以权责清单制度对不同系统的相应功能为标准差异化引入多元主体的参与。例如,针对反馈机制中提到的"政务服务体系建设一线工作"的部分,应当在动态调整部分引入更大比重的一线工作者和公众参与。政务服务体系建设中的"好差评"系统、便民服务意见反馈,甚至绩效考核等工作都能够有效地将这一部分要求落地。而在涉及"三定"规定、法律制度调整、立法程序优化等方面,则应当考虑将人大、政协等部门的参与从单纯的意见征询中解放出来。例如,2015 年的《关于推行地方各级政府工作部门权力清单制度的指导意见》中提出,对于行政职权"法定依据相互冲突矛盾的,调整对象消失、多年不发生管理行为的行政职权",行政机关有向立法机关"及时提出取消或调整的建议"的规定。在这个环节上,就可以考虑将权责清单制度开辟为新的渠道,充分发挥权责清单制度的反馈和巩固机制,健全和完善其在预立法和法律制度调整方面的功能。总体而言,权责清单制度吸纳多元主体参与的目标,是通过它们产生对相关系统的更大范围、更有效的影响,从而更有效地体现其核心机制的发挥。

四、继续促进清单与"三定"规定的有机衔接

宪法和行政组织法是政府行政权力的最根本来源。根据行政过程论的分析,完整的行政过程是以行政权力的配置为初始阶段,包括行政权力的配置、启动、相对人意见征询、相关因素考察、行政决定拟定、行政决定的论证和最终作出,以及行政决定的执行等。因此,行政权的配置在整个行政过程中有着基础性的定位。而中国宪法对于各级政府的职责划分是相对原则性

的,国务院组织法和地方组织法对政府职责的界定也相对简单。长期以来,权威性欠缺且具有一定常变性特征的"三定"规定[1]承担着政府职责的内部配置功能,"替代了行政组织法产生规范机构职责和权力来源的作用"[2]。权责清单自产生至今,总体上的内容呈现都是行政主体面向市场和社会主体实施的行政行为。正是因为这个原因,以法律法规和规章为梳理依据的权力清单,对行政规范性文件等进行政府内部职责划分和职权配置的规定就始终无法从合法性的层面形成对接。问题就出在权责清单制度的定位与"三定"规定的定位之间存在错位和落差。直到近年来,权责清单制度逐渐与政府职责体系构建的目标挂钩,特别是责任清单部分逐渐与"三定"规定尝试有机衔接,权责清单"在组织法上存在的规则创制现象"[3]才逐步体现出来。根据各省级网站公布的责任清单,31 个省级政府中 9 个[4]在其中对权责事项的责任边界进行了划分。如浙江省,是在清单首页对权责的层级归属进行了划分(参见表 6.1),也有部分省份将层级归属信息囊括进清单具体列举要素中。由于"三定"规定体现出职责和组织法定这一基本精神,因而应当继续促进权责清单制度与"三定"规定之间的有机衔接。

表 6.1　浙江省权责清单的层级划分及其说明

权力类型	具体说明
中央垂直部门在浙机构权力清单(征求意见稿)	主要指中央政府垂直部门在浙机构的各项权力列举
省级保留	"省级保留"的行政权力,是指省级部门直接行使和委托(含部分委托)下放市、县(市、区)政府主管部门行使的行政权力
市、县(市区)属地管理	"市、县(市、区)属地管理"的行政权力,是指依法列入省级部门行政权力清单,今后原则上由市、县(市、区)政府主管部门属地管理,省级部门除重大事项外一般不再直接行使的行政权力属地管理的权力事项计入省级权力事项总数

①　张志红:《当代中国政府间纵向关系研究》,天津:天津人民出版社,2005 年,第 301 页。
②　周海源:《行政权力清单制度深化改革的方法论指引》,《政治与法律》,2019 年第 6 期,第 35 页。
③　喻少如、张运昊:《权力清单宜定性为行政自制规范》,《法学》,2016 年第 7 期,第 112 页。
④　包括河北省、浙江省、广西壮族自治区、湖南省、海南省、江苏省、山东省、吉林省和四川省。

续表

权力类型	具体说明
共性权力	"共性权力"是指省级有关部门均拥有的行政权力,计入省级部门行政权力总数
审核转报	"审核转报事项"是指省级部门审核并转报国家部委,由国家部委作出最终行政决定的管理服务事项,不列入省级部门行政权力清单

资料来源:浙江政务服务网,http://www.zjzwfw.gov.cn/col/col52673/,访问时间:2021 年 8 月 21 日。

首先,应当通过权责清单制度与政务服务一线工作、行政权力运行现实过程紧密联系的天然优势,完善和细化"三定"规定与行政组织法。要注意的是,这一过程需要分阶段、分层次进行。可以在"试点"的基础上先行对组织法中较为一般性的、过程性的要素进行细化;同时,在内容上以"职责层次"构建为目标。这样既能够促进职责的划分,又在改革政府职责的频繁变动下保证了制度弹性和动态空间。当然,这需要充分发挥政府职责体系构建中中央和省级政府的统筹整合作用,将具体的权责事项抽象为政府职责,从而避免将权责清单的制度性功能限制于事项清单。

其次,"三定"规定相较于权责清单具有更高的关注度和更强的权威性,要充分利用它的这一特点,通过二者的衔接促进权责清单制度巩固机制作用的发挥。无论是机构编制改革还是行政审批制度改革中涉及权责调整的部分,均应当通过权责清单的变动实现全过程记录。由于权责事项有相应的法律法规作为依据,因而也能够在一定程度上弱化"三定"规定权威性不足的固有问题,从而逐步稳定政府的职责层次,为其法定化创造条件。

五、发挥并扩大权责清单动态管理模式的作用

政府权责事项调整的属性,天然地决定了权责清单制度需要一套动态管理的模式。自权责清单制度建立以来,各省级政府陆续出台了相应的动态

管理办法。尽管各省在动态管理的细则上有或多或少的差异,但大体上是围绕权责事项的新增、取消、合并、拆分、下放与承接、废置、划转、内容变更等类型展开的(参见表6.2)。在目前制度的执行过程中,引起权责事项变动的主要有以下几种情况。

第一是法律法规的立改废释。本书探讨权责清单制度在过程中所发挥的功能,这与它的文本呈现并不矛盾。既然要以清单的形式列举权责事项,其调整的一个主要依据必然会是法律文本的变化。在这一点上要注意的是,研究正是强调由于法律制度变化的滞后性,权责清单调整过程中就要给予其他影响因素更多的重视,并且用这种综合性的变化去优化法律制度的调整。

第二是由改革带来的机构职能的调整变化。随着"放管服"改革的持续推进,政府内部,尤其是纵向间的权责事项发生了很多结构性的变化。与此同时,政府机构间的调整变化可能也会涉及权责事项的调整。(要注意的是,这里所说的机构调整与权责调整的关系,与机构改革要以职能转变为关键的思路不是同一个意思。这里主要强调实体机构变化对权责调整的影响。)根据不同的变化因素,动态调整的程序也主要有两种形式,一种情况是权责事项设定依据不变的情况下,依据规范性文件做调整,主要是由政府部门提出申请,机构编制部门进行审定;另一种情况由于涉及权责事项依据的变化,因而还需要法制部门进行合法性审查、编制部门进行职能审查,并由本级政府做最终的确认。[①]可以看到,一方面在改革的大背景下,权责事项的调整是比较频繁的;另一方面权责清单动态管理的模式涉及的管理主体多,程序要求高,这种情况下实际运行过程中难免会出现制度"空转"和形同虚设等问题。

表6.2　权责清单动态管理调整方法及其内容

动态管理方法	具体内容
事项合并	将多个权责事项合并为一个或若干个权责事项
事项拆分	将一个权责事项拆分为多个权责事项

---

① 徐军:《权责清单动态管理机制研究》,《管理观察》,2018年第27期,第70~72页。

动态管理方法	具体内容
事项的下放与承接	将权责事项的行使主体由上级政府调整为下级政府。其中,上级政府进行下放管理,下级政府进行承接管理
事项废置	暂不实施权责事项,但是不予取消,未来有取消或恢复实施的可能性
事项划转	将权责事项从政府的某个部门划转至其他政府部门
事项内容变更	依据法律法规变动对权责事项的具体内容进行调整变更

尽管困难重重,动态管理模式却是权责清单制度优化过程中不得不面对并且需要应对的重要问题。要想发挥并扩大动态管理模式的作用,现阶段可以从两个角度进行探索和尝试。

首先,针对管理模式的硬性要求这一"硬骨头"问题,可以以技术为突破口。现阶段各地方政府在政务服务网站的建设上都投入了大量的精力,数字政府建设已经成为政府发展的重要途径之一。可以抓住这一契机在权责清单的管理上加强与大数据、人工智能、区块链等高新科技支持的联动,从成本和能力上攻克部分地方政府在动态管理上的不足。当然,"数字政府不是简单通过将传统政府移植到线上就能实现"①这一观念必须渗透进权责清单制度的优化过程中。应当通过技术创造的条件,促进权力结构的优化和旧制度的实质性改变。

其次,当下动态管理中还是过于聚焦事项调整本身,这使得动态管理模式发挥的作用空间有限。可以尝试从它与其他系统的关系入手。其一,注重在动态管理的过程中充分利用动态变化的依据与"痕迹"资料,通过定期总结归纳相关变化过程,为政府职责层次的抽象与形成积累经验。其二,注重权责事项的动态管理与"三定"规定、机构编制调整、法律文件合法性审查方式调整之间的衔接。正如机制发挥作用往往需要相互之间的配合,动态管理模式也应当跳出清单本身,从多系统间的关系寻求优化路径。

---

① 叶战备、王璐、田昊:《政府职责体系建设视角中的数字政府和数据治理》,《中国行政管理》,2018 年第 7 期,第 57 页。

六、形成多元化和有机联动的改革手段

中国政府与政治的一个主要特点就是行政主导下的全能政治，而这种行政主导的特征也深刻地影响了改革本身。"中国的改革历来以行政主导为特点，因此，行政权力系统的利益在改革取向上具有决定性的影响。"①对权力框架转换下"职责同构"的分析，已经比较清晰地展现出政府职责体系构建过程中行政权力主导的特征和因其所产生的种种阻碍。在权责清单制度的编制和管理过程中，涉及的主体包括权力事项行使部门、机构编制部门、法制部门、改革牵头部门、本级政府和监察机关等。这为改革手段的多元化提供了可能性；同时，积极调动与拓展改革的多元化手段，对于完善和优化权责清单制度，促使反馈、巩固和调配机制的有效发挥也是非常重要的。

首先，在政治领域应当继续推进和深化干部人事制度改革。一方面，从纵向政府间的人事调控方式上，应当持续探索有效的管理方式。随着职责体系的形成与优化，"集分权"框架下"职责同构"模式中传统的人事调控方式也应当有所调整。特别是随着行政命令手段的逐步弱化，人事管理方面应当在保持中央权威和提高地方政府治理有效性上寻求平衡，这影响着权责清单工作开展的连续性和稳定性。另一方面，应当加强和规范党的全面领导在相关工作中的作用发挥。党管干部是中国干部人事制度的根本原则。随着新一轮党和国家机构改革的展开，"党组织建设的力度和广度大大增强……为实现党对地方政府工作的全面领导，提供了重要体制和结构联结"②。党在中国政府机构运行中的特殊地位，以及在改革进程中作用的不断增强，对改变

---

① 燕继荣：《从"行政主导"到"有限政府"——中国政府改革的方向与路径》，《学海》，2011年第3期，第94页。

② 张志红：《中国政府职责体系建设路径探析》，《南开学报》（哲学社会科学版），2020年第3期，第11页。

行政命令在改革手段中的主导地位有着深刻影响。党在加强对干部工作的领导、制定干部工作的路线和政策上的规范性不断增强,以及各级党委对于组织领导的加强,对于权责清单制度的统筹规划、优化工作的开展和具体工作的监督都大有助益。

其次,应当在改革中积极采用法律手段、经济手段等多元化的手段并促进它们之间的联动关系。政府职责体系优化目标的实现,需要一个优良而稳定的发展环境。在这种环境下,权责清单制度中的核心机制也能够得到更为有效的发挥。例如,在权责清单制度与优化营商环境的关系上,营商政务环境优化的实质是政府依据市场经济发展的规律创造和提供更有利于市场主体发展的环境;而从市场主体发展对政府反向作用的逻辑视角来看,政府在市场经济发展规律下对市场调节等经济手段的采用,使整体营商环境和发展秩序处于良性和稳定的状态,政务服务一线工作从而能够积累更为优质的经验,通过权责清单的调整反向促进政府内部职责结构的调整。再例如,引入有效的社会监督,也为权责清单制度的优化创造了良好的法治环境,是积极采用法律手段的体现。监督的意义在于保障法律效力的实现。有研究认为,权责清单具有软法属性,[①]而对于其效力的实现,关注点就由结果前移至过程。因此,除了在权责清单编制过程中对制定程序、内容调整等的监督外,还应当引入有效的社会监督。这包括普通民众监督、专家学者监督和社会组织监督。当然,在拓宽改革手段种类的同时,也应当建立它们之间的相互联系和有机联动。在这一点上,权责清单制度仍旧在作为客体受之影响的情况下,也作为主体发挥了积极的联结作用。

千里之行,始于足下。政府职责体系的构建是中国政府发展和行政体制完善的一个长期性任务;而作为现阶段这一领域改革的重要手段,权责清单制度发挥着越来越重要的作用。清单式的治理已经成为具有中国特色的重

---

① 曾哲、曾心良:《权责清单软法属性的证成及规制》,《南京社会科学》,2019年第1期,第106页。

要政府改革和国家治理方式,一方面要把握好权责清单制度的核心,充分发挥其作用,特别是为其核心机制创造条件;另一方面也要灵活、充分运用好其他各类作为精细化治理工具的服务性清单。把握权责清单制度在优化各系统之间关系上的制度性功能,不断调整、优化和完善这一改革手段,这对形成有中国特色的政府职责体系和促进政府发展将大有助益。

结　语

权责清单制度应当得到更多重视

在研究展开的过程中，笔者力图"跳出清单来谈清单"，但这也恰恰是研究最困难的部分。前文不止一次提到，中国行政体制改革的发展是相当迅速的。因此，学术研究往往是由行政改革实践推着向前走。也正因为如此，"问题导向"而非"发展导向"成为研究中非常核心的部分，"对策建议"部分提出的内容往往比较"空"，得不到实务界的认可，也无法在学界引发共鸣。最终结果是极大地削弱了理论研究对实践发展的指导作用。

回到权责清单制度，作为政府职责体系构建这一宏大课题中的子课题—— 一项具有创新性、过渡性特征的制度安排，在本书中它被进一步抽象为体制机制创新，从而探讨它在政府职责体系优化过程中的制度性功能，避免陷入"头痛医头、脚痛医脚"的误区。然而权责清单制度面临的现实困难既不完全在于技术性的操作部分，也不完全在于体制性阻碍和利益既得者的扭曲执行部分——尽管这两者发挥着相当重要的影响。权责清单制度在于各地方政府对其缺乏应有的重视导致了这样一项体制机制创新的功能和有效性正在逐渐丧失。现阶段，对权责清单制度的重视应当从理论研究和实践工作两条线同时加强。

一、要基于政府职责体系构建对权责清单制度研究给予理论支持

政府职责体系构建与优化是一个具有"中国场域"话语特色的课题。中国政府的"条块关系"具有特殊性：纵向府际关系的"职责同构"特征与中国特色的"授权体制"，促成了特殊的"条块体制"。因此，从机构到体制的一系列改革，其最终要实现的目标便是形成具有中国特色的政府职责体系。单一制国家结构形式是政府职责体系构建最大的制度性背景和最具影响的因素，它从根本层面决定了政府职责在配置和调整上中央与地方政府的相对地位。其他单一制国家如日本，是以机关委任事务制度作为抓手逐步展开中央与地方关系调整改革的；这与我们提出"政府职能转变"这一改革抓手之间有着相似之处。但相较之下，"政府职能转变"更是一个改革目标；如何在加快推进政府职能转变中找到职责体系构建的抓手，实现政府职责体系优化和职责配置规范，是更为核心的问题。

相比于政府职责体系的课题，权责清单制度更具中国特色。本书对权责清单制度的研究是在中国政府职责体系构建和优化的课题中展开的，试图从过程和程序层面探寻核心问题的答案，也因此产生了新的理论解释与突破、提供了一个基于政府过程研究的新思路。因此，本书背负着"跳出清单谈清单"的任务，也因而涉及要素比较多，逻辑关系比较复杂。事实上，可以用相对简明的语言阐释本书的核心内容：本书将中国的"条块关系"、府际关系、"集分权"框架、"确权"框架、"职责同构"，连同"政府职责体系"视作整体性的制度背景，将权责清单制度视作政府改革过程中的体制机制创新。它的制度性功能在于：通过加速新旧机制间的转换过程，从而带动政府结构与过程的调整，提高政府改革效率和促进政府发展。具体的论述和分析都是在这一基础性的框架下展开的。

权责清单制度研究如若失去理论支持，就会越来越陷入被实践工作"牵

着鼻子走"的陷阱;而权责清单制度如若失去理论支持,就会很快失去继续推进的动力。因此,理论上的支持对于探索中的体制机制创新是重要和必要的。未来,应当持续基于政府职责体系构建和优化来寻求权责清单制度研究的理论突破。当然,理论研究促进和推动实践发展,但也不能脱离实践和实际工作。揭示现象、解释现象、推动实践工作,这是作为中国政府改革与发展研究者的基本责任与义务。

二、要在实践工作中充分探索并发挥权责清单制度的功能

在走访各地进行调研的过程中,提到权责清单,大部分单位对此不以为然。在管理者看来,它既不是地方发展的基础性工作,也不是最为核心的工作。它天然所带有的创新属性、改革属性、规范属性、向内"动刀"属性,反倒成了将其置于"隐藏"角落、阻碍其发展的主要原因。当然,这也正是引发笔者思考,将权责清单制度一般化至政府体制机制创新的主要原因。

新公共管理运动下的政府改革催生了"政府创新"的概念,并且越来越成为改革的关键议题。党的二十大报告在所强调的一系列重大原则中提到,必须"坚持深化改革开放,深入推进改革创新,坚定不移扩大开放,着力破解深层次体制机制障碍,不断彰显中国特色社会主义制度优势,不断增强社会主义现代化建设的动力和活力,把我国制度优势更好转化为国家治理效能"①。政府体制机制创新是政府创新的集中表现,在中国政府改革过程中发挥着重要作用。但不得不说,政府创新在实践上长期面临着创新动力不足、持续性较差,以及标签化的"伪创新"等问题;近年来,政府创新的理论研究也逐渐进入瓶颈期。启动于 2000 年的"中国地方政府创新奖"曾成功举办八届,参评项目多达 2000 余项;第八届后期更名为"中国政府创新最佳实践奖"后,

---

① 习近平:《高举中国特色社会主义伟大旗帜,为全面建设社会主义现代化国家而团结奋斗》,《人民日报》,2022 年 10 月 26 日。

其热度却逐渐降低。进入瓶颈期以来,政府创新研究的成果数量大幅减少,内容主题也未见重大突破。实践需求的不断提升与理论研究供给的不足产生矛盾,政府创新需要在理论解释层面实现突破。现实中,各类地方政府创新所面临的主要问题,在权责清单制度的"遭遇"中被综合、全面地体现了出来。

随着对权责清单制度相关材料的不断积累,对问题思考的一点点加深,笔者将权责清单制度作为"目的"的认识在逐渐淡化,相反将其看作"手段"和"条件"的认识却在不断加强。无论是实务界还是学界,常常出现的一个共性的问题在于,对很多问题的研究和解决,总想"一步到位",而忽视了"条件"和"创造条件"的重要性。

因此,在中国职责体系构建与优化的目标下,尽管全书一直在谈及对权责清单制度应当给予更多的重视,甚至将结语部分命名为"权责清单制度应当得到更多重视";但是就其作为改革手段的工具性来说,如果在实现职责体系优化、推进政府改革、实现政府功能发挥上有更为高效和完善的体制机制,也未必非"权责清单制度"不可。就目前来看,权责清单制度的功能还未得到充分的发挥,仅仅因为短期效益不明显、系统性困难多,甚至一些"不可言说"的原因,而否定其必要性,止步不前,似乎有点过于武断和不公平。清单是中国行政管理体制改革逐步深化、细化的产物。各级地方政府努力改进政务服务发展的过程,也是他们不断寻找最优职责配置方案的过程。这一过程,为地方政府通过制定和完善权责清单制度,最终实现在纵向上的合理、稳定职责划分,逐步积累着经验。地方政务服务的主体能够频繁和深入地接触市场与社会,他们的工作为社会和人民群众的需求反馈提供了多渠道并存基础上的主渠道。因此,实践工作中应当特别对这个环节、对这部分工作内容、对这些工作人员给予充分的重视,听取他们的意见和建议,从而更高效地发挥体制机制创新应有的作用。

千里之行,始于足下。政府职责体系的构建是中国政府发展和行政体制完善的一个长期历史性任务,刚刚起步。可以相信,略早启动的地方政府权责清单制度的建设, 应当而且完全可能在其中不断发挥着越来越重要的作用。

参考文献

一、中文文献

(一)中文著作

1.马克思恩格斯全集(第 1 卷)[M].北京:人民出版社,1956 年。

2.马克思恩格斯选集(第三卷)[M].北京:人民出版社,1995 年。

3.邓小平年谱(下)[M].北京:中央文献出版社,2004 年。

4.邓小平同志论改革开放[M].北京:人民出版社,1989 年。

5.邓小平文选(一九七五 — 一九八二)[M].北京:人民出版社,1983 年。

6.邓小平文选(第二卷)[M].北京:人民出版社,1994 年。

7.江泽民.全面建设小康社会,开创中国特色社会主义事业新局面——在中国共产党第十六次全国代表大会上的报告[M].北京:人民出版社,2002 年。

8.陈大柔.日本地方政府管理[M].北京:科学出版社,2014 年。

9.陈嘉映.从感觉开始[M].北京:华夏出版社,2016 年。

10.陈瑞生.中国改革全书 1978—1991(政治体制改革卷)[M].大连:大连出版社,1992 年。

11.陈悦、陈超美等.引文空间分析原理与应用:CiteSpace 实用指南[M].北京:科学出版社,2014 年。

12.戴晓芙、胡令远.日本式经济、政治、社会体系/21 世纪的课题与展望

[M].上海:上海财经大学出版社,2002年。

13.刁田丁.地方政府教程[M].北京:高等教育出版社,1994年。

14.段尧清、汪银霞.政府信息公开机制研究[M].北京:高等教育出版社,2014年。

15.范柏乃、张鸣.加快政府职能转变的实现路径:四张清单一张网[M].浙江:浙江大学出版社,2016年。

16.何俊志、任军锋、朱德米.新制度主义政治学译文精选[M].天津:天津人民出版社,2007年。

17.胡伟.政府过程[M].杭州:浙江人民出版社,1998年。

18.姜明安.行政法与诉讼法[M].北京:北京大学出版社,1999年。

19.李博.生态学[M].北京:高等教育出版社,2000年。

20.李杰、陈超美.CiteSpace:科技文本挖掘及可视化[M].北京:首都经济贸易大学出版社,2016年。

21.李庆臻.科学技术方法大辞典[M].北京:科学出版社,1999年。

22.林尚立.国内政府间关系[M].浙江人民出版社,1998年。

23.刘少杰.国外社会学理论[M].北京:高等教育出版社,2006年。

24.刘莘.行政立法研究[M].北京:法律出版社,2018年。

25.刘文仕.地方制度改造的宪政基础与问题[M].北京:学林文化公司,2003年。

26.刘智锋.第七次革命——1998年中国机构改革备忘录[M].北京:经济日报出版社,1998年。

27.楼继伟.中国政府间财政关系再思考[M].北京:中国财政经济出版社,2013年。

28.陆文雄.管理学大辞典[M].上海:上海辞书出版社,2013年。

29.罗豪才.行政法学[M].北京:中国政法大学出版社,1996年。

30.潘晓娟.法国行政体制[M].北京:中国法制出版社,1997年。

31.钱端升.德国的政府[M].北京:北京大学出版社,2009年。

32.孙柏英.当代地方治理——面向21世纪的挑战[M].北京:中国人民大学出版社,2004年。

33.孙国华.中华法学大辞典·法理学卷[M].北京:中国检查出版社,1997年。

34.谭建立.中央与地方财权事权关系研究[M].北京:中国财政经济出版社,2010年。

35.王丽萍.联邦制与世界秩序[M].北京:北京大学出版社,2000年。

36.王万华.知情权与政府信息公开制度研究[M].北京:中国政法大学出版社,2013年。

37.谢晖.行政权探索[M].云南:云南人民出版社,1995年。

38.薛立强.授权体制:改革开放时期政府间纵向关系研究[M].天津:天津人民出版社,2010年。

39.应松年.行政法学新论[M].北京:中国方正出版社,1999年。

40.张平.中国改革开放1978—2008(综合篇·下)[M].北京:人民出版社,2009年。

41.张树义.行政法学[M].北京:中国政法大学出版社,1995年。

42.张志红.当代中国政府间纵向关系研究[M].天津:天津人民出版社,2005年。

43.周黎安.转型中的地方政府:官员激励与治理[M].上海:上海人民出版社,2008年。

44.周旺生、朱苏力.北京大学法学百科全书》(法理学立法学法律社会学)[M].北京:北京大学出版社,2010年。

45.周振超.当代中国政府"条块关系"研究[M].天津:天津人民出版社,2009年。

46.朱光磊.当代中国政府过程(第三版)[M].天津:天津人民出版社,2008年。

47.朱光磊.现代政府理论[M].北京:高等教育出版社,2006年。

48.朱光磊.城市公共服务体系建设纲要[M].北京:中国经济出版社,2010年。

49.朱光磊.地方政府职能转变问题研究——基于杭州市的实践[M].天津:南开大学出版社,2012年。

50.朱新力.行政法基本原理[M].浙江:浙江大学出版社,1995年。

51.卓越.国外政府改革与发展前沿[M].福州:福建人民出版社,2007年。

52.中华人民共和国第七届全国人民代表大会第一次会议文件汇编[M].北京:人民出版社,1988年。

(二)中文译作

1.[美]保罗·A.萨巴蒂尔.政策过程理论[M].彭宗超等译,北京:生活·读书·新知三联书店,2004年。

2.[美]戴维·杜鲁门.政治过程——政治利益与公共舆论[M].陈尧译,天津:天津人民出版社,2005年。

3.[美]戴维·伊斯顿.政治生活的系统分析[M].王浦劬译,北京:华夏出版社,1999年。

4.[美]赫伯特·西蒙.现代决策理论的基石[M].杨砾、徐立译,北京:北京经济学院出版社,1991年。

5.[德]赫尔穆特·沃尔曼.德国地方政府[M].陈伟等译,北京:北京大学出版社,2005年。

6.[美]加布里埃尔·A.阿尔蒙德.发展中地区的政治[M].任晓晋等译,上海:上海人民出版社,2012年。

7.[美]杰克·普拉诺.政治学分析辞典[M].胡杰译,北京:中国社会科学出版社,1986年。

8.[德]康拉德·黑塞.联邦德国宪法纲要[M].李辉译,北京:商务印书馆,2007年。

9.[英]克里斯托弗·波利特、[比]海尔特·鲍克尔特.公共管理改革:比较分析[M].夏振平译,上海:上海译文出版社,2003年。

10.[法]帕特里克·热拉尔.国家与行政管理[M].刘成富等译,上海:上海译文出版社,2020年。

11.[法]皮埃尔·卡蓝默.破碎的民主:试论治理的革命[M].高凌瀚译,上海:三联书店,2005年。

12.[日]山谷成夫、川村毅.自治体职员研修讲座——地方自治制度、地方公务员制度、地方财政制度[M].学阳书房,2006年。

13.[日]山口定.政治体制[M].韩铁英译,北京:经济日报出版社,1991年。

14.[日]室井力.日本现代行政法,吴微译,北京:中国政法大学出版社,1995年。

15.[美]威尔逊.国会政体——美国政治研究[M].熊希龄、吕德本译,北京:商务印书馆,1989年。

16.[英]威廉·韦德.行政法[M].徐炳译,北京:中国大百科全书出版社,1997年。

17.[德]沃尔夫冈·鲁茨欧.德国政府与政治[M].熊炜、王健译,北京:北京大学出版社,2010年。

18.[英]伊丽莎白·A.马丁.牛津法律字典[M].上海:上海翻译出版社,1991年。

(三)中文论文

1.包玉秋.论公权力与私权利的平衡[J].社会科学辑刊,2006(6)。

2.陈春燕.权力清单制度法治政府建设必要内容[J].人民论坛,2016(35)。

3.陈国权、皇甫鑫.功能性分权体系的制约与协调机制——基于"结构-过程"的分析[J].浙江社会科学,2020(1)。

4.陈坤、仲帅.权力清单制度对简政放权的价值[J].行政论坛,2014(6)。

5.程文浩.国家治理过程的"可视化"如何实现——权力清单制度的内

涵、意义和推进策略[J].人民论坛·学术前沿,2014(9)。

6.法治政府建设实施纲要(2021—2025年)[N].人民日报,2021-8-12。

7.樊晓磊.从"权力清单制度"看政府行为的进与退[J].中国党政干部论坛,2014(6)。

8.佛山市编办.佛山创新推行权责清单制度[J].中国机构改革与管理,2017(11)。

9.高家伟.论行政职权[J].行政法学研究,1996(3)。

10.龚维斌.应急管理的中国模式——基于结构、过程与功能的视角[J].社会学研究,2020(4)。

11.关保英.论行政权的自我控制[J].华东师范大学学报(哲学社会科学版),2003(1)。

12.关保英.权力清单的行政法构造[J].郑州大学学报(哲学社会科学版),2014(6)。

13.关保英.权力清单的行政法价值研究[J].江汉论坛,2015(1)。

14.郭文祥.法国的公共行政改革及其对我国的启示[J].理论研究,2004(4)。

15.郭小聪.中国地方政府制度创新的理论作用与地位[J].政治学研究,2000(1)。

16.胡税根、徐靖芮.我国政府权力清单制度的建设与完善[J].中共天津市委党校学报,2015(1)。

17.胡仙芝.历史回顾与未来展望中国政务公开与政府治理[J].政治学研究,2008(6)。

18.黄宏志.关于政府职责体系构建研究的几个问题[J].中国机构改革与管理,2019(12)。

19.黄松如.探索建立"三联单"运行机制,全面推行权力清单制度[J].中国机构改革与管理,2014(9)。

20.黄秀丽、陈翔.65个执法部门公示"权力清单"——今起8735项行政执法职权全部上网接受市民监督[N].北京日报,2006-8-8。

21.黄学贤、刘益洲.权力清单法律属性探究——基于437分裁判文书的实证分析[J].法治研究,2019(1)。

22.季涛.行政权的扩张与控制——行政法核心理念的新阐释[J].中国法学,1997(2)。

23.济南市委编办.以权力清单为抓手持续深化简政放权改革[J].中国机构改革与管理,2019(9)。

24.江材讯.地方立法数量及项目研析[J].人大研究,2005(11)。

25.江小涓.加强顶层设计,解决突出问题,协调推进数字政府建设与行政体制改革[J].中国行政管理,2021(12)。

26.蒋德海."权力清单"应慎行——我国政务管理之法治原则反思[J].同济大学学报(社会科学版),2015(5)。

27.金邦贵.欧盟国家地方税立法权问题初探[J].西南政法大学学报,2008(1)。

28.李昕.中外行政主体理论之比较分析[J].行政法学研究,1999(1)。

29.李珍刚、古桂琴.清单式治理在中国公共领域的兴起与发展[J].江西社会科学,2020(8)。

30.李振、鲁宇.中国的选择性分(集)权模式——以部门垂直管理化和行政审批权限改革为案例的研究[J].公共管理学报,2015(3)。

31.梁远.让权责清单在落地运用中结出制度果实[J].中国行政管理,2018(8)。

32.林孝文.论地方政府权力清单的法律属性[J].求索,2015(8)。

33.刘桂芝、崔子傲.地方政府权责清单中的交叉职责及其边界勘定[J].理论探讨,2019(5)。

34.刘剑明、胡悦.行政审批制度改革法治化的路径选择[J].东北师大学报(哲学社会科学版),2015(1)。

35.刘启川.共通性权责清单与机构编制法定化关系解读[J].内蒙古社会科学(汉文版),2019(5)。

36.刘启川.权责清单优化营商环境的法治构建[J].江苏社会科学,2021(6)。

37.刘松山.当代中国处理立法与改革关系的策略[J].法学,2014(1)。

38.刘素梅.论行政权力的扩张[J].苏州大学学报(哲学社会科学版),2006(2)。

39.刘文仕.立足统一,迈向分权法国地方分权制度的嬗变与前瞻[J].东吴政治学报,2007(2)。

40.吕德文.属地管理与基层治理现代化——基于北京市"街乡吹哨、部门报道"的经验分析[J].云南行政学院学报,2019(3)。

41.罗亚苍.权力清单制度的理论与实践——张力、本质、局限及其克服[J].中国行政管理,2015(6)。

42.骆梅英.行政审批制度改革从碎片政府到整体政府[J].中国行政管理,2013(5)。

43.麻宝斌、段易含.再论制度执行力[J].理论探讨,2013(2)。

44.马得勇、张志原.观念、权力与制度变迁铁道部体制的社会演化论分析[J].政治学研究,2015(5)。

45.马君昭.基于权力清单制度的地方政府职能转变研究[J].云南行政学院学报,2017(3)。

46.莫于川.推行权力清单,不等于"依清单行政"[N].人民日报,2014-4-23。

47.倪超英.政府职责和编制法定化刍议[J].行政与法,2007(5)。

48.倪星、谢水明.上级权威抑或下级自主纵向政府间关系的分析视角及方向[J].学术研究,2016(5)。

49.庞彩霞、张建军.广东发布行政审批通用目录[N].经济日报,2014-

12-5。

50.彭波.甘肃确认公布行政执法"权力清单"[N].人民日报,2007-3-23。

51.邱曼丽.职责法定化是制定权力清单的前提[J].中国党政干部论坛,2015(4)。

52.邱实.同构视阈下的政府职责体系构建——理念转向、支撑条件与路径探索[J].南开学报(哲学社会科学版),2021(6)。

53.邱实.中央与地方关系变迁的学理分析基于治理权限"集中"与"下放"的视角[J].兰州学刊,2020(7)。

54.任进.推行政府及部门权力清单制度[J].行政管理改革,2014(12)。

55.任正东.建立人大讨论决定重大事项"权力清单"的立法路径探究[J].人大研究,2015(9)。

56.沙勇忠、王超.大数据驱动的公共安全风险治理——基于"结构-过程-价值"的分析框架[J].兰州大学学报(社会科学版),2020(2)。

57.申海平.权力清单的定位不能僭越法律[J].学术界,2015(1)。

58.沈荣华.发达国家政府间职责划分的比较分析[J].学习论坛,2007(2)。

59.沈荣华.怎样把权力关进制度的笼子里[N].光明日报,2013-4-12。

60.沈志荣、沈荣华.行政权力清单改革的法治思考[J].中国行政管理,2017(7)。

61.史莉莉.准确认识权力清单制度[J].探索与争鸣,2016(7)。

62.宋林霖、黄雅卓.政府责任清单制度有效性分析——基于新制度主义政治学的视角[J].南开学报(哲学社会科学版),2021(6)。

63.宋世明.深化党和国家机构改革 推进国家治理体系和治理能力现代化[J].行政管理改革,2018(5)。

64.苏力.当代中国的中央与地方分权——重读毛泽东〈论十大关系〉第五节[J].中国社会科学,2004(2)。

65.孙晓莉.政府间公共服务事权配置的国际比较及对我国的启示[J].中国人民大学学报,2007(4)。

66.谭融、罗湘衡.论德国的政府间财政关系[J].南开学报(哲学社会科学版),2007(5)。

67.唐亚林.构建新型权力运行机制[N].联合时报,2015-5-15。

68.唐亚林、刘伟.权责清单制度建构现代政府的中国方案[J].学术界,2016(12)。

69.唐亚林.权力分工制度与权力清单制度当代中国特色权力运行机制的构建[J].理论探讨,2015(3)。

70.陶立业.地方政府权责清单制度基础性效用分析[J].理论探讨,2021(4)。

71.陶立业.论地方政府权责清单制度的执行梗阻[J].学术界,2021(4)。

72.万全.比"权力清单"更重要的是"责任清单"[J].人大建设,2006(10)。

73.王春业.论地方行政权力清单制度及其合法化[J].政法论丛,2014(6)。

74.王国峰.勇于自我开刀推行权力清单制度[N].浙江日报,2014-1-22。

75.王沪宁.集分平衡中央与地方的协同关系[J].复旦学报(社会科学版),1991(2)。

76.王建新.北京市级行政机关公示"权力清单"——8735项行政职权上网接受监督[N].人民日报,2006-8-11。

77.王可园.农村基层党组织组织力的困境及出路——基于"结构-过程-文化"视角的分析[J].江西师范大学学报(哲学社会科学版),2020(1)。

78.王克稳.我国行政审批制度的改革及其法律规制[J].法学研究,2014(2)。

79.王克稳.行政审批(许可)权力清单构建中的法律问题[J].中国法学,2017(1)。

80.王明浩."权力清单"街头公式[N].人民日报,2006-12-20。

81.王浦劬、张志超.德国央地事权划分及其启示(上)[J].国家行政学院学报,2015(5)。

82.王浦劬、张志超.德国央地事权划分及其启示(下)[J].国家行政学院学报,2015(6)。

83.王浦劬.中央与地方事权划分的国别经验及其启示——基于六个国家经验的分析[J].政治学研究,2016(5)。

84.王太高.合法性审查之补充权力清单制度的功能主义解读[J].政治与法律,2019(6)。

85.王太高.权力清单中的地方政府规章——以《立法法》第82条为中心的分析和展开[J].江苏社会科学,2016(3)。

86.王向澄、孙涛.政府职责体系的国际比较[J].上海行政学院学报,2014(6)。

87.王彦明、王业辉.旅游业规制视域下政府权力清单制度的完善[J].江汉论坛,2016(9)。

88.温家宝.深化行政管理体制改革,加快实现政府管理创新[N].人民日报,2004-3-1。

89.吴朝香.浙江公布全国首份省级政府权力清单,逾六成权力被清理[N].钱江晚报,2014-10-24。

90.吴明华、顾建光.公共政策执行梗阻及其纠正[J].理论探讨,2013(5)。

91.吴晓林.结构依然有效迈向政治社会研究的"结构-过程"分析范式[J].政治学研究,2017(2)。

92.吴自斌.法国地方治理的变迁及启示[J].江苏社会科学,2010(4)。

93.奚旭初.公布"权力清单"有利于依法行政[N].光明日报,2009-11-3。

94.习近平.努力造就一支忠诚干净担当的高素质干部队伍[J].求是,2019(2)。

95.谢庆奎.中国行政机构改革的回顾与展望——兼论行政机构改革的

长期性[J].学习与探索,1997(6)。

　　96.谢庆奎.中国政府的府际关系研究[J].北京大学学报(哲学社会科学版),2000(1)。

　　97.徐彬.国内首份市长"权力清单"[N].南方周末,2005-8-25。

　　98.许超.政府过程理论研究评述[J].湖北社会科学,2010(1)。

　　99.薛立强.授权体制——当代中国中央地方关系的一种阐释[J].云南社会科学,2007(5)。

　　100.颜昌武、杨华杰.以"迹"为"绩"痕迹管理如何演化为痕迹主义[J].探索与争鸣,2019(11)。

　　101.杨其静、聂辉华.保护市场的联邦主义及其批判[J].经济研究,2008(3)。

　　102.杨瑞龙.我国制度变迁方式转换的三阶段论兼论地方政府的制度创新行为[J].经济研究,1998(1)。

　　103.杨小云、邢翠微.西方国家协调中央与地方关系的几种模式及启示[J].政治学研究,1999(2)。

　　104.杨雪冬.压力型体制一个概念的简明史[J].社会科学,2012(11)。

　　105.杨燕生.海口开始打造"权力清单"[N].法制日报,2006-8-29。

　　106.叶战备、王璐、田昊.政府职责体系建设视角中的数字政府和数据治理[J].中国行政管理,2018(7)。

　　107.郁建兴、黄飚.当代中国地方政府创新的新进展——兼论纵向政府间关系的重构[J].政治学研究,2017(5)。

　　108.郁建兴、金蕾.法国地方治理体系中的中央与市镇关系[J].马克思主义与现实,2005(6)。

　　109.郁建兴、徐梦曦.权力清单地方政府公共权力监管的新起点[J].浙江经济,2014(7)。

　　110.喻少如.权力清单制度中的公众参与研究——兼论权力清单之制度

定位[J].南京社会科学,2016(1)。

111.喻少如、张运昊.权力清单宜定性为行政自制规范[J].法学,2016(7)。

112.袁曙宏、赵永伟.西方国家依法行政比较研究——兼论对我国依法行政的启示[J].中国法学.2000(5)。

113.曾维和.西方"整体政府"改革理论、实践及启示[J].公共管理学报,2008(4)。

114.曾哲、曾心良.权责清单软法属性的证成及规制[J].南京社会科学,2019(1)。

115.张克.合理设置地方机构的路径选择[J].行政管理改革,2018(11)。

116.张力、任晓春.论我国权力清单制度的运行逻辑与现实考量[J].东南学术,2016(5)。

117.张丽娟.法国中央与地方事权配置模式及其启示[J].中共中央党校学报,2010(3)。

118.张茂月.权力清单制度认识的几个误区与纠正——兼谈制度完善的几点思路[J].云南行政学院学报,2015(3)。

118.张许峰、艾秀廷."权力清单"公开之后[N].河北日报,2005-11-15。

119.张志红.权力清单制度助推政府职能转变[J].中国机构改革与管理,2014(5)。

120.张志红.中国政府职责体系建设路径探析[J].南开学报(哲学社会科学版),2020(3)。

121.张志红.转型期政府决策过程中的偏离现象问题刍议[J].天津行政学院学报,1999(3)。

122.赵含栋.从权力清单制度入手深入推进地方行政审批制度改革[J].中国机构改革与管理,2014(12)。

123.赵红、陈绍愿、陈荣秋.生态智慧型企业共生体行为方式及其共生经济效益[J].中国管理科学,2004(6)。

124.赵理文.制度、体制、机制的区分及其对改革开放的方法论意义[J].中共中央党校学报,2009(5)。

125.赵肖筠、张建康.行政权的定位与政府机构改革[J].中国法学,1999(2)。

126.赵志远.政府职责体系构建中的权责清单制度结构、过程与机制[J].政治学研究,2021(5)。

127.中共中央关于坚持和完善中国特色社会主义制度,推进国家治理体系和治理能力现代化若干重大问题的决定[N].人民日报,2019-11-6。

128.中共中央关于深化党和国家机构改革的决定[N].人民日报,2018-3-5。

129.周庆智.控制权力一个功利主义视角——县政"权力清单"辨析[J].哈尔滨工业大学学报(社会科学版),2014(3)。

130.周望.如何"先试先行"?——央地互动视角下的政策试点启动机制[J].北京行政学院学报,2013(5)。

131.周振超.条块关系的变迁及其影响机制——基于政府职责的视角[J].学术界,2020(5)。

132.周振超、张金城.职责同构下的层层加码——形式主义长期存在的一个解释框架[J].理论探讨,2018(4)。

133.周志忍、徐艳晴.基于变革管理视角对三十年来机构改革的审视[J].中国社会科学,2014(7)。

134.朱光磊等.构建中国特色社会主义政府职责体系推进政府治理现代化(笔谈)[J].探索,2021(1)。

135.朱光磊、李利平.回顾与建议政府机构改革三十年[J].北京行政学院学报,2009(1)。

136.朱光磊."两化叠加"中国治理面临的最大难题[N].中国社会科学报,2014-11-17。

137.朱光磊.全面深化改革进程中的中国新治理观[J].中国社会科学，2017(4)。

138.朱光磊、孙涛."规制–服务型"地方政府定位、内涵与建设[J].中国人民大学学报，2005(1)。

139.朱光磊、杨智雄.职责序构中国政府职责体系的一种演进形态[J].学术界，2020(5)。

140.朱光磊、张志红."职责同构"批判[J].北京大学学报(哲学社会科学版)，2005(1)。

141.朱光磊、赵志远.政府职责体系视角下的权责清单制度构建逻辑[J].南开学报(哲学社会科学版)，2020(3)。

142.朱光磊.政府过程的学说与方法及其在中国的适用问题[J].南开学报，1994(4)。

143.朱光磊.政府职责体系构建中的六个重要关系[J].中国机构改革与管理，2013(6)。

144.朱光磊.中国政府职能转变问题研究论纲[J].中国高校社会科学，2013(1)。

二、外文文献

(一)外文著作

1.Anderson William. *Intergovernmental Relations Review*[M].Minneapolis：University of Minnesota Press，1960.

2.Arnold J. Heidenheimer. *The Governments of Germany*[M]. New York：New York Press，1966.

3.Arthur F. Bentley. *The Process of Government*[M].Chicago：University of Chicago Press，1908.

4.Bernard. E. Brown. *Comparative Politics*:*Notes and Readings*［M］.New York:Harcourt,2000.

5.Engeli Christain,etc. *Quellen zum modernen Gemeindeverfassungsrecht in Deutschland*［M］.Stuttgart:Kohlhammer,1975.

6.Gerhard Lehmbruch. *Verfassungspolitische Alternativen zur Politikver - flechtung*［M］.ZParl,1977.

7.Hesse Joachim Jens. Local Government in a Federal State:The Case of West Germany.Hesse,Joachim Jens(ed.),*Local Government and Urban Affairs in International Perspective*［M］.Baden–Baden:Nomos,1990.

8.Piotr Sztompka,Robert K. Merton. *An Intellectual Profile*［M］.London: MacMillan,1986.

9.R. Schnur. Politische Entscheidung und räunliche,*Die Verwaltung*［M］. 1970.

10.Roland Sturm. *Föderalismus in der Bundesrepublik Deutschland*［M］. Leske–Budrich Verlag 2001.

11.Saldern,Adelheid von. Rückblicke. *Zur Geschichte der kommunalen Selbstverwaltung in Deutschland*［M］. Wollmann,Hellmut,Roth,Roland(Hrsg.) Kommunalpolitik,2. Aufl. Opladen,1999.

12.Scharpf,Fritz W. Reissert,Bernd,Schnabel,Fritz. *Politikverflechtung* ［M］. Kronberg,1976.

13.U. Scheuner. *Wandlungen im Föderalismus der Bundesrepublik*［M］.DÖ V,1966.

14.W. Anderson. *Intergovermental Relations Review*［M］. Minnesota:Uni-versity of Minnesota Press,1960.

15.W. Graf Vitzthum. *Die Bedeutung gliedstaatlichen Verfassungsrechts in der Gegenwart*［M］.VVDStRL,1988.

(二)外文期刊

1.Asatryan,Zareh,Heinemann,Friedrich,Pitlik,Hans. Reforming the Pub lic Administration:The Role of Crisis and the Power of Bureaucracy[J]. *European Journal of Political Economy*,2017,48.

2.Austin,Stephanie E. Ford,James D. etc. Intergovernmental Relations for Public Health Adaptation to Climate Change in the Federalist States of Canada and Germany[J]. *Global Environmental Change-Human and Policy Dimensions*, 2018,52.

3.Badano,Gabriele. The Principle of Restraint:Public Reason and the Reform of Public Administration[J]. *Political Studies*,2020,68(1).

4.Boyd,Neil M. The Continued Call and Future of Administrative Reform in the United States[J]. *Public Management Review*,2021,23(1).

5.Chen C. CiteSpaceII:Detecting and visualizing emerging trends and transient patterns in scientific literature[J]. *Journal of the American Society for Information Science and Technology*,2006(3).

6.Edward L. Metzler. The Growth and Development of Administrative Law [J]. *Marquette Law Review*,1935,19(4).

7.Gerring J. What is a case study and what is it good for?[J]. *American political science review*,2004,98(02).

8.Goelzhauser,Greg;Konisky,David M. The State of American Federalism 2019-2020:Polarized and Punitive Intergovernmental Relations[J]. *The Journal of Federalism*,2020,50(3).

9.Guy Peters. Government Reorganization:A Theoretical Analysis[J].*International Political Science Review*,1992,13(2).

10.Hegele. Yvonne,Explaining Bureaucratic Power in Intergovernmental Relations:A Network Approach[J]. *Public Administration*,2018,96(4).

11.Heilmann,Sebastian. Policy Experimentation in China's Economic Rise [J]. *Studies in Comparative International Development*,2008,43(1).

12.Mavrot,Celine. The executive power after the Second World War:the invention of administrative science[J]. *International Review of Administrative Science*,2021(1).

13.Philippe Schmitter. Still the Century of Corporatism?[J]. *Review of Politics*,1974,36(1).

14.POLLITT C. Joined-up Government:A Survey[J]. *Political Studies Review*,2003,1(1).

15.Puppim de Oliveira,Jose A. Intergovernmental Relations for Environmental Governance:Cases of Solid Waste Management and Climate Change in Two Malaysian States[J]. *Journal of Environmental Management*,2020,233.

16.Qian Yingyi,Barry R. Weingast.Federalism as A Commitment to Market Incentives[J]. *Journal of Economic Perspectives*,1997,11(4).

17.Rosser C,Mavrot C. Questioning the Constitutional Order:A Comparison of the French and the U.S. Politics Administration Dichotomy Controversies after World War II[J]. *American Review of Public Administration*,2017,47(7).

18.Schwartz,Elizabeth,Autonomous Local Climate Change Policy:An Analysis of the Effect of Intergovernmental Relations among Subnational Governments [J]. *Review of Policy Research*,2019,36(1).

19.Snider,Clyde F.County and Township Government in 1935-1936[J]. *The American Political Science Review*,1937,31(5).

20.Wu Jiang. The Historical Experience of Government Institutional Reforms in China[J]. *Chinese Public Administration*. 2005(3).

21.Yook,Dong-ll. A Study on Improving Cooperation Between Central and Local Governments[J]. *Social Science Research*,2019,30(3).

22.윤정우,Byoung-Jun,Kang. A Study on the Effect of Intergovernmental Relation on Conflict Management-Focused on the Relation Between Intergovernmental Relation and Alternative Dispute Resolution[J]. *Journal of Policy Development*,2020,19(2).

三、网络资源及其他

1."权力清单"演进图[EB/OL].(2018-02-15)[2021-10-06].http://www.gov.cn/xinwen/2014-03/12/content_2636799.htm.

2.1988——"转变政府职能是机构改革的关键"[EB/OL].(2009-01-16)[2020-06-03].http://www.gov.cn/test/2009-01/16/content_1206984.htm.

3.Federal Government of Germany[EB/OL].[2021-08-08]. Ministries. https://www.bundesregierung.de/breg-en/federal-government/ministries.

4.Gouvernement Francais[EB/OL].[2021-08-17]. Composition du Gouvernement. https://www.gouvernement.fr/en/composition-of-the-government.

5.Japan Fact Sheet[EB/OL].[2021-08-26]. https://web-japan.org/factsheet/ch/pdf/ch10_local.pdf.

6.Prime Minister of Japan and his Cabinet[EB/OL].[2021-08-23].https://japan.kantei.go.jp/link/org/index.html.

7.World Bank(2011)[EB/OL].[2021-05-21].http://go.worldbank.org/WM37RM8600.

8.蔡永伟.朱光磊教授:政府职能须深化细化具体化[EB/OL].(2015-11-19)[2021-06-06].http://www.zaobao.com/special/report/politic/cnpol/story20151119-550378/page/0/1.

9.关于印发《关于完善检察官权力清单的指导意见》的通知[EB/OL].(2017-03-28)[2020-06-05]. http://www.sanmenxia.jcy.gov.cn/llyj/201706/t2017

0627_2016671.shtml.

10.沈小平.新华网评:"权力清单"将权力关入透明的制度之笼[EB/OL].

(2014-02-21)[2020-04-20].http://www.gov.cn/jrzg/2014-02/21/content_2617156.

htm.